中华优秀传统文化研究丛书

中华文化"水"之核心话语研究

朱海风　张多新　著

中国水利水电出版社
www.waterpub.com.cn
·北京·

内 容 提 要

　　中华水文化的生成机缘，在于中华民族同水的矛盾与冲突、周旋与博弈，在于中华民族对人与自然和谐共生的不懈追求。五千多年来，中华民族一代接一代与水广结善缘，在接触水、观察水、思考水、研究水、治理水、改变水、利用水、开发水、检测水、评价水、欣赏水，同水情水势水变的博弈之中与水结成了"生命共同体""文化共同体"。本书共十四章，从不同方面对中华水文化作了阐述。中华文化是中华水文化发展的强大内力，是中华水文化生长的肥沃土壤。中华水文化如同一棵参天大树，又如万里长江，有根有源且得风得水，与其他子系文化相辅相成，共同参与中华文化的构建和创造，支撑起了中华文化大厦华堂。深入分析中华水文化发展内在机理，系统梳理中华文化"水"过程及其核心话语，知其然且知其所以然，有益于了解中华水文化内容的厚重性、禀赋的独特性和形式的多样性，有益于弘扬中华民族最深层的精神追求，有益于彰显中华民族独特的精神标识，有益于推动中华水文化高质量发展。

图书在版编目（ＣＩＰ）数据

　中华文化"水"之核心话语研究 / 朱海风，张多新著. -- 北京 ： 中国水利水电出版社，2022.7
　（中华优秀传统文化研究丛书）
　ISBN 978-7-5226-0745-0

　Ⅰ. ①中… Ⅱ. ①朱… ②张… Ⅲ. ①水－文化－中国 Ⅳ. ①K928.4

　中国版本图书馆CIP数据核字(2022)第093194号

策划编辑：石永峰　　责任编辑：张玉玲　　封面设计：梁　燕

书　　名	中华优秀传统文化研究丛书 **中华文化"水"之核心话语研究** ZHONGHUA WENHUA "SHUI" ZHI HEXIN HUAYU YANJIU
作　　者	朱海风　张多新　著
出版发行	中国水利水电出版社 （北京市海淀区玉渊潭南路 1 号 D 座　100038） 网址：www.waterpub.com.cn E-mail: mchannel@263.net（万水） 　　　　sales@mwr.gov.cn 电话：（010）68545888（营销中心）、82562819（万水）
经　　售	北京科水图书销售有限公司 电话：（010）68545874、63202643 全国各地新华书店和相关出版物销售网点
排　　版	北京万水电子信息有限公司
印　　刷	三河市华晨印务有限公司
规　　格	170mm×240mm　16 开本　13.5 印张　219 千字
版　　次	2022 年 7 月第 1 版　2022 年 7 月第 1 次印刷
定　　价	**75.00 元**

前　　言

　　人类与水有欲说无尽之情缘，人与水的关系属于人与自然的关系。水对于人类来说，其形其体是一个客观存在，水世界、水自然本来先于人类世界，是一种自为自在的"老外"，即使有了人类，水的客观实体的性质也并没有真正改变。但是，自从有了人类以后，由于人类生存发展需要水，离不开水，水就成了人类赖以生活和生产的重要来源。人类寄水以有限或无限的希望，企求水能至少甚至更多地满足人类生活、生产的需要。随着人类社会的不断进步和发展，生活的需要由开始的物质生活的需要逐步延伸到精神生活的需要，由生命安全的需要逐步延伸为合理的甚至奢侈的物质享受、精神享受的需要，而且与日俱增；生产的需要也由简单生产的需要逐步递升为复杂生产的需要，由单纯的生产环节的需要逐步扩展为生产、交换、消费及分配四个环节的需要，而且越来越多。由此，水世界、水自然就已经不是单纯的"老外"与"自为自在"的水了，而成了与人类生命系统、生活系统、生产系统密切关联的"一家人"，成了人类"生命共同体"。

　　能否满足人类的所有需要，不是水能决定的，也不是哪个人、哪些人自主决定的。但在水限定与水制约面前，人类又不能不面对、不抉择。在如何面对、如何抉择上，不同时代、不同民族、不同国别、不同群体的人确有积极与消极、主动与被动、应对与放弃之分。从历史上看，人类更多的选择是与水博弈、同水周旋，即通过一定的方式或手段使人与水的关系达到相对的平衡，或者在人水矛盾冲突中力求找到某些和解的出路。这就是我们通常所说的水治理主旨和水利的意义，同时也是一切涉水神话、传说、故事的由来，也是喜也水焉怒也水焉、乐也水焉哀也水焉、论也水焉歌也水焉的渊源，也是水崇拜与祈雨来和求雨去的原因所在。人水博弈历史漫长，水对人类的贡献居功至伟；人水关系错综复杂，人对水的感悟及认识、利用及索取、褒扬及欣赏、崇拜及神化，应有尽有，从无止境。水文化，由此而生，赖此而成，凭此而兴。

　　中华水文化作为中华文化的重要组成部分，积淀着中华民族最深层的精神追求，代表着中华民族独特的精神标识。建设文化强国，构筑文化高地，水文化不可离位，不能缺席。本书共十三章，系统梳理了中华水文化历史成果，深入分析了中华水文化发展内在机理，知其然并知其所以然，是推动水文化建设发展的重要步骤，意义不言自明。

本书获河南省高校人文社会科学重点研究基地"水文化研究中心"资助。

作　者

2022 年 3 月

目　　录

第0章 导论

中华民族五千多年来，一代接一代，与水广结善缘。人们接触水、观察水、思考水、研究水，治理水、改变水、利用水、开发水，检测水、评价水、欣赏水，与水结成了"生命共同体"，和水形成了"文化共同体"。中华民族在识水知水、治水兴水、管水用水、学水法水等众多方面，积淀形成了丰富多彩的文化信息、素材和可再生资源，水文化范畴量大面广，水文化生命兴盛发达。源远流长、外延博大、内容精深的中华水文化在中华文化系统乃至世界文化之林中占有十分重要的地位，是中华文化乃至世界文化的熠熠闪光的瑰宝。

0.1 "文化"之谜：疑义相与析

我们研究中华水文化，首先遇到的问题是"文化是什么"和"水文化是什么"。

"文化"一词，我们常说常用，但是，真正把问题弄明白并非易事。因为文化本身是一个非常宽泛的概念，也是一个难以精准定义的概念。文化这一概念（范畴），可能是社会科学和人文学科所有概念（范畴）群体中最"接地气"而又最令人费解的了。中外专家学者对"文化"这一概念（范畴）下的定义和解释，国外有人说已在 200 种以上，国内有人说已在 500 种以上。问题是，这才只是指其"存量"而已，其"增量"还在不断持续上升。无论国内抑或国外，对"文化"概念的界定"疑义相与析"的参与者不可胜数，还越来越多。多年以前，加拿大学者 D.保罗·谢弗在主持联合国教科文组织世界文化项目时，仅仅综述文化的概念及其有关重要文献，就撰写了 60 页，还直称其为"最简版"。他从学科分化的视角，把英语世界里对文化概念的研究分为包括哲学的（传统的）、艺术的、教育学的、心理学的、历史学的、人类学的、社会学的、生态学的、生物学的，加上最后他本人提出宇宙学的文化概念，已经是十大类了[①]。所谓宇宙学的文化概念，实际上

[①] 闵家胤：《西方文化概念面面观》，《国外社会科学》1995 年第 2 期，第 64-69 页。

是把文化现象由人类特有扩大到了物种范围，成了其他灵长类动物也有的客观实在，"你有我有它也有"①。如此一来，再给文化概念下定义，可能更难明确、更难简约了，事实上已经无法统一了。

这种情形意味着谁也没有把谁的定义视为完美的结论，任何人的定义都不是金科玉律，同时也印证着 "文化" 学科同其他任何一门学科一样，都是有界与无界、有解与无解的辩证统一的 "学问"。这一方面说明作为研究对象的文化实在的本身宽泛性和复杂性，另一方面说明作为研究者群体 "学科之眼" 的立体化和多元化。可以说，"文化" 本身就如同如来佛的手心，专家学者如同一个个孙悟空在里边翻腾，谁都想跳出去，但结果却不尽如人意。不过，功夫不负有心人，即使谁也跳不出去，肯定也有所得。"跳入佛掌看佛掌"，知道了自己 "知道" "文化" 的边垠所在，知道了自己 "不知道" "文化" 的无边无垠。

与此正相关的是 "水文化" 概念的界定问题。相对于大文化概念来说，"水文化" 是小文化概念，在逻辑学中是属种关系。文化的 "属概念" 内涵外延界定形不成共识，文化的 "种概念" 内涵外延界定也很难意见统一。这种 "仁者见仁，智者见智" 的局面，既给大文化与小文化研究带来了繁荣，又给大文化与小文化研究造成了一定的困惑。这是任何一个以 "文化" 为研究对象的人都回避不了也不应回避的客观现实。

对于一直以来 "文化" 概念所面临的困境，也有一个如何对待、如何看待的问题。任何 "愤怒" "责怪" "鄙视" 等情绪化的不满，都无济于事，甚至是有害的。记得一位思想文化伟人说过，任何科学的探索都没有平坦的大道可走，只有在那崎岖的小路上不断攀登的人才能达到光辉的顶点，这或许会给人们一些有益的启示。总之，对此还是应该树立信心，有一个积极的而不是消极的态度。因此，在这种情形下，本书即使不能够给歧义纷呈的 "文化"（大文化）、"水文化"（小文化）下一个合适的或者科学的 "定义"，但不妨碍采取与时俱进的积极态度，从已有的定义中做一些分析，择其善者而从之。

截至目前，人们使用的文化概念尽管各有所好，但被人们广泛认同的，通常

---

① D.保罗·谢弗："文化一般是指物种，特殊地是指人类观察和感知世界，把自己组织起来，处理自身事务，提高和丰富生活，以及把自己安置在世界上的那种方式。"（转引自曾小华：《关于文化的定义》，《光明报报》2004 年 2 月 23 日）

是指人类所有，文化即"人化"，即人类所创造的一切物质财富和精神财富①。这种大文化概念，作为一种"财富总和论"或"资源总量论"，有其他各种定义所难以企及的优越性。在理论上，大文化概念几乎无所不包，简单一句话却囊括了其他任何文化定义的外延所涉及的范围，这无疑给人们研究探讨文化现象预留了很大的思维空间。在实践上，认同大文化概念，有利于文化资源的利用及开发，有利于文化财富的创造及统计。总而言之，宽有宽的好处，如同窄有窄的妙处一样。正如美国学者霍尔和尼兹所指出的那样，"围绕文化概念的普遍争论使得今天仍然无法得出一种'确切的'定义。像'文化'这样涵盖广泛的词，我们不能指望单单通过仔细的界定就可以把握其真谛。定义'文化'，并由此将其变为一种与世界上各种文化的精妙之物都不同的'东西'是错误的，我们应该摒弃将文化'具体化'的那种方法。"②

但是，大文化概念在理论研究方面也存在一定的问题。

其一，文化与"文明"相混淆。目前学界一个清醒的感知，就是"文化"与"文明"概念纠缠不清。美国麻省理工学院历史学教授布鲁斯·马兹利什在他的《文明及其内涵》一书中，多次谈到"文化"与"文明"两个术语之间混淆不清的关系问题。他说："从文化这一早期含义来看，它和后来的文明观念几乎是一对相互补充的概念。但是，在它们的历史发展轨迹中，二者含义的模糊性和对立性一直潜藏其中。""其实，这两个词就像一对时运不济的鸳鸯。"③它们是"爱恨交

---

① 1982 年在墨西哥城举行了第二届世界文化政策大会，与会的理论家们一致采用了一个包罗其广的文化概念："文化在目前应当被看作赋予一个社会或社会群体以特点的那些精神的和物质的、理智的和感情的特征的完整集合，除了各种艺术和文化材料之外，它还包括生活模式、人权、价值系统、传统和信仰。"联合国教科文组织在起草"1988—1997 世界文化发展十年"的基本文件时，依此采用了一个包容更宽的文化概念："在不否认表现在艺术和智力活动中的创造性的重要性的同时，他们认为拓宽对文化的认识是重要的，要把行为模式，个人对他或她自身的看法、对社会的看法、对外部世界的看法都包括进来。从这一视角出发，一个社会的文化生活可以看成是它通过它的生活和存在方式，通过它的感觉和自我感觉，它的行为模式、价值观念和信仰的自我表现。"

② 约翰·R.霍尔、玛丽·乔·尼兹：《文化：社会学的视角》，周晓虹、徐彬译，商务印书馆，2002，第 18 页。

③ 布鲁斯·马兹利什：《文明及其内涵》，汪辉译，商务印书馆，2017，第 20-21 页。

织的关系"①。

其二,在使用时容易导致畸轻畸重。"财富总和论"实际上是一种静态的"资源总量论"。从"财富总和论"或"资源总量论"讲文化,往往会偏重于文化"结果"(成品、成果、作品、遗产、遗存)的列举而忽视对文化"过程"的追溯探究,偏重于"量"的加法运算而忽视对"质"的乘法分析,偏重于"形"的静态描述而忽视对"神"的动态透视。这种流行的文化研究的最大问题在于,直接导致把文化结果等同于文化本质,或者说把文化现象想当然地直接当成文化。

中国古代经典对"文化"的描述与上述立论有很大不同。在中国古代经典里,"文化"原先并不是一个词,"文"与"化"是分开来讲的,这两个词既密切相关又含义不同。原文最早见于《周易·贲卦》:"《象》曰:贲,亨。柔来而文刚,故亨。分,刚上而文柔。故以'小利有攸往',刚柔交错,天文也。文明以止,人文也。观乎天文以察时变,观乎人文以化成天下。"意思是说,《彖辞》说的"贲",是通达的意思。此卦下卦为离,义为阴柔;上卦为艮,义为阳刚。所以说阴柔文饰阳刚,方显通达。就柔与刚的分布来看,刚为主而柔为衬,所以说"有所往则有小利"。刚柔交错成文,这是天象,就是大自然、大生态和大环境。人与人交往、交错,是人们生活的基础,由此而形成的"文明以止"的社会关系、社会制度、风俗人情是社会人文现象。人们可以通过观察、关注天象变化,了解一切事物因时而变的运动轨迹;同时还可以通过观察人类社会的各种人文现象及其来龙去脉,秉持"文明以止"的导向来治理天下,运用"文明以止"的手段来教化、改造和成就天下的人。

总体来看,"贲卦"主要是讲贲。贲的意思是装饰得很好,贲卦主要展示在"贲"的形势下各种变化的可能性,认为当人们明辨了"天文"与"人文",把握了世间事物都是刚柔相济、阴阳相合、相辅相成、对立统一的法则和规律,就能知其变化的原因及后果,就有了知其然且知其所以然的大智慧,就会以积极主动的态度予以必要的文饰和改良,促使事物不断地趋向完善和与人"通达"了。

这里有几点,需要分析一下。

一是"文"需要"观"。"文"有客观性,"观"有主观性,人通过"观"方能

① 布鲁斯·马兹利什:《文明及其内涵》,汪辉译,商务印书馆,2017,第20-21页。

把握好"文"。"观"是将"未知"转变为"已知"的认识环节，是认识周围世界的方式，"观"者的意图、方法和角度不同，对"文"的情状认知也会不尽相同。

二是只有把握好"文"方能有目的地去"化"，才能以"天上之文"（"天文"）和"天下之文"（"人文"）来"化成天下"。

三是"化"有主动和被动之分。"化"的甲骨文字由两个人字组成，形如一个直立的人与一个倒立的人联系在一起，象征着一个人的一生一世，即人从生到死的生死转变，意味着人的生命的最大改变。所以"化"字本身，即意味着改变，由生到死，由死到生。《庄子·齐物论》言"方死方生，方生方死，方可方不可，方不可方可"，正可作为"化"字含义的注解。这种改变，可以是主动为之，也可能是被动而成；或者是自然而然，或者是受力于外。

四是"文化"是一个过程性范畴，它可以是人们用自己观察自然、观察社会得来的"先知先觉"启导教育"后知后觉"的行为过程，也可以是人们由"先文先化"引领带动"后文后化"的行为过程，还可以是如此两个过程统一为"化"的过程。所谓"化"的过程其实也就是"人文"（蕴含着"天文"）的普及与提升的过程。"观"是一个过程，"化"也是一个过程。在逻辑上，所谓以"文""化成天下"，"观"是认知前提、首要行动，"文"是认知成果、凭借，"化"是教化手段、转化中介，"成天下"是教化目的、文化理想，整个文化过程是动态的、连续进行的、循环往复的。它意味着，"文"是客观存在的，"观"是主观反映客观，而"化"则是主观理性付诸人文培养教育实践的过程及其产物。在时空间，"观"者主体可以是个体"你我他"，也可以是群体"你们我们他们"；可以是一代又一代，生生不息；可以是一代接一代，观观不止；无论是"现在进行时"还是"未来进行时"，既可以走"传承""守正"之路，又可以谋"创新""发展"之策。就是说，"观"也无限，"文"也无限，"化"也无限，"成"也无限，"文化"随之将与时俱进，"天下"随之将"文明以止"。整个"文化"的发生发展，皆为"人为"，皆为"人化"，是人"好自为之"的过程与结果，而非"神化"，与任何"神的旨意"或"上帝创造"没有任何关系。

五是"化成天下"的目标就是"文明以止"，即能够使人们明白什么是"文明以止"，为什么要"文明以止"，以及如何践行和做到"文明以止"。简单地说，"成"的标志是知其"止"、明其"止"、行其"止"。

六是 "文明以止" 的 "止" 内涵深邃。在中国文化史中，宋代大儒程颐把 "文明以止" 解释为 "文明而止"："止于文明者，人之文也。止，谓处于文明也。"[1]当代学者对 "文明以止，人文也" 的意涵日益关注，业有不少研究成果。譬如冯时的《文明以止——上古的天文、思想与制度》[2]，林存光的《"文明以止"：中华民族的人文精神与文明特性研究》[3]，李立的《有所 "止" 的文明：中国文化关键词 "止" 考论》[4]，等等。

李立在《有所 "止" 的文明：中国文化关键词 "止" 考论》一书中考证认为，"止" 的基本义是 "停止"，并包含 "止" 与 "不止" 的辩证法，艮卦、"文明以止" "道" 等其实都是对 "行—止" 关系的反思。"诗之止乎礼义，乐之叹为观止，言之止于达意"，都用 "止" 来呈示自身的至上原则。"止" 的终极义是 "坚守"，表明了一种关涉人性根柢的伦理学。作为中国传统文化的主要成分，儒、道、释三家都以不同的方式和角度阐发 "止"。在具体行为层面，儒家讲究 "时行则行，时止则止" "可以行则行，可以止则止"；在理想标准层面，儒家追求 "敬止" "安止" "止乎礼义" "止于至善"。道家基于生命的有限性剖析 "止" 与 "不止" 的关系，指出 "知止不殆，知足不辱"，强调止于自然、止于本性。作为原始佛教核心要义的 "四圣谛"，实际上都围绕着 "止" 展开。总的来说，"止" 关注的是人与天以及内与外之间的界限，讲求有节制、有限度，讲求止欲劝善、适可而止，并导向一个至高境界与终极目标。中华文化和中国文学都是在由止和行所共同构成的道德理想图景上展开的。"止" 塑造了中国文化的性格，凝结了中国文化的要义，也道出了中国文化的精髓与命脉，而中国文化也需要 "止" 这一精神。

林存光发表的《"文明以止"：中华文明的一大精华》一文谈到，"由 '人文' 与 '天文' 并举对称可知，'人文' 并不与 '天文' 相隔相离而形成对立，这一点最能彰显中华民族 '人文' 意识与精神的特异处。也就是说，对于天下的治理化成而言，治国平天下者既须 '观乎天文，以察时序之变化'，又须 '观乎人文，以化成天下之人'。二者须相资为用，而不可偏废。可以说，中华民族虽然重视和强

---

① 杨军、王成玉：《程颐讲周易：白话〈伊川易传〉》，长春出版社，2010 年 1 月。
② 冯时：《文明以止——上古的天文、思想与制度》，中国社会科学出版社，2018 年 10 月。
③ 林存光：《"文明以止"：中华民族的人文精神与文明特性研究》，学习出版社，2016 年 6 月。
④ 李立：《有所 "止" 的文明：中国文化关键词 "止" 考论》，武汉大学出版社，2021 年 1 月。

调以'人文'化成天下，但其'人文'意识却并不以逆天而行或支配自然为前提，相反，天文或天道自然法则乃是人类所当取象效法的对象，而取象效法天文或天道自然法则却又以人文化成为目的。"①

本书基本赞同以上观点。在作者看来，中国古代先哲对"文化"的释义更倾向于自然之道的认知遵循层面和人伦之德的传承教育层面。《易经》中的"文化"作为一个过程性范畴，一是指人们用自己观察自然、观察社会得来的"先知先觉"启导教育"后知后觉"的行为过程，一是指人们由"先文先化"引领带动"后文后化"的行为过程，两个过程统一为"化"的过程，其结果就是"人文"（蕴含着"天文"）的普及与提升。

"人文"首先是指人类制作的礼乐典章制度及其对人的行为的规范教化作用，同时深层次也是指遵循"天道""地道"而行"人道"，将三道统为一体。"文明以止"这一深刻的理性智慧和人文价值意涵，对于人们如何妥善对待人与自然的关系、人与社会的关系、人与人的关系、自在与自为的关系等问题，无不富有启迪意义，它昭示人们通过人文教化，从根本上将三道统为一体，转向人类"止于至善"的终极目标。这就是林存光文章中说的，即按照自然运行规律和社会规则及人际礼仪行事，做到行止有度而不失范，包括"止于人与人的友爱相处，止于人与自然的和谐共生，止于有益于人类自身可持续地生存和发展的生存之道"①。由此可见，中华文化的"文化"的核心价值与目标导向，一言以蔽之，就是使人类趋于文明，更加文明。"文化"与"文明"的关系，其关键节点就在于此。

"观乎天文"，当然应包括"观乎水文"；水，浮天载地，"水文"充实"天文"，"天文"涵盖"水文"。"观乎人文"当然应包括"观乎人与水的关系"；"观乎人文以化成天下"，应建立在"观乎天文"包括"观乎水文"的基础之上。由此而形成的水文化与水文明相辅相成，二者无疑都是人们认识和把握"天文""水文"及其"时变"规律与特点，不断地改进人们与"天文""水文"关系的结果。水文化与水文明的共同价值就在于历史地构建理想的人水关系，不断地完善人们的外部世界与内心世界，把人类逐步推向未来的光明世界。

中华水文化之所以源远流长，之所以博大精深，就在于此！中华水文明之所

① 林存光：《"文明以止"：中华文明的一大精华》，《北京日报》2016 年 11 月 7 日第 10 版。

以宏阔厚重，之所以灿烂辉煌，也就在于此！

0.2 "中华水文化" 之魂：万化同此机

在当前的文化系统中，水文化还是一个新兴的概念。从思维逻辑上看，水文化的概念无疑同其他子系文化类别一样，也是从文化的一般概念中推论出来的。所以有意思的是，文化概念有几种不同的表述，水文化的定义相应地也有几种不同的表述。目前国内学界比较有倾向性的意见仍然与 "文化" 概念的认同表示上下一致，大概是：广义的水文化是人类创造的与水有关的科学、人文等方面的精神与物质的文化成果的总和，狭义的水文化是指观念形态水文化，是指人们对水事活动一种理性思考和社会意识，主要包括与水有密切关系的思想意识、价值观念、行业精神、行为准则、政策法规、规章制度等，以及科学教育、文化艺术、新闻出版、媒体传播、体育卫生、组织机构等。

那么，从学理上讲，中华水文化的内涵与水文化的内涵也是一种种属关系，实质上是一致的。中华水文化从形式与内容上看，就应当是指中华民族在中华地域上进行水事活动所创造的一切物质财富和精神财富的总和；同时还应当是中华民族 "观乎天文以察时变，观乎人文以化成天下" 的具体体现和子系成果。这些成果自然属于整个中华民族的物质财富和精神财富的重要组成部分。中华水文化是具有中国特质的水文化，更多地凝聚着一方水土养一方人的民族情结，彰显着一方人构建一方水文化的中国特色。

水文化实质上就是由人水关系、人水因缘和合构成的文化。水文化学也就是人水关系学。人水关系学是水科学的研究对象，同时也是水文化学的研究内容。有关专家学者相继提出 "水文化学" 和 "人水关系学" 范畴[①]，是很有价值的。正是水与人的天然因缘、水与社会的有机联系，以及人与水打交道的实践活动，才创造并形成了以人为主体、以水为载体的水文化体系。没有人与水的因缘和合，

---

① 潘杰：《中国水文化学的哲学思考》，《江苏水利》2006 年第 12 期，第 41-45 页。左其亭：《人水关系学的学科体系及发展布局》，《水资源与水工程学报》2021 年第 7 期，第 1-5 页。

离开了人水关系，离开了人们观察水、感悟水、认识水、适应水、改造水和创造水等认识与实践的活动，水文化就无从产生，更谈不上创新发展。

正如一位著名水文化学者所言："水文化的产生与水和人类社会生活方方面面不可分割的联系是一致的。人类的一切，包括自然属性和社会属性都离不开水。因此人类必然产生和水相关的文化现象，对这种现象的深入认识也是我们认识水文化的重要途径……也就是说，由于水文化是人类和水之间复杂关系的表达，因此通过水文化我们可以反过来认识人类和水之间复杂的关系。这一点也是水文化的一个重要价值点。"[1]

人水关系随时代发展而转变，不同历史时期和历史阶段会产生和构成不同的人水关系，实际状况可能会相差无几，也可能会大相迥异。人水关系状态的形成因素很多，繁复错综，但主要是由于人与水互动的规模、质量、途径的差异而导致的，大致有以下几个方面：一是自然环境的水情变化对人类社会的影响；二是人类利用水改造水的能力的提高；三是人类对水的生态完备性的认识和认同度。可以说，这些因素都会影响到人水关系的存在状态，并影响到水文化的形成、构建、创新和发展。因此，水文化的生成发展状况实际上反映了人水关系的状态，其实就是人水关系状态的一种表征。

中华水文化，无疑须从中华"人水关系"或"人水情缘"状况及其发生发展说起。中华水文化的形成，一方面，取决于中华民族，中华民族一直以来不断赋予水以丰富的文化内涵，水文化的主体是中华民族；中华水文化源于中华民族对水的感悟、体验、认识、改造和创造。另一方面，它也结缘于"水"，即与水的客观属性、自然形态、运动方式、循环演变情况密切相关，中华水文化没有也不可能脱离中华大地的"水世界"或水自然状态。中华之水世界、水自然，尤其是中华江河湖海之水系运转，是中华民族水文化创造的重要源泉，也是中华民族物质生活和精神生活的重要源泉。中国水文化深深地植根于中华民族文化之中，体现在中华民族历史主体同中华水情水势演变的博弈之中。

---

[1] 郑晓云：《近年国外水文化的发展与创新》，《中国水利》2017 年第 5 期，第 62 页。

0.3 中华文化 "水" 之脉：千呼万唤始出来

中华文化主要是指中华传统文化，是以孔子、老子为先师，以儒道文化为主体，上下 5000 多年历史中延绵不断的政治、经济、思想、文学、艺术、医学、武术、建筑等各类物质和非物质文化的总和。当然，在狭义的层面上，中华文化是指内在于广义文化之中的精神文化系统或各种要素及其复合体。

从形式逻辑上看，中华水文化是中华文化的分支，是中华文化体系的组成部分，二者是部分与整体的关系。中华水文化作为中华文化之一体，本身就是中华文化之一端。中华水文化的发展，既受到中华文化广泛而深刻的影响，同时也如镜子一样，反映着不同时代文化的光辉。从形成过程看，中华水文化作为中华文化大家庭的一员，是相对独立的，但同时与其他成员的关系又是相互联系的，是相互促成、相互渗透、相互交织甚至相互融合的。一方面，中华水文化本身就融合在中华文化的诸多表现形式（思想、文字、语言、文学、书法、音乐、节日、民俗等）之中。另一方面，中华文化的其他诸多分支又不同程度地影响和促成了中华水文化的最初形成与持续扩充。经过深入研究可以发现，中华水文化的基本内容都是通过中华文化 "水" 而生成的，是在中华文化大家庭的诸多成员参与构建、辅佐创造的情况下生成的、拓新的、升华的。或者说，中华水文化是以大文化即中华文化为底色，凭借其他文化的某些能量，"以文化水" 得来的。中华水文化就是中华文化 "水" 的结晶，中华文化是中华文化 "水" 的根本创造力，同时也是培育中华水文化成果的肥沃土壤。

但是，这是不是意味着中华水文化没有 "自我创造"，没有内在的生成机制呢？肯定不是。如前所述，中华水文化 "自我创造" 及其内在的生成机制，在于中华民族与水的善因与情缘，在于同水的矛盾与冲突，在于同水的周旋与博弈，在于中华民族对人与自然和谐共生的不懈追求。中华文化 "水"，主要是说中华水文化有底色、有凭借，中华水文化与中国文化的内在联系有如树与土的关系，树木生长需要扎根沃土，需要阳光雨露；有如江河水之水，一靠本源汩出，二靠众流注入；又如水与土的关系，没有水，土会成为沙漠，但是没有土，水何以堪。正如有位学者所见，"中华民族独特的宇宙观、自然观和诗性智慧将理智与情感的复杂经验倾注到'水'中，使之成为一个具有整体性功能的价值系统。采采流水，从古至今流淌在中国人广阔的心灵空间，它凝聚着古老民族的生命情感和理性思辨，积淀着特定的文化因素和心理结构，成为一个独特的原型。"①中华水文化如同一棵参天大树，又如万里长江，有根有源且得风得水，与其他子系文化相辅相成，自成一体，共同参与中华文化的构建和创造，支撑起了中华文化大厦华堂。

0.4 中华文化"水"过程及其核心话语：远近高低各不同

中华文化"水"的历史成果丰硕无比，类别可分而难尽，既有创水战水文化成果，又有法水象水文化成果；既有治水防水文化成果，又有调水供水文化成果；既有用水兴水文化成果，又有节水惜水文化成果；既有管水护水文化成果，又有祈水忌水文化成果；既有亲水嬉水文化成果，又有咏水写水文化成果；既有识水研水文化成果，又有卜水占水文化成果；等等。这些成果充分显示了中华水文化内容的厚重性、禀赋的独特性和形式的多样性。

中华文化"水"及其核心话语就体现在这些成果的形成发展过程中。

0.4.1 体现在人创造水、人战胜水的创水战水文化形成发展过程中

在人类历史的童年时代，由于生产力低下，人在自然面前是懵懵懂懂的，是很被动的，这里的自然当然包括与人们生活关系最为密切的水自然。譬如，面对周围包括江河湖泊在内的水世界，不知道水从哪里来，于是往往会通过自己的想象编造出一系列神话、故事、寓言和传说，譬如将天地间的一切说成皆为顶天立地的人神盘古身体所转所生所变而来，江河湖泊本来就是人神盘古血液体流的毫无保留的牺牲与贡献，等等。这种形式的水文化，我们可以将其称为创水文化。

当面对泛滥的洪水、连绵不断的降雨时，人们的农耕生活会受到极大的限制，甚至难保家园的稳定和个人的生命安全，在被逼无奈的情况下，人们又不得不拼死抗争，不得不联合起来、组织起来，依靠自身的智慧和力量战胜水灾害，以恢复生产作业，保持生活稳定，维护生命安全。这种形式的水文化，我们可以将其

---

① 王吉：《千江有水千江月——浅析中国古典意象批评中的水意象》，《吉林省教育学院学报》2013 年第 2 期，第 6 页。

称为战水文化。

创水战水文化，旨在人水和，重在人胜水。马克思在《〈政治经济学批判〉导言》中说："任何神话都是用想象和借助想象以征服自然力，支配自然力，把自然力加以形象化。因而，随着这些自然力之实际上被支配，神话也就消失了。"①由此可以看出，创水战水文化都是在生产能力不发达的远古时代，面对人屈于水的社会现实，人们通过艺术加工的方式所创造出来的一种水文化形式。在中华民族文化包括水文化发展史上，这种创水战水文化有很丰富的表现，如大禹治水、盘古开天辟地变水创水、精卫填海等。《五运历年记》中关于盘古开天的记载中写到，盘古开天辟地之后，"垂死化身，气成风云，声为雷霆""血液为江河""汗流为雨泽"，又称盘古能"嘘为风雨，吹为雷电""死后骨节为山林，体为江海，血为淮渎"②。创水战水神话传说在《左传》《诗经》《吕氏春秋》中都有所记载，在先秦诸子文集中也有不少谈论。

毫无疑问，在古人的想象中，人类创水战水，目的没有别的，只是希冀人与水的既"同"既"和"而不相伤害。人之初，人水的关系肯定曾经有过宁静的和谐状态。在"凿井而饮"的安定生活中，人类从一开始就会感恩于大自然赐予的水，葛洪《抱朴子·诘鲍》在描述"曩古之世"时说："穿井而饮，耕田而食，日出而作，日入而息。"③因而一开始也都有爱水利水的情结。在古代哲人的心目中，人与自然最初是惺惺相惜、并行不悖的，如《庄子·齐物论》云："天地与我并生，而万物与我为一。"④但当水对人们的生活造成不便甚至灾难的时候，人们无从选择，只有通过战水行动来消除灾难，便利生活。

当战水行动取得相应成果时，人与水又建立起了一种更高层次的和谐关系，形成了更深厚的人水情缘。战水行动并非与水进行强力对抗，而是利用水的规律，因势利导，使江河安澜，服从服务于众生。《庄子·秋水》云："无以人灭天。""无以故灭命。"④王弼在注解《老子》"道法自然"的命题时说："法，谓法则也。人不违地，乃得全安，法地也。地不违天，乃得全载，法天也。天不违道，乃得全

---

① 《马克思恩格斯选集》第 2 卷，人民出版社，1972，第 113 页。
② 袁珂：《中国古代神话》，华夏出版社，2006 年 8 月。
③ 葛洪：《抱朴子外篇》，张松辉、张景译注，中华书局，2013 年 4 月。
④ 杨柳桥：《庄子译注》，上海古籍出版社，2006 年。

覆，法道也。道不违自然，乃得其性，法自然也。法自然者，在方而法方，在圆而法圆，于自然无所违也。"①从鲧治洪水的失败到大禹治水的成功，是战水文化的重要标志和最好诠释。

0.4.2 体现在人学于水、人鉴于水的法水象水文化形成发展过程中

人"法自然"是中国文化的基本主张。"法自然"当然包括"法山水"。《老子》第二十五章曰："人法地，地法天，天法道，道法自然。"②这是对人们效法自然最为经典的表述。《周易·系辞传》云："古者伏羲氏之王天下也，仰则观象于天，俯则观法于地，观鸟兽之文与地之宜，近取诸身，远取诸物，于是始作八卦。以通万物之德，以类万物之情。"③这段话也道出了中华文化来自"观"与"法"、"取"与"作"、"通"与"类"的真谛。所谓法水象水文化，就是指建立在"法自然"基础上的一种以水为师、以水为范、以水为鉴、向水学习而生成的文化，它是人认识水、感悟水的升华，是把水予以人格化后，以水为模范来开掘人的生命意义和精神境界。法水象水文化，旨在水为范，重在人再塑。老子"上善若水"和庄子"水静犹明"的哲学命题、孔子对"逝者如斯"的感喟、孟子的"观水有术，必观其澜"主张等，都是法水象水文化的具体表达。在法水象水文化中，水不仅别具一格，而且超群绝伦，它是有生命、有灵气、有人格、有追求、有抱负、有智慧的，它是有真善美价值的，它拥有丰富的精神世界……这里，水被人们赋予太多太多，不仅仅是"拟人化"，而且是"超人化""理想化"了。"法水象水文化"是作者首次提出，它是中华文化"水"的核心内容，本书分几章进行了挖掘梳理。

0.4.3 体现在人改变水、人防御水的治水防水文化形成发展过程中

如前所述，人与水的关系是一种既会敌对又能和解的博弈关系。人类生命一刻也离不开水，水养育了人类的生命，开启了人类的智慧，滋养了人类的情感世界。但水一直是一柄双刃剑，它不仅能够滋养人的生命，有时也会危及人的生存。

---

① 《老子：三家注》，上海古籍出版社，2013 年 12 月。
② 陈鼓应：《老子注译及评介》，中华书局，1984 年。
③ 崔波注译《周易》，中州古籍出版社，2007 年。

历史上所谓的"水患""水难""水害""水灾"时常发生,如洪水泛滥、暴雨滂沱、阴雨连绵、河道壅塞等。《管子·度地篇》云:"水,一害也;旱,一害也;风雾雹霜,一害也;厉,一害也;虫,一害也。此谓五害。五害之属,水最为大。"[①]为了避免水给人类带来的危害,治水防水是不可或缺的。治水防水举措在历史上还与诸多战争相关,甚至作为一种特殊的战争手段来实施,"以水代兵"或"攻"或"防"的战略战术在中国军事史上不仅占有一席之地,而且曾为诸多军事家所运用[②]。所谓治水防水文化,就是指由人们面对水的危害所采取的治水防水实践活动而产生的文化成果,包括各种治水防水理论学说、防洪排涝调蓄工程与设施及其规章制度等。治水防水文化,旨在水安全,重在水和解。中国古代治水防水文化源远流长,从大鲧治水到大禹治水,从通济堰到都江堰,从城市构筑防洪排涝调蓄综合规划到皇宫排水设施与设计,从《河防记》《河防通议》《治河图略》到《河防一览》等,都是古代治水防水文化的重要标识。

0.4.4 体现在人使用水、人得到水的用水兴水文化形成发展过程中

人类使水更好地成为自己的生命之源、生产之要,是与人们科学、合理、有效地得到水、使用水,发挥各种水资源最大的综合效益分不开的。从某种意义上说,用水兴水的能力水平决定着人们的生活方式与生产方式。所谓用水兴水文化,就是指人们为获取最大水效益,通过各种措施和各种手段来开发水资源、利用水资源所积累的文化成果。用水兴水文化,旨在水效益,重在水利用。从用水兴水思想的形成到用水兴水实践活动、从用水兴水规范的形成到用水兴水制度的确立、从河流水资源开发到湖海水资源开发、从地上地下水资源开发到空中水资源开发、从雨雪水资源利用到井泉水资源利用等,在中华水文化体系中其内容非常丰富。这可见于《水部式》《周礼》和《农政全书》等文献,也可见于遍布全国各地的各种用水兴水工程遗存。

0.4.5 体现在人珍视水、人节约水的节水惜水文化形成发展过程中

水益于人类,给予人类很多,但水也是有限的,人类必须学会节约水资源和

---

① 黎翔凤、梁运华:《管子校注》,中华书局,2004 年。
② 颜元亮:《中国历代以水代兵及其水利工程》,中国水利水电出版社,2022 年 3 月。

保护水资源。随着社会的发展，人们生产生活用水量激增，如果随意开发水，浪费水，污染水，就必然会危及人类生产和生活，导致水紧张、水危机，最终将自作自损自受。所谓节水惜水文化，就是人们节约用水和珍惜水资源的文化。节水惜水文化，旨在节水，重在治人。节水惜水文化体现在《吕氏春秋》《氾胜之书》《齐民要术》《四民月令》等古代文献和一些文学作品，还有遍布各地的各种节水惜水文物等遗存，如古代水田节水灌溉遗存、各种惜水井泉遗存、各种记载节水惜水乡规民约和石碑等中。

0.4.6 体现在人顺于水、人利于水的管水护水文化形成发展过程中

所谓管水护水文化，就是人们通过确立一定的管理理念、管理措施和法律制度，处理好水资源的开发、保护和公平利用的文化。管水护水文化，旨在护水，重在管人。中国古代自大禹治水的传说起，就开始探索设置水利管理的人员与机构，建立管水护水制度与体制。大禹本人就是一名管理水务的"司空"。之后，随着社会的发展，税务管理渐趋复杂，水事纠纷不断增加，各类"水官"越来越多，水事管机构逐渐健全，分工也越来越细，并逐渐制定出一系列法规、条例、协约，如秦代的《田律》、唐代的《水部式》、金代的《河防令》、元代的《河防》、清代的《治河条例》《防汛章程》等专门的管水驭水法律文典。

古代水资源保护举措蕴含着深刻的生态文化思想，如在一些记载有关水资源保护的碑文中，古人已经认识到森林是水的源泉，"树木之茂盛"被看作"泉水汪洋"的根源和条件。乾隆四十六年（1781 年）树立于云南楚雄鹿城西紫溪的一则封山护林碑云："所以保水之兴旺不竭者，则在林木之荫翳，树木之茂盛，然后龙脉旺相，泉水汪洋，近因砍伐不时，挖掘罔恤，以至树木残伤，龙水细涸矣。"一旦树木被伐，必致生态破坏，进而导致水源枯竭。因此有必要制定相关的村规民约，以保护森林，防止水土流失，避免自然灾害。古人还意识到，保护森林就是保护风水，有的碑文称"树木乃系远荫风水"[①]。

---

① 倪根金：《中国传统护林碑刻的演进及在环境史研究上的价值》，《农业考古》2006 年第 4 期。

0.4.7 体现在人悦于水、人昵于水的亲水嬉水文化形成发展过程中

人们对水资源的利用既有满足物质需求的内容，也有满足心理需求和精神需求方面的内容。从远古开始，人们就不仅取于水、用于水，同时也乐于水、嬉于水。所谓亲水嬉水文化，就是指人基于身心健康的需要，通过近距离或零距离接触和精神观照，与水交流、沟通、互动，以获取精神快乐和身体闲适而积淀下来的文化成果。亲水嬉水文化，旨在人放松，重在水可玩。亲水文化、嬉水文化都是人水和谐共处的佳境，都是人水情缘的最佳体现。构成人水情缘的文化，一是亲近水、善待水的亲水文化，二是望于水、观于水的乐水文化，三是嬉于水、游于水的嬉水文化。早在先秦时期，孔子就从人水和谐的角度提出了"智者乐水"的命题。《论语·先进》载："暮春者，春服既成，冠者五六人，童子六七人，浴乎沂，风乎舞雩，咏而归。"这里精彩描述了亲水嬉水文化的真实面貌。

0.4.8 体现在人仰于水、人乞于水的祈水忌水文化形成发展过程中

在远古时代，人与水亦敌亦友的矛盾变化无常，人们对水滋养生命的感恩心理和对水灾水害的恐慌心理相互交织，在是不是水也有神灵或水怪之间的迷茫之中，由感于大自然的神奇和威力逐步转变为水崇拜意识，最终以巫术礼仪和图腾崇拜等形式加以表达和宣泄。巫术礼仪和图腾崇拜就是基于水崇拜心理而演化出来的一套祈求大自然风调雨顺、乐享人生的仪式活动。按照弗洛伊德《图腾与禁忌》的理解，任何原始崇拜都与一定的禁忌有关，所以在水崇拜中自然也有大量的禁忌活动。所谓祈水忌水文化，就是通过一定的水崇拜仪式活动所积累下来的水祭祀和水禁忌的文化形态。祈水忌水文化，旨在水顺人，重在人敬水。祈水活动与忌水活动，意向不同，有"加法"和"减法"之分。从加法讲，是祈求水始终能够与人为友，滋养人生，给人类带来更多的福利；从减法讲，是祈求水尽量不要与人为"敌"，涂炭生灵，千万别对人产生威胁。例如《周礼·春官》记载："司巫掌群巫之政令。若国大旱，则率巫而舞雩。"[①]《管子·水地篇》云："水者万物之准也，诸生之淡也，违非得失之质也。是以无不满无不居也，集于天地而

---

① 吕友仁、李正辉、孙新梅注译《周礼》，中州古籍出版社，2018年1月。

藏于万物。产于金石,集于诸生,故曰水神。"①这里指水为神,也就是直接把水视为"神",以求其造福于民。这种借助于感情想象来表达自己对风调雨顺和人水和谐美好愿景的期盼,是祈水忌水文化产生的源头。

祈水忌水文化,是人们在有心却无力解决水灾水害的情况下,试图以取悦于雨神、龙王、上天的方式来改善人水关系的一种习俗模式。作为一种历史文化心理和民族文化现象,民间有之,官方也有之,不能一概斥为迷信了之。

祈水忌水文化,其实也是一种礼水敬水文化。不论是水祭祀还是水礼仪,都是因敬水或惧水而起,从对水的崇拜而起,区别只是形式不同,实际上反映了人在与水发生矛盾冲突时"以和为贵"的思维方式,表达了人们对天遂人愿、人水和谐共生境界的憧憬心理。

水崇拜心理源于远古先民们对水的依赖和恐惧。《礼记·月令》载:"仲秋行春令,则秋雨不降,草木生荣,国乃有恐。"②中国历史上水灾频仍,《孟子·滕文公上》载:"当尧之时,天下犹未平,洪水横流,泛滥于天下,草木畅茂,禽兽繁殖,五谷不登,禽兽逼人,兽蹄鸟迹之道交于中国。"③《明宪宗实录》记载:"河南怀庆诸府,夏秋霪雨三月,塌城垣一千一百八十余丈,漂公署坛、庙、民舍三十一万四千间有奇,淹死者一万一千八百余人,漂流马骡等畜一十八万五千有余。"④不论河水泛滥、水土流失,还是暴雨不止,或者天下大旱,都会给人们的生活带来极大的危害,加上人们对很多自然现象感到神秘莫测,这就造成人们畏水惧水的恐慌心理。在畏水惧水的情况下,水被神圣化、神秘化便是顺理成章的事情。古代先民往往会编出各种神话来解释这一现象,譬如黄河有黄河神"河伯",淮河有淮河神、蛟龙王,湘水有湘水女神,洛水有洛水女神,南海有祝融、妈祖,东海有海若、东海龙王等。它们既可以造福人类,也可以危害人类。人们希望通过祭拜水神水怪来祈求它们扬善去恶,保佑苍生。水崇拜简单地说就是对水或水生物的崇拜。由于水在人们的生活中有着举足轻重的地位,所以对水的崇拜自古而然,十分普遍。

① 黎翔凤、梁运华:《管子校注》,中华书局,2004 年。
② 朱彬:《礼记》,饶钦农点校,中华书局,1996 年。
③ 杨伯峻:《孟子译注》,中华书局,1960 年。
④ 黄彰健:《明实录》(附校勘记),中华书局,2016 年 1 月。

水祭祀和水礼仪是中国最古老且延续最久的水崇拜表现。高层次的水祭祀和水礼仪活动规模大、程序严,非同寻常。根据《竹书纪年》的记载,黄帝、帝尧、帝禹都曾祭拜过黄河。尧禅位于舜时,就举行了隆重的黄河、洛水祭祀仪式。《竹书纪年》载:"洪水既平,归功于舜,将以天下禅之,乃洁斋修坛场于河、洛,择良日率舜等升首山,遵河渚。""后二年二月仲辛,率群臣东沈璧于洛,礼毕退俟,至于下昃,赤光起,元龟负书而出,背甲赤文成字,止于坛。其书言当禅舜,遂让舜。"①尧禅位于舜是重大事项,还须得到黄河神灵的认可。夏商周时期,黄河及其他河流祭祀是国家政治生活中必不可少的重要组成部分。《礼记·王制》载:"天子祭天地,诸侯祭社稷,大夫祭五祀。天子祭天下名山大川,五岳视三公,四渎视诸侯。诸侯祭名山大川之在其地者。鲁人祭泰山,晋人祭河是也。"秦汉时期和汉代以降,国家凡举办祭河仪式,都是皇帝亲自参加献礼奉供,封神加冕,至清代尊礼祭河,更是集水祭祀水礼仪规格之大成,对黄河神灵的封号更为尊荣和"高大全"。

水神崇拜直接促发了人们的礼水敬水心理。以水图腾崇拜为例,在中华水文化发展史上,出现过各种各样与水有关的图腾崇拜物,包括中华民族的最原始图腾崇拜物——龙,也与水有着千丝万缕的联系。这些图腾崇拜活动中既有大量的水祭祀活动,也有大量的水礼仪活动。

水崇拜及水神崇拜活动寄托着人们对人与水之间和谐关系的期盼,在这种礼仪形式中,人们往往要投入深厚的感情,产生剧烈的情绪体验,体现着对自身生命力的渴求,是对水的生命与人自身的生命的一种双重崇拜。

伴随着水崇拜及水神崇拜活动,产生了诸多官方或非官方的《祭河文》《祭江文》《祭淮文》《祭济文》等,另外还产生了不少对水征应验、水象占卜的学说及记录。这是祈水忌水文化(礼水敬水文化)的重要内容,同时也是中华文化"水"的具体体现。其中,文化色彩最为浓郁的是后魏孝文帝的《祭河文》:"维大和十九年,皇帝告于河渎之灵:坤元涌溢,黄渎作珍;浩浩洪流,实裨阴沦。通源导物,含介藏鳞;启润万品,承育苍昊。惟圣作则,惟禹克遵。浮楫飞帆,洞厥百川;朕承宝历,克纂乾文。腾鸾淮方,旋鹢河濆;龙舻御渎,凤旆乘云。泛泛棹

---

① 李民、杨择金、孙顺霖、史道祥:《古本竹书纪年译注》,中州古籍出版社,1990年。

舟，翩翩沂津；宴我皇游，光余夷滨。肇开水利，漕典载新；千舻桓桓，万艘斌斌。保我大仪，惟尔作神。"[1]这里，黄河是真善美的化身，黄河对国家、对民众的贡献与恩惠非常大，祭拜者祈愿黄河神灵永远"保我大仪"，祭拜者也甘愿将黄河神灵作为唯一的神灵而永远供奉膜拜。魏孝文帝的《祭济文》同样是文采飞扬，态度虔诚。其他有代表性的还有隋代薛道衡的《祭江文》、卢思道的《祭濂湖文》，唐代颜师古的《四大河祝文》等。

0.4.9　体现在人寄情于水、人忆想于水的咏水写水文化形成发展过程中

水既然是人们生命生活里不可或缺的，人水情缘的每丝每缕便会有各种抒发与表达。可以说，在中国传统士人文化和艺术文化中，水作为人们钟情的对象和情感表达的媒介，自然会成为文学艺术创作的重要题材。咏水写水形式上既包括诗词歌赋体裁和其他文字形态的，也包括音乐绘画方面的。所谓咏水写水文化，就是指人们通过文学艺术创作活动表达出来的人水情缘尤其是和谐关系而积淀下来的文化成果。咏水写水文化，旨在水再现，重在人有情。具体来说，咏水写水文化主要表现在以下几个方面。

首先，水对文学艺术创作的启发。现代文学家沈从文在《我的写作与水的关系》中曾经说："在我一个自传里，我曾经提到过水给我的种种印象。小小的河流，汪洋万顷的大海，莫不对于我有过极大的帮助，我学会用小小脑子去思索一切，全亏得是水，我对于宇宙认识得深一点，也亏得是水。"[2]其实，在我国古代，水始终是文人激发灵感的活物，是艺术家进行艺术创作的源泉。主要是艺术家受到自然山水的启发，获得创作的灵感，从而成就了他们的艺术创作。如观海听涛常常能让艺术家精神振奋，心潮澎湃，情感充溢，产生巨大的震撼。南朝梁刘勰《文心雕龙·神思》云："登山则情满于山，观海则意溢于海；我才之多少，将与风云而并驱矣。"[3]曹植的《洛神赋》是洛神文学中最华美的篇章，在历史上影响颇深。

其次，中国传统文学艺术中包含了丰富的水意象。一是水作为直接抒情意象，即借水抒情，把水当作抒发情感的媒介，如王维的山水诗以及古代的山水画等。

---

[1] 徐坚：《初学记》，中华书局，1962 年。
[2] 沈从文：《无从毕业的学校》，中华书局，2017 年 6 月。
[3] 刘勰：《文心雕龙译注》，王运熙、周锋译，上海古籍出版社，2016 年 4 月。

二是水作为间接抒情意象，即把水作为创作主题的环境而加以描述。在中国早期的文学艺术作品中，有关水的描写多数是作为某种表达主题的需要而设置的水环境，最典型的就是《诗经·关雎》《庄子·秋水》等。宋代张择端的《清明上河图》则是借河水这一环境形象来表达汴梁民俗文化的盛况，歌颂北宋政治经济和社会的繁荣。三是水作为幻想意象，即通过有关水的神话传说来表达艺术家的情感。在中国古代早期大量的神话传说和民间故事中，有很多关于水的幻想形象。甚至很多图腾形象，如龙、四海神、河伯等都与水有着密切的关系。

再次，水在中国传统文学艺术欣赏中的意义。一是人生况味的蕴涵，如庄子的《秋水》、李白的《赠汪伦》等所表达出的人生感喟。二是崇高境界的启迪，如庄子的《逍遥游》，李白的《望庐山瀑布》《将进酒》所表达出的阔达境界。三是品格升华的促动，如陶渊明的《桃花源记》通过对桃花源山水环境的描绘，表达了作者追求安宁、自由的生活理想。

值得注意的是，中国传统文学艺术中的 "水"，源于现实世界的水，高于现实世界的水；源于现实中的人水关系，高于现实中的人水关系，无疑是中华文化 "水" 的典型范式。

0.4.10　体现在人察于水、人明于水的识水研水文化形成发展过程中

中国古代不仅有丰富的水文化实践成果，也有很多优秀的水文化理论成果。这些成果，无论是实践成果抑或理论成果，都是在人们观水、察水、认识水、研究水的基础上产生的。有关水的哲学见解、水科学理论和治水思想理念，都是在人们对涉水活动进行思考、认识、研究的基础上提出来的。所谓识水研水文化，就是指基于人们认识水研究水而积累下来的文化成果。识水研水文化，旨在用其然，重在知其然。其主要内容是对水自然世界的科学探索及学术成果、水资源管理知识及政策法规和关于水的哲理思考。

1. 水科学知识

治水兴水以及所有水事活动成败的关键在于认识水，把握水的运行规律。早在先秦时期，管子等人就在人们治水的经验上进行了有关的科学探索，成为最早的水利专家。西汉司马迁《史记》里的《河渠书》，东汉班固《汉书》里的《沟洫志》，均可称为中国早期的水利学史。东汉地理学家桑钦的《水经》是中国第一部

记述水系的专著，北魏时期郦道元的《水经注》既是一部内容丰富的水文学专著，也是一部中国古代水自然地理经典文献。元代有赡思的《重订河防通议》、任仁发的《浙西水利议答录》、欧阳玄的《至正河防记》、王祯的《农书》等。明代有河道工程专家潘季驯的《河防一览》。清代有杨守敬的《水经注疏》、杨守敬与熊会贞的《水经注图》，还有齐召南的《水道提纲》、钱咏的《水学》等。

2. 水管理知识（治水用水的政治制度和法律制度）

古代中国，由于学科划分不清晰，专门研究水资源管理及其政治制度和法律制度的学术专著很少，大都散见于各类史书、政书、业书之中，如《管子》《吕氏春秋》中的某些篇章，《氾胜之书》《齐民要术》《农政全书》《唐律疏议》《大明律》《大清律》《田律》中的某些内容，即使是《水部式》《治河条例》《防汛章程》等书，尽管陈述性也要远远大于研究性，内容却很丰富。这是中华文化"水"的特点，也是它的缺点。

3. 水哲理思考

关于水的哲理思考，就是以水为思考和反思对象，并从中总结出具有深厚人文内涵的意识、观念、态度、理念等。老子所说的"上善若水"，就是以水的自然特征为出发点，通过对水所隐喻的人文情怀和道德比附的提升，将水视为最为接近"道"的一种至高无上的大善，视为宇宙间最具包容性、最能体现人类至高追求和理想信念的存在物，可谓是"道"的最忠实使者或形象代言人。

识水研水文化的确有一个从经验摸索到理论建构的过程。大禹治水的成功，无疑是在不断总结实践经验的基础上完成的。这种基于治水实践的经验后来被人们总结凝练，逐渐成为一种"疏堵并用，以疏为主，以堵为辅"治理思路。大禹之后，古代许多水利专家提出富有理性的治水思想，如西汉末年贾让的"治河三策"，元至正年间工部尚书贾鲁的疏、浚、塞并举论和"治河二策"论，明代著名河官刘天和总结出的黄河堤防"植柳六法"，明末著名治河专家潘季驯提出的"筑堤束水，以水攻沙"的治黄方略，清顺治年间河道总督朱之锡所著《河防疏略》，清康熙年间河道总督靳辅的"疏浚筑堤"并举治河论，清雍正年间河南山东河道总督稽曾筠的"引流杀险"以治理黄河说等，都是从经验摸索到理论建构的典型例证。

基于人水关系的理论分析，把中华文化"水"的路径分为上述 10 个方面，是作者经过长期思考研究中华水文化而逐步形成的，在学术上是一个初步尝试。当然，中华文化"水"的路径还不只是这 10 个方面，也可以在学术研究中做另外的分类。科学分类，合理区分，是学术研究的必需，是中华水文化传承创新的基本要求，也是适应当代文化资源数字化的具体措施。但各个方面分得越细，可能会相互交叉，或有重合之处。权衡利弊，本书将从上述 10 个方面分析研究中华水文化"核心话语"，旨在为中华文化"水"打开多维之"窗"，为深入探索中华水文化形成发展机理开辟立体通道。

0.5 中华文化"水"之核心话语研究：行到中庭数花朵

中华水文化是中华民族的创新创造，是人类宝贵的财富，是中华民族繁衍发展、生生不息的重要滋养，无疑也是加强社会主义精神文明建设的文化资源。中华水文化之所以始终与时俱进，之所以总量宏大，内容丰富，是因为中华文化"水"数千年不辍，其途径应有尽有，其载体多种多样，万水竞流；是因为中华文化"水"话语百花齐放且自成体系。本书重在从核心话语的视域，择其要者，粗立框架，提纲挈领地做些梳理。唐代刘禹锡有一首《和乐天〈春词〉》曰："新妆宜面下朱楼，深锁春光一院愁。行到中庭数花朵，蜻蜓飞上玉搔头。"中华文化"水"的来龙去脉及其核心话语，是一个很值得深入探讨的课题。中华文化包括中华水文化的全面复兴是时代的呼唤，也是新时代高质量发展的必然要求。作者不揣浅陋，以中华文化"水"之核心话语为本书主题，不避"深锁春光一院愁"而"行到中庭数花朵"，欲着力和拓新之处就在于此。或许这就是本书的价值所在。

第1章　"水从何来"的终极追问

晨光微曦，朝阳初辉。

一个似憨非憨，憨中透灵、灵中孕秀的童子，问一位似僧非僧、似道非道、似儒非儒的老者："我从哪里来？我来这里干什么？我又到哪里去？"老者仰观天文，俯察地理，双眼微闭，用右手食指在空中画了一个"𣱵"。童子似懂非懂，接着又问道："𣱵（水）从哪里来？𣱵（水）来这里干什么？𣱵（水）又到哪里去？"

这些终极的哲学问题，叩问人类数万年，叩响了天空，叩响了大地，叩响了人类的"方寸灵台"，是涉及宇宙生成、宇宙结构和运行机制的根本性问题。

1.1　"六府""五行"说

《左传·文公七年》云："水、火、金、木、土、谷，谓之六府。"[①]"六府"就是储藏水、火、金等六种物质的处所。《尚书》讲到"五行"，认为水是构成万物的元素之一。《管子·水地篇》开宗明义地提出："水者何也？万物之本原也，诸生之宗室也，美恶、贤不肖、愚俊之所产也。"[②]明确提出了水是万物的本源。

在佛学中也有类似的观点，如《提婆菩萨释楞伽经中外道小乘涅槃论》（后魏菩提流支译，第十八服水师论）说："水是万物根本，水能生天地，生有命无命一切物。下至阿鼻地狱上至阿迦尼咤天，皆水为主。水能生物，水能坏物，名为涅槃。是故外道服水论师说，水是常名涅槃因。"[③]

古希腊哲学家泰勒斯（约公元前624—前547）提出："水是万物的始基、本

---

① 杨伯峻：《春秋左传注》，中华书局，1981，第507页。
② 黎翔凤、梁运华：《管子校注》，中华书局，2004，第813页。
③ 《乾隆大藏经》，东方出版社，2012年。

原于实体，万物从水中来，是水的变形，万物又都复归于水。水包围着大地，大地在水上漂浮，不断从水中吸取它所需要的营养。"①黑格尔在《哲学史讲演录》中称西方第一个哲学家泰勒斯的思想为"哲学命题，哲学是从这个命题开始的"②。关于始基的含义，亚里士多德曾做过解释："一样东西，万物都是由它构成的，都是首先从它产生，最后又化为它的（实体始终保持不变，只是变换它的形态），那就是万物的元素，万物的本源了。"③恩培多克勒（公元前490-前430）综合了多家的思想观点，用"四根说"来解释自然界，明确宣称水、火、土、气是成物之根①。

但问题在于：水从何而来？这个更为终极的问题，还是没有答案。

1.2 "太一生水""水反辅太一"说

遥想1200多年之前，大唐盛世，诗仙李白登高饮宴，淋漓尽致地抒发了置酒会友和怀才不遇之感，言道："君不见，黄河之水天上来。"这是他给出的"天上来"的答案，很浪漫，极富有诗情画意，也最富有想象力。"天"是什么？为什么黄河之水会从"天上来"？这一连串的疑问，始终困惑着古代先民。

在历史的长河中，古代先民仰望着深邃的天空，一次次地叩问，逐渐形成了对天的独特认识。纵观史前神话、诸子学说和近现代科学成果，在中国人的认识观念和文化传统中，"天"至少有以下几个含义。

一是天文学意义上的天体之天。依此意，唯物地给出了水的来源，来源于宇宙间的各种物理、化学和光电等作用。例如地球上的水是太阳风的杰作，太阳风即太阳刮起的风。

二是人神性的天。依此意，水是由一个"存在"生出来的，如"盘古的眼泪""盘古的血液"等。

① 赵敦华：《西方哲学简史》，北京大学出版社，2012年。
② 黑格尔：《哲学史讲演录》（第一卷），商务印书馆，1959年8月。
③ 亚里士多德：《形而上学》，商务印书馆，1997年7月。

　　三是形而上的天。依此意，水是一个形而上的哲学本体生成的。《太一生水》篇曰：

　　太一生水，水反辅太一，是以成天。天反辅太一，是以成地。天地[复相辅]也，是以成神明。神明复相辅也，是以成阴阳。阴阳复相辅也，是以成四时。四时复相辅也，是以成沧热。沧热复相辅也，是以成湿燥。湿燥复相辅也，成岁而止。故岁者，湿燥之所生也。湿燥者，沧热之所生也。沧热者，[四时之所生也]。四时者，阴阳之所生也。阴阳者，神明之所生也。神明者，天地之所生也。天地者，太一之所生也。是故太一藏于水，行于时，周而或（始，以己为）万物母。一缺一盈，以纪（己）为万物经。此天之所不能杀，地之所不能埋，阴阳之所不能成。君子智（知）此之谓[圣人]。①

　　所谓"太一生水"，有的学者认为是说水是太一所生所藏的水，是太一的具体形态。有学者认为这里的水是指"太一"的"场域"，所谓"太一生水"是说"太一"通过水而生万物。有的学者认为"太一生水"即"太一生于水"，即"太一"乃是由具象的"水"化生的。但不管作何种理解，在古人那里，至少可以说，水要么是宇宙本源，要么是宇宙的"次本源"，今人的分歧只是对于古人赋予水在宇宙生成中作用的"级别"问题理解不同而已。

　　"太一生水""水反辅太一"说的意义，不只是哲学层面的，其价值意义也不能忽视。古代先哲基于"观于天文"而提出的"太一生水""水反辅太一"说，既是"宇宙生成新说"，同时也是"中华文化新说"。"太一生水""水反辅太一"说的最后一句话"君子智（知）此之谓[圣人]"，原来古代先哲寻找世界本源的目的，解释世界变化的动因，不为别的，而是为了找到真理的源泉，为了打开通往智慧的大门。这一"君子智慧生成新说"，有待深入理解和重新评估。从古代先哲看来，"生"与"辅"是宇宙一以贯之的法则和内在的动力源，有"生"就有"辅"，"生"与"辅"须臾不离，密切配合，节节前进，永不停歇，从而建构了整个世界，成就了万事万物。水，既为"太一生"，便成"太一辅"，二者作为生成天地万物的统一体，通过"一生一辅"的生态平衡，成为万物生成之根源，通过"一缺一盈"

---

① 荆门市博物馆编《郭店楚墓竹简》，文物出版社，1998年5月。

的虚实结合，成为万物演化之秩序。对"生""辅""盈""缺"，变与不变的天地大法，君子必须心里明白，圣人更要用来经世致用。南朝梁沈约曰："夫体睿穷几，含灵独秀，谓之圣人，所以能君四海而役万物，使动植之类，莫不各得其所。"①这段话再次点明了"君子智（知）此之谓[圣人]"的道理，对上述分析推断可以说是一个佐证。

---

① 沈约：《符瑞志》，载《宋书》，中华书局，2018 年。

第 2 章　"人水何干"的原始记忆

在中国各民族神话传说中,涉及创世创生的内容很多,其中反映人水关系的也不可胜数。尽管从现代科学认知来看,这些神话传说所达到的水平只能是一种原始记忆的水平,但如果从文化人类学和水文化学的视角加以衡量的话,其意义及价值则不可低估。

2.1　水为世界说

在我国许多民族神话传说和民间故事里,最早的世界是一个水天相连的世界,天地未形成以前,整个宇宙就是一片混沌之水,生灵万物俱无。譬如有的讲,"开天辟地之时,天连水水连天。"① (汉族)有的讲,"天地初分时水天相连。"② (满族)有的讲,"最早的世界是一个大海子。"③ (藏族)有的讲,"古时,天和地是水塘。水变水汽升高成了天,剩下的成了地。"④ (哈尼族)还有的讲,"像一团稀泥巴汤汤的混沌世界,慢慢澄清,澄清的水就往上升,变成了天。"⑤ (汉族)

在有关水与天地起源的神话中,最直观的应该是息壤神话,形象地描述了大地的起源。《山海经·海内经》郭璞注云:"息壤者,言土自长息无限,故可以塞

① 流传:黑龙江哈尔滨市五常县拉林镇。出处:李录讲、赵广礼录《五挡神、洪钧老祖和托骨佛》,载中国民间文学集成全国编辑委员会总编《中国民间故事集成》(黑龙江卷),第 6 页。
② 出处:孙玉清讲、王惠立搜集《白云格格》,《满族民间故事选》,上海文艺出版社,1983 年。
③ 流传:云南。出处:《世界的形成》,载中国社会科学院云南少数民族文学研究所等编《云南少数民族文学资料》(第 2 辑),内部编印,1981 年,第 82 页。
④ 流传:云南西双版纳傣族自治州勐腊县。出处:李万福讲《天与地》,载《山茶》,1986 年第 6 期。
⑤ 流传:四川德阳市绵竹县遵道乡(镇)。出处:叶青云讲、王仲齐采录《无极老祖造人》,载中国民间文学集成全国编辑委员会总编《中国民间故事集成》(四川卷),2007 年 1 月,第 27 页。

洪水也。"①正是由于息壤在水中的这种膨胀性，鲧禹在治水的过程中把此物放在水中就会形成陆地，从而可以用来堵塞洪水。潜水者遵照创世之神的旨意到海底捞上来一点泥沙，然后被神放在这原初之海的水面上，这一点点泥沙便开始迅速无限膨胀，最终形成了坚实的地面，使得生命有了寄生之所。从这个神话来看，其实大地也就是被水面托起的一块陆地，其生于水，同时亦被水载浮。

因此，水不仅是天地的孕育者，还是其承载者，天地生于原初之海并且浮于原初之海上。这种神话不但反映出了水在宇宙秩序建立过程中的孕育作用，同时也折射出了一种原初的宇宙观，就是以水为承载天地的载体，即"浮天载地"。《艺文类聚》卷八引《玄中记》曰："天下之多者水焉，浮天载地，高下无不至，万物无不润。"②天下最多的是水，水无处不在，一切的空间和万物都处于其包围之中，承载着天地。《太平御览》卷五九引晋杨泉《物理论》曰："九州之外皆水也。"③也是对"天下之多者水焉"的另一种描述，认为方圆九州之外都为水所环绕，大地处于水的中央。在这种"浮天载地"的宇宙观里，水处于人类世界的外围，人类世界被包于其中。

2.2 人源于水说

水是生命之源，与生命密切相关，人的生命须臾离不开水。中国传统文化很大程度上是一种农耕文化。由于早期的农业生产特别倚重于雨水，因此，在先民的信仰里，很早就出现了水崇拜，他们认为人类源于水而生，托于水而化，依赖水繁衍。春秋时期《管子·水地篇》也表述了"水是万物的根源"的学说，认为无论动物、植物，甚至人类都起源于水，是水的最精华部分凝结成人类始祖。正是基于对水的崇拜，人们开始创造多种多样的"水生人"神话。这些"人源于水"的神话讲述了水生出人类的过程或由此形成人类的故事，包括水体的不同形式如江、河、湖、海、井、泉等，以及其不同的变形形式如雨、雪、水汽、雾霭等分别生出或形成人类的神话。

---

① 李荣庆、马敏：《山海经》，中州古籍出版社，2008 年。
② 叶德辉辑《郭氏玄中记》，载《郋园先生全书》，民国古书刊印社刻本（复印本）。
③ 李昉：《太平御览》，河北教育出版社，1994 年 7 月。

　　这种神话传说，在西南地区比较集中。譬如哀牢山哈尼族聚居区流传的哈尼族史诗《哈尼阿培聪坡坡》开篇就讲述了哈尼族祖先在水中诞生的情形，"大水里有七十七种动物生长；先祖的诞生也经过七十七万年"，又说，"先祖的人种在大水里，天晴的日子，他们骑着水波到处飘荡。"①譬如苗族神话说，女神娘仰阿莎为水井所生，也就是水井中的水所生②。譬如怒族神话说，古时候，天神创造了万物，但唯独没有创造出人类。地神常常为此感到忧伤。天神落下了两滴同情的泪水，泪水变成了雨水。雨水落到地上，一滴变成一个男子，叫闷有西，一滴变成了一个女子，叫闷有娣，他俩就是怒族的祖先③。将雨水说成是天神的眼泪，是对雨水的神秘化，这则神话实际上反映了雨水生人的观念。基诺族的《阿嫫腰白》讲述创世女神阿嫫腰白为大海所生，远古之时，宇宙间是一片汪洋大海，阿嫫腰白第一个来到世界上，开始创造一切④。

　　雪或者雪水在雪山地区，往往是水之源，所以也被视为生命的起源。彝族史诗《梅葛》说：格兹天神在天地造成之后，见地上没有人，就从"天上撒下三把雪，落地变成三代人"，从此，地上就有了人烟⑤。彝族史诗《勒俄特依》讲述了雪子十二支的故事：天上降下桐树来，霉烂三年后，喷出三股雾，升上天空，降下三场红雪，在地上化了九天九夜，并开始化成人类。"结冰成骨头，下雪成肌肉，吹风来做气，下雨来做血，星星做眼珠，变成雪族的种类。"后来逐渐形成所谓雪族十二种。雪族十二种，既包括了动物、植物等，也包括了人类，即所谓"有血的六种，无血的六种"。无血的六种是黑头草、柏杨树、针叶树、水筋草、铁灯草和蔓藤，有血的六种是蛙、蛇、鹰、熊、猴和人类。后来雪族十二种又繁衍出更多的动植物和人类⑥。

---

① 云南省少数民族古籍整理出版规划办公室编《哈尼阿培聪坡坡》，见《云南省少数民族古籍译丛》，云南民族出版社，1986 年。
② 麻勇斌：《仰阿莎》，重庆出版社，2017 年。
③ 何叔涛：《怒族卷》，载吕大吉、何耀华主编《中国各民族原始宗教资料集成》，中国社会科学出版社，1996 年。
④ 云南省少数民族古籍整理出版规划办公室编《阿嫫腰白》，见《云南省少数民族古籍译丛》，云南民族出版社，1986 年。
⑤ 楚雄调查队：《云南省民族民间文学》，云南民族出版社，2009 年。
⑥ 云南省少数民族古籍整理出版规划办公室编《彝族史诗》，见《云南省少数民族古籍译丛》，云南民族出版社，1986 年。

　　"人源于水"，是描述人类和宇宙万物起源于水的创世神话。云南省哀牢山区的拉祜族、彝族、哈尼族、基诺族等民族普遍认为自己的始祖诞生于水中。杨终的《哀牢传》中记载："哀牢夷者，其先有妇人沙壹，居于牢山，尝捕鱼水中，触沉木若有感，因怀妊。十月，产子男十人。后沉木化为龙，出水上。沙壹或闻龙语曰：'若为我生子，今悉何在？'九子见龙惊走，独小子不能去，背龙而坐。龙因舐之。其母鸟语，谓背为九，谓坐为隆。因名曰'九隆'。"①拉祜族创世史诗《根古》说，混沌未开之前，宇宙是一片雾露，雾露生成了天神厄莎，厄莎又创造了世界，并用葫芦培育了人，万物及人类的最初源头仍是水②。《彝族氏族部落史》说："六祖水中出，吾自从中来。"③云南乌蒙山区的彝文典籍《六祖史诗》则干脆说道："人祖自水来，我祖水中生"。④云南彝族史诗《赊豆榷濮》中的"人类六祖"一节，就是这样赞颂女祖先的卵子（金水）的："妣水是金水，金水清又清，妣清人能言，妣清人智慧。妣水是金水，金水长又长，水长裔繁衍，水长育六祖……妣水是金水，妣水清又长，祖魂避妣魂，妣裔妇人传……"⑤

　　在滇南一带的彝族还有些人将水生动植物作为自己的祖先图腾而加以崇拜，如普氏家族中的一支以生长在水里的细芽菜为图腾，有一支又以水陆两栖动物石蚌为图腾，这是"人源于水"的观念的遗迹。《阿赫希尼摩》详细描述了人类祖先由水生动物进化而来的过程：奢祖大海里，海水碧绿绿，螺蛳海中生，海螺满海游；小虾水中生，遍海慢悠悠；野鸭在戏水，大鹅成群游；鱼儿更兴旺，白鱼和红鱼，绿鱼和黑鱼，还有那黄鱼，成群又结队，海中来遨游。各种各样鱼，时而潜海底，四处去觅食，时而游海底，跃到沙滩下，自由又自在，摇尾晒太阳，天覆地又转；白鱼和红鱼，黄鱼与黑鱼，还有那绿鱼，慢慢地演化，渐渐变成猿，

---

① 刘琳：《华阳国志校注》，巴蜀书社，1986 年。
② 拉祜族民间文学集成编委会辑、刘辉豪主编《拉祜族民间文学集成》，中国民间文艺出版社，1988 年。
③ 杨凤江：《彝族氏族部落史》，云南人民出版社，1992 年。
④ 云南省少数民族古籍整理出版规划办公室编《六祖史诗》，见《云南省少数民族古籍译丛》（罗希吾戈、杨自荣译），云南民族出版社，1986 年。
⑤ 云南省少数民族古籍整理出版规划办公室编《赊豆榷濮 叙祖白》（彝汉对照），见《云南省少数民族古籍译丛》（朱琚元等译），云南民族出版社，1987 年。

变成绿色猿，变成红色猿，变成黄色猿，变成白色猿，变成黑色猿……①其进化观是：水生动物经常从海中跃到沙滩上晒太阳，天长日久，这种水生动物适应了陆地上的生存条件演化为猿猴，猿猴慢慢学会直立行走后进化为最初的人类。

此外，水可化为水汽，由水生人、生天地万物的观念又引申出了气生万物的观念。云南昆明滇池地区彝族撒米人的人类起源神话这样讲述：地母在"老阳山"挖了一筐红泥，用河水将它湿润，然后加以捏塑，使它成为男人的形象；又到"老阴山"挖来一筐黄土，用掺着血的泉水搅匀，捏成了一个女人的形象。然后她又将"灵气"以及生气吹入人的鼻孔，使其成为有"灵魂"的人，第一代人就这样出现了②。纳西族创世神话中，万物及人类始祖的产生，最根本的源头是"气"③。水是气沉降后的一种形态，而水是人类生命和万物生存所离不开的物质，这正说明了水在万物起源过程中的重要作用。冰、雪、风、雨都是水的不同形态，史诗所记录的神话说明水在人类及万物诞生过程中起着极其重要的作用。在云南的彝族、景颇族、布依族、傣族等少数民族的创世神话中，气往往表现为水汽或雾气。

大量的神话表明，先民们普遍意识到水是生命之源，水对宇宙万物的生长具有决定性作用。由于水孕育万物与女性生育功能有着惊人的相似之处，先民特有的类比思维和形象思维，促使他们常常将二者等同，由此推想出人类也是由水中孕育而来，或是直接源于水，或是间接生于水。水是人类生成的原生物质，是所有生命共同体的母亲。人类与水自然之间应是一种儿女同父母亲的关系，人类与水自然而然就应该是和谐共存的亲缘关系。

2.3 水患人害说

水是生命之源。生命从水中诞生，人类靠水繁衍，社会靠水发展。水资源是地球上最为宝贵的财富，是人类和其他一切生物生存和发展不可缺少的物质，在人们生活生产中起着不可替代的重要作用。原始祖先大都依水而居，农作物生长

---

① 罗希吾戈、普学旺：《彝族创世史：阿赫希尼摩》，云南民族出版社，1990 年。
② 张福：《彝族古代文化史》，云南教育出版社，1999 年。
③ 云南省少数民族古籍整理出版规划办公室编《云南民族口传非物质文化遗产总目提要神话传说卷》（纳西族创世神话《人祖利恩》）。

也需要水的滋润。进入农耕时代后，农业的丰收几乎也全靠风调雨顺的天气，更需要充足的降水。

至于水患，古人对它们的认识可以说是刻骨铭心。流传于楚雄等地的史诗《查姆》中有这样的描述：雨下了七天七夜，大地茫茫被水淹。地上波浪滚滚，波涛直冲云天。树根飘上天，浮萍天上转，乱草裹成团，天连水，水连天，葫芦飘到天上边。大鱼想吃星星，黄鳝在天上乱钻；石蚌望着月亮乱叫，虾子围着星星撒欢；水鸭在天空漫游，水獭在天际打圈圈。金船沉海底，银船沉海底，铜船沉海底，铁船锡船也沉海底。《查姆》中充分展示了水灾的威力，七天七夜雨、冲天波浪、树根、浮萍、乱草、葫芦的失序和倒置，以及大鱼、黄鳝、石蚌、虾子、水鸭、水獭等动物的反常。《洪水泛滥》说："海水流不出，海水顶着天，海水白茫茫，银箱不浮水，金箱水下落，木箱水上漂，木箱顶着天。水满满三次，天干干三回，天地换三次，日月换三对，云星尽三回。水满长青苔，泥鳅天际跳，黄鳝穿山鼻，青蛙天上叫，水鸭天上飞，鸭头顶着天。麂老黄橙橙，麝老树上臭，蛙老倒斤斗，动物都不剩，人也不剩了。"这些旷世洪涝神话叙述了旱涝灾害对天地万物的毁灭，通过渲染灾害场面及其结果的惨烈，突出了洪涝灾害对万物的灭顶威力[1]。

在中国上古神话和民间传说中，最重要的一个主题，便是人（神人）水共生与斗争的记忆和解释。从中国上古神话和民间传说中我们可以看到，先古之人对水之利害的认知很有意思，他们往往把人的因素看得非常重，甚至认为，水害就是某个"坏人"头子造成的，这个"坏人"头子就是共工。

共工其人其事，诸多文献中有所记载。如《左传·昭公十七年》："共工氏以水纪，故为水师而水名。"[2]如《列子·汤问》："天地亦物也。物有不足，故昔者女娲氏炼五色石以补其阙；断鳌之足以立四极。其后共工氏与颛顼争为帝，怒而触不周之山，折天柱，绝地维，故天倾西北，日月星辰移焉；地不满东南，故百川水潦归焉。"[3]《淮南子·天文训》："昔者共工与颛顼争为帝，怒而触不周之山，天柱折，地维绝，天倾西北，故日月星辰移焉；地不满东南，故水潦

---

[1] 楚雄调查队：《云南省民族民间文学》，云南民族出版社，2009 年。
[2] 刘利、纪凌云：《左传》，中华书局，2007 年 3 月。
[3] 景中：《列子》，中华书局，2007 年 12 月。

尘埃归焉。"①《史记·补三皇本纪》:"诸侯有共工氏,任智刑以强霸而不王;
以水乘木,乃与祝融战。不胜而怒,乃头触不周山崩,天柱折,地维绝。"②总
而言之,共工是致使天翻地覆、引发洪涝灾害的"罪魁祸首"。但是,从另一方
面讲,能使"日月星辰都朝西北方移动""江河泥沙都朝东南方向流去"者,唯
有共工;如此之举,当属空前绝后,因此共工也不失为一个盖世英雄。

2.4 人水共生说

"盘古开天辟地"是一个家喻户晓的英雄神话,最早出现在三国时期吴国
太常卿徐整所著的《三五历纪》《五运历年记》中:"天地浑沌如鸡子。盘古生
在其中,万八千岁,天地开辟。阳清为天,阴浊为地。""首生盘古,垂死化身,
气成风云,声为雷霆;左眼为日,右眼为月;四肢五体为四极五岳;血液为江
河;筋脉为地里;肌肉为田土;发为星辰;皮肤为草木;齿骨为金石;精髓为
珠玉;汗流为雨泽;身之诸虫,因风所感,化为黎甿。""盘古之君,龙首蛇身,
嘘为风雨,吹为雷电,开目为昼,闭目为夜。死后骨节为山林,体为江海,血
为淮渎,毛发为草木。"③值得注意的是,"盘古死后……血为淮渎",文献中明
显将盘古与淮河发源地相联系。"淮渎",即今之淮河,而桐柏县正是淮河的发
源地。明代学者李梦阳撰文《大复山赋》时,将桐柏山水帘洞以西的一道酷似
人形的山脉称为盘古,"昔盘古氏作兹焉,用宅……"④。清代学者贡愈淳作《桐
柏山赋》曰:"慰山灵之寂寞,请为援诸者而酹诸时,曰:系阴阳之茫沕兮,盘
古开天而首出……"⑤,指出桐柏山是阴阳未分、大水茫茫的混沌之时盘古首出
开天的地方。唐朝、宋朝编修的《元丰九域志》曰:"桐柏山,淮水所出。淮渎
庙,盘古庙。"⑥上述文献明显指出,这则神话传说的主人公所在地就是今河南

---

① 张双棣:《淮南子校释》,北京大学出版社,1997 年。
② 司马迁:《史记》,中华书局,2008 年。
③ 梁启超:《太古及三代载记·洪水考》,载《梁启超全集》,中国人民大学出版社,2018 年
　 3 月。
④ 袁宏道:《精镌古今丽赋》,三秦出版社,2015 年 5 月。
⑤ 巩敬绪:《桐柏县志》,清乾隆十八年(1753 年)刻本。
⑥ 王存:《元丰九域志》,王文楚、魏嵩山点校,中华书局,1984 年 12 月。

省桐柏县。桐柏县内有逼嫁山、朝阳洞、先人脚、先人掌、盘古庙、盘古溪、盘古洞、盘古斧、盘古井等遗迹。

很多地方流传着的 "盘古开天地" 故事大致是这样的：很久很久以前，天地是连在一起的，混沌一团。那时有个叫盘古的巨人，就生长在这里面，一动也不动。后来过了十万八千年，盘古一觉醒来，睁开双眼，看四周，漆黑一团，觉着心里烦闷不安，一气之下，挥动巨臂，举起巨掌，向眼前的混沌黑暗猛劈过去。就听到一声巨响，天和地慢慢裂开了，多少年一动不动的混沌黑暗被搅动起来，这里面轻的东西慢慢上升变成了天，重的东西沉下来变成了地。盘古站在天和地的中间，脚踩着地，手托着天，他的身子也慢慢地越长越高。他日长一丈，天和地也日长一丈。就这样，又过了十万八千年，天升得极高极高了，地也变得很厚很厚了，盘古的身子也长得很高很高了。打这以后，天和地再也不会合在一起了。盘古因长久支撑天地，耗尽了自己的精力和心血，后来就死去了。他临死时吐出的一口长气变成了风和云雾，吼声变成了雷声，圆睁的双目变成了太阳和月亮，血管变成了江河，筋脉变成了道路，肌肉变成了土地，牙齿骨头变成了玉石宝藏，汗毛变成了庄稼青草，头发胡须变成了森林，汗水变成了雨露。就这样，一个无限美好的人间诞生了。

先民们以朴素的认识解释了天地万物的形成原因：是巨人盘古把身体交付给大自然，身上的血液化作了江海，流下的汗水变成了雨水。从中可见，古人认为自然之水与人的血脉是紧紧相连的。

2.5　人拜水神说

人拜水为神，也称水神崇拜，是中国民间信仰的重要内容之一，是一种植根于传统农业社会的自然崇拜。人的生命离不开水，水为人类提供了重要的生产生活资料，但是洪水的肆虐给人类带来了深重的灾难。于是，古代先民视水为灵异，以及受原始巫术的影响，产生了对水神的崇拜。风调雨顺、河川水流稳定，令农作物得以丰收，就是水神的奖励；而河水泛滥、阴雨连绵，就是水神的惩罚。《淮南子·览冥训》曾有记载："往古之时，四极废，九州裂，天不兼覆，地不周载，火燖焱而不灭，水浩洋而不息；猛兽食颛民，鸷鸟攫老弱。"①洪水威胁着古人的生存与生活，这是人力所无法抗衡的，给人民带来了极大的恐惧，其充满了神秘和虚幻感，因此把希望寄托于某种超自然的力量上，于是诞生了水神。

古人水神崇拜的对象非常广泛，根据社会学功能，将其分为自然之神和治水之神。人们认为江河湖海甚至水井、水潭中都有职司不同的水神存在。《正统道藏正一部·道要灵祇神鬼品经·仙公请问经下》曰："水皆有神，八海则有神王居焉。江湖河济皆有神也，又龙治其清渊，河伯水官，各有宫殿府寺。"②与之相应的神灵有河伯、黄河神、四渎、四海等。这使得古人对水充满了敬畏和恐惧，不同地方所祭祀的水神也不同，居于大江大河旁边的人多祭祀河神、江神，居于湖泽附近的人多崇拜湖神、渊神，居于海滨的人多敬拜海神，居于内陆少水地方的人干脆就祭拜泉、井和池塘。直到今天，我国一些少数民族仍有对与自己生活密切相关的潭、渊、溪等水源进行祭祀的风俗。治水之神是由人神化而来的，是人类战胜自然、兴利除害的图腾。

中国古代的先民受"万物有灵""天人感应"原始思维的影响，认为"天亦有喜怒之气、哀乐之心，与人相副。以类合之，天人一也"③。天象的变化是神的意志的体现，拥有七情六欲的"天"主宰着人类的吉凶祸福。人们认为通过建庙、祭祀、娶妻、封赏，以及演绎各种神话传说加以宣传等崇敬活动，可以感应神灵，取悦水神，以期水神能够呼风唤雨，确保人们生产生活的正常进行。

先民们崇拜水神，为方便祭拜，人们在河流两岸或附近地区修建祠堂、庙宇，统称水神庙。根据具体供奉的水神，可分为河神庙、龙王庙、海神庙、江神庙等，各地县志、方志中都有记载。例如古代把黄河、长江、济水、淮河合称"四渎"，在河流的沿岸普遍修建有水神庙，最著名的有济水的济渎庙、黄河的嘉应观、淮河的淮源庙、长江的江渎庙等。广大的农村普遍存在着龙王庙，在沿河地区有河神庙。

人们在遇到困难或人生中的大事时，往往会举行水神祭祀仪式，祈求水神的帮助。各地人们祭祀水神的目的不同，已不限于求雨、祛除水患和利航，祈福、保平安以及祛病祭祀也非常盛行。在洞庭湖地区，渔民对出湖日子的选择非常重

---

① 刘安：《淮南子》，翟江月、牟爱鹏译，广西师范大学出版社，2010 年。
② 张宇初：《道藏》，九州出版社，2015 年 12 月。
③ 苏舆：《春秋繁露义证》，中华书局，2019 年 6 月。

视。渔民特别看重每年第一个渔汛期的首航日,他们认为由洞庭王爷确定渔汛期的首航日是比较妥善的。所以,大多数渔民要到洞庭龙王庙举行隆重的仪式,祭拜龙王并占卜确定首汛日。

为了保障正常的生产生活,各王朝无不重视水神河伯,都在河岸举行大型祭祀活动。由于古人知识缺乏,把黄河改道等自然现象也归功于河伯显灵。另外,关于河伯的劣迹,史籍中也有不少记载。流传最广的就是河伯娶妻的故事了。河伯每年向人间索取美女,战国时期更形成了一种习俗。魏国邺郡每年都要把一位美女投入河中,送给河伯做新娘。后来魏文侯命西门豹做邺令。西门豹了解了当地情况后,巧施计谋,去除了这一恶俗。

此外,取悦水神就不能忤逆水神神威,违犯水神忌讳。因此,在神话传说中也伴生着一些禁忌。彝族忌在天空出现彩虹时到井边挑水,因为虹在"吃水",抢了虹的水吃,晚上肚子会痛。傣族认为孕妇去取来或者动过的水是肮脏的,因为孕妇最容易被鬼魂纠缠,是不吉利的。在傣族村寨,对水井有着各种保护措施和禁忌。他们舀水用的瓢上面常雕刻龙、鱼之类的图像和水波纹、倒山纹之类的图案。舀水时要用公用的瓢,而且不许把自家的水桶放进水井中。弄脏了水,必须按村规民约把井淘干净。

2.6 人同水斗说

水在人们的生活中不可或缺,没有水不行,旱了不行,涝了也不行,水太多太少都会给人带来极大的灾难。水既滋养了人类又塑造了文明,但有时也危及人们的安全、牵制着文明的发展。一方面,没有水,会毁掉文明,这在人类历史上不乏其例。另一方面,洪涝灾害对人类的杀伤力也不可小觑。一场水患或长时间干旱,不仅给生活造成不便,更可能是灭顶之灾,甚至造成灭族的可怕后果。因此,与水害与干旱抗争(包括与水怪搏斗)并将水制服的英雄就成了神话传说中当之无愧的主角。

2.6.1 中华民族的坚毅抉择

人与水的关系,是对立统一的关系,包含着内在的矛盾性。先民依水而生存,却又饱受水的困扰，种种矛盾使先民对水形成了既崇拜又恐惧的心理。面对这种恐惧，不同民族有着不同的应对。中华大地之生民注定是一个与水博弈的群体，与水斗智斗勇是千百年来神州万民的"不得不"的毅然选择。因为中国的河流并不是单纯的慈眉善目的母亲河，有时候它也相当暴虐。从某种意义上讲，中华文明的发祥就是从与水的斗争中开始的。据考证，公元前两千年左右是一段特别的历史时期，它是全球地质历史上的一个多雨期。两河流域的美索布达米亚平原遭受洪灾肆虐，《圣经》的开篇正是讲述了诺亚方舟的传说。而几乎在同样的历史时期，在中国的远古神话里则记载了女娲补天、大禹治水的故事。这些几乎发生在同时代的最古老文明的故事都提到了洪水，与其他文明选择回避、等待不同，古老的中华文明选择的是直接挑战。于是，治水成为了几千年中国经济、政治的社会和文化的永恒主题。从大禹治水到康乾治水，水既孕育了中华民族，也给这个地域上的民族带来了生存考验。

2.6.2　女娲炼石补天止淫水

除了盘古，女娲、伏羲一直也被认为是华夏民族的祖先，他们的事迹在《列子·汤问》《淮南子·览冥训》《山海经》中均有记载，民间至今还流传着"伏羲、女娲（盘古、女娲）避难创世""女娲造人""女娲补天"的传说。在河南多地的神话传说中，伏羲、女娲（盘古、女娲）二人多被认为是兄妹，大体是说，古时候，闹了一场大洪水，天下的人都淹死了，就剩下盘古跟他妹妹两人，为了让宇宙里重新有人烟，老天爷就叫他俩结婚。二人成亲后生下了百子百女，世上的人才慢慢多起来。《淮南子·览冥训》载："往古之时，四极废，九州裂，天不兼覆，地不周载。火爁焱而不灭，水浩洋而不息。猛兽食颛民，鸷鸟攫老弱。于是女娲炼五色石以补苍天，断鳌足以立四极，杀黑龙以济冀州，积芦灰以止淫水。苍天补，四极正，淫水涸，冀州平，狡虫死，颛民生。"[①]女娲炼出五色石补好天空，折鳌足撑四极，平洪水杀猛兽，人类始得以安居，赢得了广大民众的喜爱和尊重，在我国许多地方有女娲塑像和女娲庙，至今仍保留着拜女娲求子、祈雨的习俗。

---

① 张双棣：《淮南子校释》，北京大学出版社，1997 年。

女娲炼石补天的传说在中华大地流传甚广。老百姓把女娲炼石补天说得活灵活现，如女娲炼石补天的故事：女娲先来到大江河中，挑选了很多五彩斑斓的石头，然后把这些石头放到一口大锅里，再架在火堆上，把这些五色的石头熔炼成胶糊状的液体，把液体取出来，用一只长柄勺子，舀起灼热的五色石浆，向天窟窿里灌去，石浆灌进天窟窿里，一会儿便冷却凝固了。裂缝坍塌的窟窿被她一点儿一点儿地补好了。虽然天空不能像过去那样齐整了，但毕竟修补成了完全的一块，修补处像一个大补丁，不美观，女娲觉着不好看，她想出一个办法，把很多很多的树枝和干草堆积得像小山一样高，点燃着烈火，一时狼烟动起，大火把天烧得通红通红，一直烧了七天七夜，等火烟灭了，整个天际都熏成了蓝颜色。如"鳌献四足"的故事：女娲立即挥起五色玉石宝剑，砍下四只鳌足，竖立在东南西北，只见那四只鳌足落地生根，嗖嗖嗖嗖，顺风猛长，把整个天宇撑得牢牢的。又如在民间《补天歌》里唱道："大火烧来大雨淋，寒流来了冻死人。老怨上天不圆满，叫俺女娲作了难。找来彩石去补天，补来补去塌半边。取来冰凌去补天，越补越冷怎么办？彩石冰凌掺了掺，上天补得才好看。补了一层又一层，九天玄女美名传。……你说女娲神不神？补天就在咱昆仑！"[①]

这里，女娲既是一位创生人类和再造乾坤的始祖母亲，也是炼石补天、勇战暴洪、斩除魔怪、拯救众生的伟大英雄。她那拯救民众于水火的大公无私的精神，她那敢于和善于与天抗衡、同一切恶魔搏斗的无与伦比的胆略，永远令后人敬重有加。

2.6.3　后羿受命射日战旱灾

在远古神话传说中，人与水的关系始终是主导事情发生发展的一条主线，如"后羿射日"的故事。《淮南子·本经训》载："逮至尧之时，十日并出，焦禾稼，杀草木，而民无所食。猰貐、凿齿、九婴、大风、封豨、修蛇皆为民害。尧乃使羿诛凿齿于畴华之野，杀九婴于凶水之上，缴大风于青丘之泽，上射十日而下杀猰貐，断修蛇于洞庭，擒封豨于桑林。万民皆喜。置尧以为天子。"又曰："尧时

---

① 耿宝山：《盘古与女娲》，人民日报出版社，2016 年 5 月。

十日并出，草木焦枯，尧命羿仰射十日，其九乌皆死，堕羽翼。"①

这是一则与"洪水神话"不同的"缺水神话"，反映了先民在面对缺水环境时的系统思维和果敢选择，其出发点是为民解难，为民除害，抗灾安邦；其举措是系统治理，治本与治末相结合，即直指水资源紧张的原因，并从根本上去除，同时，横扫一切趁机捣乱的害人虫；其效果是"万民皆喜"，对领袖更加拥戴，上下和泰，人水共生。其精神内涵非常丰富。

2.6.4　精卫衔木填海绝溺祸

传说炎帝小女儿名叫女娃，有一次，女娃去东海游玩，淹没于浩瀚无情的大海之中，再也没有回来。她的灵魂化为精卫鸟，经常口衔西山上的树枝和石块，誓要填平东海。其事见《山海经·北山经》："又北二百里，曰发鸠之山，其上多柘木，有鸟焉，其状如乌，文首、白喙，赤足，名曰'精卫'，其鸣自詨。是炎帝之少女，名曰女娃。女娃游于东海，溺而不返，故为精卫，常衔西山之木石，以堙于东海。漳水出焉，东流注于河。"②精卫以弱小之躯，勇斗大海，这种不屈不挠、敢于反抗的斗争精神，一直为人们津津乐道。

2.6.5　鲧禹生死不惧战洪水

从文献上看，最早记载鲧禹治水神话的莫过于《尚书·洪范》："其（指箕子）云：'我闻，在昔，鲧堙洪水，汨陈其五行。帝乃震怒，不畀其洪范九畴，彝伦攸斁。鲧则殛死，禹乃嗣兴。'"③但在《尚书》另一处《尧典》又记载此事，有所不同："帝曰：'咨，四岳！汤汤洪水方割，荡荡怀山襄陵，浩浩滔天。下民其咨，有能俾乂？'佥曰：'于！鲧哉！'帝曰：'于！咈哉！方命圮族。'岳曰：'异哉！试可乃已。'帝曰：'往，钦哉！'九载，绩用弗成。"③另外《山海经·海内经》对此也有记载，其云："洪水滔天，鲧窃帝之息壤以堙洪水，不待帝命。帝令祝融杀

---

① 张双棣：《淮南子校释》，北京大学出版社，1997 年。
② 李庆、马敏：《山海经》，中州古籍出版社，2008 年。
③ 顾迁：《尚书》，中华书局，2016 年。

鲧于羽郊。鲧复生禹，帝乃命禹卒布土以定九州。"①

可以看出，同是《尚书》，对此事的记载已经开始发生分化。一则说，鲧治洪水没有得到 "帝" 的批准；一则说，鲧治洪水得到了四岳的推荐，尧帝曾提出异议，最后还是批准了鲧去治水。

第一种说法与《山海经》的记载比较接近。上古时代自然环境恶劣，要么碰到严重干旱，要么发生特大洪水。大约在四千多年前的尧舜时期，大地因一场特大洪水而变成一片汪洋，百姓苦不堪言，只得逃到山上去躲避。禹的父亲鲧接到治理水患的任务后，盗来天帝的 "息壤" 用来修堤筑坝，采取围堵的方式治理洪水，结果九年还未把洪水治住，又触犯了天条，天帝派祝融把鲧斩杀在羽郊，命鲧的儿子禹继续治理水患以安定天下。

不论哪种记载，都能说明，禹的父亲鲧作为上古时代抗洪治水的第一位首领，虽然没有成功地遏制和战胜那暴虐的洪水，但是鲧敢于担当、刚毅卓绝、为邦为民的英雄事迹将万古不灭，他不顾个人性命安危、舍生取义的伟大精神可歌可泣。

关于第二种说法，在一些现在所能看到的古代文献记载中，禹父鲧为尧臣。清代雷学淇在《竹书纪年义证》中曰 "鲧之治水为尧巨卿也"②。鲧封崇地，《史记·夏本纪索引》引《连山易》曰 "鲧封于崇"③，《国语·周语》称鲧为 "崇伯鲧"④。崇指崇山，崇山即嵩山，故崇地当在今河南省登封嵩山附近，这是传说中夏人活动的地区之一。据说鲧还是中国历史上造城郭的第一人。《世本》载："鲧作城。"⑤《吕氏春秋·君守篇》也有："奚仲作车，仓颉作书，后稷作稼，皋陶作刑，昆吾作陶，夏鲧作城，此六人者，所作当矣。"⑥《吴越春秋》载："鲧筑城以卫君，造郭以守民，此城郭之始也。"⑦《淮南子·原道训》更是给出鲧作城池的高度："昔夏鲧作三仞之城。"⑧当时由于遭遇洪水的侵袭，人们的生活极为艰难，

---

① 李庆、马敏：《山海经》，中州古籍出版社，2008 年。
② 雷学淇：《竹书纪年义证》，台湾艺文印书馆，1977 年。
③ 司马迁：《史记》，中华书局，2011 年。
④ 陈桐生：《国语》，中华书局，2013 年。
⑤ 宋衷：《世本》，时代文艺出版社，2008 年。
⑥ 张双棣、张万彬、殷国光、陈涛：《吕氏春秋》，中华书局，2007 年。
⑦ 赵晔：《吴越春秋》，崔冶译，中华书局，2019 年。
⑧ 张双棣：《淮南子校释》，北京大学出版社，1997 年。

连当时的帝皇尧也没有办法,这个时候,想起来在"筑城以卫君,造郭以守民",维护部落安全包括水安全方面颇有建树的"崇伯鲧"了。原来鲧是被尧的五位大臣(五岳名)推荐出来的。尧虽说对鲧好像不太信任,可是由于没有合适的人选,最终还是起用了鲧。

但是在第一种说法中,鲧就不是尧的臣下了,而是天上的神主。他下界是为了帮助地上的人们的。与后羿不同,鲧的下界是不在天帝的准许下的,也就是私自下界。不仅如此,在他下界的时候,他还偷了天帝的一件宝贝,这件宝贝的名字叫息壤,据说是一种可以自己生长的神土,鲧大概就是想利用他来治理洪水的。洪水治理的结果如何?在一般人的印象中,他因方法不对而失败被杀,其实从屈原的《天问》中,可以了解到,鲧治理洪水几乎就要成功了,只是在这个关键的时候,天帝发现了鲧的大不敬行为,非常震怒,立即派火神祝融下界将鲧杀死在羽山,接着天帝又收回了息壤,使鲧的治水半途而废,惨遭失败。传说中,鲧死后尸体三年不腐烂,后来不知道是谁,有说就是祝融,用吴刀剖开了他的尸体,这时禹就出来了,而鲧的尸体则化为黄龙(一说黄能,所谓黄能是一种已经绝迹的动物,类似于熊,但是只有三只脚,在《山海经》中有记载)飞走了。这里也说明,鲧在死后也没有放弃帮助人类的志愿,留下了一个伟大的继承人,那就是上古著名治水英雄——大禹。

2.6.6 民间镇治水怪显神通

农耕生活和水息息相关。中国古代的先民们面对水的恣意横流,在恐惧的同时,更生发出制服的意愿和办法。他们将"水神"分为两种,一方面,对农作物有利的、主宰风调雨顺的"水神",人们崇奉他,向它祈福、谢恩,把他们放在神坛之上,让他们享受人间的香火;另一方面,人类对于作为自然力化身的神灵并不仅仅是一味地取悦或顺从,有时也采取强硬手段。

中国古代的镇水文化富有特色。先民们建造神牛、神兽、神人、兵器、塔楼、寺庙、桥梁、石碑等来镇治水神。因而,在我国江河湖海的水里和岸边,遗留下来多种多样带有神话色彩的镇水神物。这与中国古代先民的阴阳五行相生相克哲学、龙的传说、"厌胜"观念等思想渊源有关。

阴阳五行学说,是中国古代朴素的唯物论和自发的辩证法思想,它认为世界是物质的，物质世界在阴阳二气作用的推动下孳生、发展和变化；五行由木、土、火、金、水五种基本元素组成。这五种物质相生相克：木生火，火生土，土生金，金生水；木克土，土克水，水克火，火克金，金克木。自然界各种事物的发展、变化都是这五种物质不断运动和相互作用的结果。

由于水既可利人，也会害民，因此，民间又塑造了能兴水为害、作恶造孽的蛟龙、孽龙，并产生了许多英雄人物斩蛟龙、锁孽龙的传说。据《蜀典》记载："李冰为蜀郡太守，有蛟岁暴，漂垫相望。冰乃入水戮蛟。"[1]宋代范成大《吴船录》卷上说："相传李太守锁孽龙于离堆之下。"[2]而这些蛟龙、孽龙，便成为镇水神物镇治的对象。

"厌胜"意即"厌而胜之"，系用法术诅咒或祈祷以达到制服所厌恶的人、物或魔怪的目的。"厌胜"一词最早出于《后汉书·清河孝王庆传》的记载："因巫言欲作蛊道祝诅，以菟为厌胜之术。"[3]镇水神物的出现，实际是厌胜观念在治水活动中的反映。如《太平御览》卷三四三引《世说》云：汉章帝建初八年铸一金剑投之于伊水，以厌人膝之怪[4]。这里是讲人们把金铸的宝剑作为镇物投入水中，以期震慑水怪。汉代扬雄著《蜀王本纪》载：江水为害，蜀守李冰作石犀五枚。二枚在府中，一枚在市桥下，二枚在水中，以厌水精。此处讲李冰以石犀为镇物，将其分置各处，以期厌服水怪[5]。

水是一把双刃剑，它既可以造福于人，也可以给人类带来灭顶之灾。曾几何时，水浩浩荡荡地来到我们这个星球上。水自来到这个世界上，就和人结下不解之缘，这个缘可能是善缘，也可能是恶缘，但无论是善缘还是恶缘，都从正反两个方面孕育了人类的文明。水孕育了人类文明，是人类文明的摇篮，是人类文明进程中的动力和主旋律。可以说人类文明的进程就是人类认识水、崇拜水、理解水、利用水的过程，人类文明就是人类亲水、崇水、护水、爱水、管水、理水的结果。

---

① 张澍：《蜀典校注》，西南交通大学出版社，2021 年 4 月。

② 范成大：《吴船录（外三种）》，浙江人民美术出版社，2016 年 10 月。

③ 范晔：《后汉书》，中华书局，2009 年 10 月。

④ 李昉：《太平御览》，河北教育出版社，1994 年。

⑤ 扬雄：《扬雄集校注》，张震泽注，上海古籍出版社，1993 年 10 月。

我国"水利"一词，就起源于此。"水利"一词最早见于战国末期的《吕氏春秋》中的《孝行览·慎人》："舜之耕渔，其贤不肖与为天子同。其未遇时也，以其徒属堀地财，取水利，编蒲苇，结罘网，手足胼胝不居，然后免于冻馁之患。"①这里所说的取"水利"，主要是指捕鱼之利。到了西汉，史学家、文学家司马迁在《史记·渠志》中记载了汉武帝关于黄河瓠子堵口的一段历史。这段历史记述了当地黄河决口造成了大面积的灾害，情景悲惨，相关权贵因利益掺杂其中，认为决口是天意，不宜堵口复堤，汉武帝为解民困、复民生，决定堵口。但堵口十分不易，汉武帝不仅派得力大臣组织堵口工程，而且亲临现场，并命令随从官员自将军以下都参加堵口活动。工程十分艰巨，工程完成后对百姓十分有利。汉武帝亲自作《瓠子歌》经念此事。司马迁有感于此段历史，发出了"甚哉水之为利害也"的感叹，并指出"自是之后，用事者争言水利"。从此，"水利"一词就正式诞生了，并具有防洪、灌溉、航运等除害兴利的含义。

---

① 张双棣、张万彬、殷国光、陈涛：《吕氏春秋》，中华书局，2007 年。

第 3 章　法水象水文化源远流长

人类自从智慧渐开，便试图对自己周围的世界作出解释，同时对自己如何安身立命做出选择性安排。水，浮天载地，是构成自然界的物质基础。古代华夏文明作为典型的农业文明，人水之间尤为息息相关。在中华民族繁衍生息的进程中，江河湖泊等水体不仅为先民提供了饮用、水产和舟楫、灌溉之利，而且还以各种特质和存在方式启迪和影响着中华民族，孕育和滋养了中国人的理性与情感世界。人们从世界观、人生观和价值观的高度，视水为德，视水为智，视水为美，倡导人们在安身立命的选择性安排过程中，以水为师、以水为范、以水为鉴，学习于水，效法于水，由此而形成了中国特有的法水象水文化形态。

3.1　法水象水文化的古老渊源

中华民族法水象水文化源远流长，其渊源可以追溯到远古时期的"三皇"之一，继燧人氏而王的伏羲时代。

伏羲是中华民族的人文始祖。传说太昊伏羲时，有龙马从黄河出现，背负河图；有神龟从洛水出现，背负洛书。《易传·系辞》云："河出图，洛出书，圣人则之。"又云："古者伏羲氏之王天下也，仰则观象于天，俯则观法于地，观鸟兽之文与地之宜，近取诸身，远取诸物，于是始作八卦。以通万物之德，以类万物之情。"[①]《尚书·中候》云："龙马负图出于河，遂法以画八卦。"[②]东晋王嘉《拾遗记》云：太昊伏羲"观河水东流，察日月交替，思寒暑循环，构演八卦。"又云："观文于天，察理于地。是以图书著其迹，河洛表其文。"[③]

所谓八卦，也称阴阳八卦，它是一个系统，最基本的要素为阴、阳两个对立

---

① 崔波：《周易》，中州古籍出版社，2007 年 4 月。
② 王世舜：《尚书》，中华书局，2012 年 1 月。
③ 王嘉：《拾遗记》，中华书局，1981 年 6 月。

统一的概念，包括阴、阳的性质和状态两层意义。如果不理会阴阳的状态，只论及其性质，则可以用阴爻（－－）和阳爻（——）表示阴阳。将上述阴阳爻按照由下往上重叠三次，就形成了八卦，即"乾，坤，震，巽，坎，离，艮，兑"八个基本卦。八个卦的卦象，都是象形符号，分别作为代表天、地、雷、山、火、水、泽、风八种物质。比如震卦用二阴一阳表示，二阴在上，一阳在下，阴气下降，阳气上升，阴阳相交必然引起雷，雷又必然引起震。以此类推。由此可见，八卦是"画"出来的，是推演而成的。八卦是取之于观天察地，来自自然之真实现象，是为了把万事万物描绘下来，执一而驭万，以八卦而识万物，既形体象其物，其性质也相通。古代"挂"与"卦"相通，八卦是说自然界挂着八种现象。

伏羲"画"八卦在中国历史和世界历史上都具有十分重要的意义。伏羲画八卦，一画开天地，使人类社会从"野蛮"进入"文明"，从混沌时代进入有画符的新时代。伏羲"画"八卦为《易经》的形成奠定了基础。阴阳爻的画出，表明中华民族已经发现了世界万事万物形成发展的根本矛盾所在及其本质。八卦来自中华民族对宇宙万物的认识，它不仅宣示了人们所面对的周围世界的客观性、辩证性和可认识性，还向人们提供了遵循事物生存法则、顺应事物发展规律，发现问题、解决问题的"诀窍"，开创性地指明了人类正确认识世界的道路。

伏羲的创新与贡献，从文化哲学看，源于他的法天象地的思维方式。无论从古代各种文献记载，还是从民间神话传说来看，伏羲"通万物之德""类万物之情"的八卦，之所以构建成功，就在于他长期致力于对周围世界的考察辨析，或仰观象于天，或俯观法于地，或细察鸟兽之文，或考较人与天地之间的关系以及如何和谐共处，或近取诸身，或远取诸物，最后才高度凝练而成的。八卦既形象又抽象，是形象思维与抽象思维的深度契合，是法天象地智慧的结晶，是伏羲时代文化的精华。

在这八种元素中，水占其一，而且泽与水相通，可视为水的一类。与此同时，《易传》还说："燥万物者莫熯乎火，说万物者莫说乎泽。润万物者莫润乎水，终万物始万物者莫盛乎艮。故水火相逮，雷风不相悖，山泽通气，然后能变化既成万物也。"①可见其对水的重视。伏羲推演八卦，"立象以尽意"①，开创了法天象

---

① 崔波：《周易》，中州古籍出版社，2007 年 4 月。

地文化的先河、中华文化的时代精华。其中法水象水文化作为其中重要组成部分，自然也是中华水文化的源头。

从伏羲始创，历神农、黄帝、夏、商几千年，后经囚禁于安阳市汤阴县羑里城牢狱的周文王推演，使八卦变成《易经》，即《周易》。自此，《周易》成了中国的圣经，诸子百家之源，特别是经过孔子整理后成为儒家之经典。孔子以降，《易经》之注家风起云涌，并形成了"义理"和"象数"两大流派。据清代编《四库全书》时统计，历代阐发《周易》的著作有4000多种，尤以宋代最为繁荣活跃，同为宋明理学奠基者的河南洛阳的程颢、程颐兄弟也在当代代表人物之列。伴随着《易经》的日益彰显与深化，包括法水象水在内的法天象地文化得到了传承、普及、丰富和拓新。

3.2　法水象水文化的学派传承

源远流长的中华文化饱含着法水象水文化智慧，它一直影响着中国人民的价值观、世界观和人生观。法水象水文化作为中国水文化的渊源，同时也反映出中华民族对水的理解和运用、创新与超越，没有其他任何一个民族能够像中华民族这样研究水和学习水。在历史上，影响深远的法水象水文化的核心话语，主要集中在春秋战国时期诸子百家和儒道释三教的经典中。儒道释三教所涉及老子、孔子、庄子、孟子、荀子等大家的法水象水思想观念，本书有专门章节详述，为避免重复，这里略举其他思想流派的一些学说观点，或许由此可见一斑。

3.2.1　墨子"江河非一源之水"说

墨子（约公元前468—前376），名翟，一说河南鲁山县人，一说山东滕州人，战国初期著名的思想家、哲学家、教育家、军事家、社会活动家和自然科学家。墨子所创立的墨家学说，对中国传统文化思想的形成和发展产生了深远的影响。作为墨子及其弟子与后世学者著述的总汇《墨子》一书，涉及哲学、伦理、政治、经济、管理、军事、教育以及自然科学的各个门类，堪称"百科全书"。从法水象水文化的视角去考察，墨子"江河非一源之水"说，在其"百科全书"中，同样占有一席之地。

墨子是一位具有开拓精神的思想家，他涉猎广泛，博学多识，在广泛吸纳夏、商、周文化和当时的地域文化的基础上，开宗立派，创立了墨家独特的思想体系。古籍记载和民间传说的三代圣王尧、舜、禹的文化思想，尤其是大禹治水、救世济民的伟大精神和光辉形象，深深地影响了墨子，并成为墨子和墨家效法的榜样。

墨子对大禹治水推崇之情溢于言表。他大量征引大禹治水的事迹，说明自己提出的"兼爱"主张取法于大禹等圣王的政治实践："况乎兼相爱，交相利……古者圣王行之。何以知其然？古者禹治天下，西为西河鱼窦，以汇渠孙皇之水；北为防原泒，注后之邸，嘑（滹）池（沱）之窦，洒为底柱，凿为龙门，以利燕、代、胡、貉与西河之民；东方漏大陆防孟诸之泽，洒为九浍，以楗东土之水，以利冀州之民；南为江、汉、淮、汝，东流之，注五湖之处，以利荆、楚、干、越与南夷之民。此言禹之事，吾今行兼矣。"①由于崇拜大禹的治水精神和实践，墨子对水的认识也非常深入，与众不同。

同先秦诸子一样，墨子善用水的特性和功能来作譬喻，为自己的主张作论据支持的同时，也多次提出要以水为鉴，以水为范，从水自然的形态和品性中汲取从政和做人的智慧与力量。譬如，"亲士"是墨子十大政治主张之一，墨子认为，要治国安邦，君主必须亲近贤士，使用贤才。为此，他专门论述了如何亲士和用士的问题，指出："良弓难张，然可以及高入深；良马难乘，然可以任重致远；良才难令，然可以致君见尊。是故江河不恶小谷之满己也，故能大。圣人者，事无辞也，物无违也，故能为天下器。是故江河之水，非一源之水也；千镒之裘，非一狐之白也。夫恶有同方取不取同而已者乎？盖非兼王之道也。是故天地不昭昭，大水不潦潦，大火不燎燎，王德不尧尧者，乃千人之长也。其直如矢，其平如砥，不足以覆万物。是故溪陕者速涸，逝浅者速竭，硗埆者其地不育，王者淳泽，不出宫中，则不能流国矣。"①这里，墨子认为执政者只有像江河纳百川那样，不拘小流，虚怀若谷，才能广泛延揽使用各方面的人才；只有像江河有无数源头那样，善于采纳不同的意见，兼收并蓄，才能兼听则明，君臣上下同心同德，长生保国；反之，如果器量狭小，不能包容万物，广布恩泽，就会像狭小的溪流容易干涸、很小的小川容易枯竭那样，最终土崩瓦解。墨子以江河泱泱巨流是由千川万源汇

---

① 高秀昌：《墨子》，中州古籍出版社，2008 年 1 月。

纳而成的事例,深入浅出地说明,成大事者应该眼界特别开阔,胸怀特别广阔,至今仍有十分重要的意义。

此外,墨子法水象水思想论说还有以下观点。

墨子在论证"兼爱"思想时说:"苟有上说之者,劝之以赏誉,威之以刑罚,我以为人之于就兼相爱交相利也,譬之犹火之就上,水之就下也,不可防止于天下。"[1]认为只要执政者大力倡导推行"兼爱"之道,就如同火向上窜、水往低处流一样,将在天下形成一种不可遏止的态势。

墨子论证为人治国不注意品行修养的危害时说:"本不固者未必几(危),雄而不修者其后必惰,原(源)浊者流不清,行不信者名必耗。"[1]形象地说明了不注重品德的修养,做人为官就容易利欲熏心、滥施恶行,久而久之就会陷入罪恶的深渊不能自拔,招致身败名裂的恶果。

墨子在论证"太盛难守"思想时说:"是以甘井近竭,招(乔)木近伐,灵龟近灼,神蛇近暴……故曰:太盛难守也。"[1]甘甜的水井往往因人们争先取用而率先枯竭,高大的树木因有用常常先被砍伐,灵验的宝龟总是先被烧灼用于占卜……这些"太盛难守"的现象表明,为人做事必须把握好"度",不可"太盛"。

墨子这些法水象水文化的论说,通俗易懂,深刻而不乏生动,显示出墨子作为先秦思想巨匠对水的理解深度及广度。

3.2.2 管子"水,具材也"说

管仲(?—公元前645年),名夷吾,我国春秋初期齐国著名的政治家、改革家。《管子》一书,蕴涵着丰富的法水象水文化内容。如《水地篇》说:"故水者何也?万物之本原,诸生之宗室也。……万物莫不以生。"[2]"是(水)以无不满,无不居也。集于天地而藏于万物,产于金石,集于诸生,故曰水神。集于草木,根得其华,华得其数,实得其量。鸟兽得之,形体肥大,羽毛丰茂,文理明著。万物莫不尽其机,反其常者,水之内度适也。"[2]水浮天载地,无处不在,作为世间万物的根源,是各种生命的源泉。

---

① 高秀昌:《墨子》,中州古籍出版社,2008年1月。

② 谢浩范、朱迎平:《管子全译》,贵州人民出版社,1996年。

在法水象水文化层面，《管子》认为，因为水是材美兼备的"具材"，是"神"，人们就应当取法于水。《水地篇》说："水，具材也，何以知其然也？曰：夫水淖弱以清，而好洒人之恶，仁也。视之黑而白，精也。量之不可概，至满而止，正也。唯无不流，至平而止，义也。人皆赴高，己独赴下，卑也。卑也者，道之室，王者之器也，而水以为都居。"① 水是既具备材又具备美的。水柔软而清澈，能洗去人身上的污秽，这是水的仁德。水看起来是黑色的，其实是白色的，这是水的诚实。计量水不必用"概"（刮平斗斛的器具），流到平衡就停止了，这是水的道义。人都愿往高处走，水独向低处流，这是水的谦卑。谦卑是"道"寄寓的地方，是王天下的器量，而水就聚集在那里。这里，《管子》依据水的不同功能和属性，通过盛赞水具有的"仁德""诚实""道义""谦卑"等优良品德，主旨是规劝人们向水学习，效法水的无私善行，从而达到至善至美的境界。

此外，管子法水象水思想论说还有以下观点。

（1）"治人如治水潦"说。《管子》曰："治人如治水潦……居身论道行理，则臣服教。"又曰："天下道其道则至，不道其道则不至也。夫水波而上，尽其摇而复下，其势固然也。"①

（2）治民须"明于决塞"说。治国治民要像治水一样，用好"决塞"之术。《管子》认为，"予夺也、险易也、利害也、难易也、开闭也、杀生也，谓之决塞。"又说"民迁则流之，民流通则迁之。决之则行，塞之则止"①，意思是百姓过于封闭就要去疏导，过于流通就要去封闭，就如同流水一样，开坝使之流，堵塞使之止。假使"不明于决塞，而趋众移民，犹使水逆流"①。

3.2.3 孙子"兵形象水"说

孙子名武，字长卿，春秋末期齐国乐安人（今山东惠民人，一说是今博兴、广饶人）。孙子是一位伟大的军事理论家，著有《孙子兵法》一书，其中对水与战争作了精辟阐述，法水象水思想丰富多彩，尤其是"兵形象水"说，不仅更为直截了当，而且对历代兵家有着很大的启示作用。孙子曰："夫兵形象水，水之形，

---

① 谢浩范、朱迎平：《管子全译》，贵州人民出版社，1996 年。

避高而趋下；兵之形，避实而就虚。"①就是说，用兵的法则像流动的水一样，水流动的规律是避开高处而向低处奔流，用兵的规律是避开敌人坚实之处而攻击其虚弱的地方。他进一步指出："水因地而制流，兵因敌而制胜。故兵无常势，水无常形，能因敌变化而取胜者，谓之神。"①（《虚实篇》）这也就是说，水因地势的高下而制约其流向，作战原则应根据敌情而决定克敌制胜的方针。所以，用兵没有固定不变的方式方法，就像水流没有固定的形态一样；能够依据敌情变化而取胜的，就称得上用兵如神了。

不难看出，在《孙子兵法》中，孙子用"近物取譬"的办法，倡导军事指挥者在用兵、作战的战略战术上，采取和灵活运用法水效水原则，其见解之独到而卓越，其意义之重大而深邃。

3.2.4 吕不韦"流水不腐，户枢不蠹"说

吕不韦（公元前 292—前 235），姜姓，吕氏，名不韦，卫国濮阳（今河南省安阳市滑县）人。战国末年著名商人、政治家、思想家，官至秦国丞相。吕不韦主持编纂《吕氏春秋》（又名《吕览》），有八览、六论、十二纪共 20 余万言，汇合了先秦各派学说，"兼儒墨，合名法"，故史称"杂家"。据文献记载，《吕氏春秋》书成之日，悬于国门，声称能改动一字者赏千金。这也是"一字千金"的由来。

"流水不腐，户枢不蠹"这个成语出自《吕氏春秋·尽数》："流水不腐，户枢不蠹，动也。"意指常流的水不发臭，常转的门轴不遭虫蛀。比喻经常运动，生命力才能持久，才有旺盛的活力。

"流水不腐，户枢不蠹"非常通俗易懂，但对后世影响很大。晋人程本《子华子》里说："流水之不腐，以其逝故也；户枢之不蠹，以其运故也。"宋代张君房编撰的《云笈七签》说："户枢不蠹，流水不腐，其劳动不息也。"②这些说法与《吕氏春秋》一脉相承，强调人们要在"流动""活动""运动""劳动"中，保持健康体魄，像奔流不息的水一样生气勃勃。

---

① 陈曦：《孙子兵法》，中华书局，2011 年 10 月。
② 张君房：《云笈七签》，中央编译出版社，2017 年。

应当指出的是，吕不韦讲的"流水不腐"，不啻养生层面，他的着眼点是治国理政。他在《吕氏春秋·圆道》中特别提到："天道圆，地道方。圣王法之，所以立上下。云气西行，云云然，冬夏不辍；水泉东流，日夜不休；上不竭，下不满，小为大，重为轻，圆道也。""圣王法之，以令其性，以定其正，以出号令。令出于主口，官职受而行之，日夜不休，宣通下究，瀸于民心，遂于四方，还周复归，至于主所，圆道也。"云气向西移行，云气周旋往复，冬夏不停；水泉向东流去，日夜不停。水源不枯竭，大海不满盈，小溪汇成大海，重水化为轻云，这就是圆道。云有云的圆道，水有水的圆道，世界万事万物都有各自的圆道，"道"是普遍存在的，圣王也应遵循之、效法之。

此外，吕不韦法水象水思想还有"甘露时雨，不私一物"说。吕不韦认为，"治天下也，必先公。公则天下平矣，平得于公。尝试观于上志，有得天下者众矣，其得之以公，其失之必以偏。……凡主之立也，生于公。天下，非一人之天下也，天下之天下也。阴阳之和，不长一类；甘露时雨，不私一物；万民之主，不阿一人。"①在他看来，先前的圣贤明君治理天下，一定会首先做到公平无私。公平使天下得以太平，天下太平来源于公平。阴阳协调，不是为了促进一类生物生长；恰到好处的雨露，不是为了偏私一种事物；作为万民之主的帝王，绝不能偏向任何一人。

3.2.5 李斯"河海不择细流，故能就其深"说

李斯（公元前 284－前 208 年），字通古，汝南上蔡（今河南省上蔡县芦冈乡李斯楼村）人。秦朝著名政治家、文学家和书法家。早年曾为郡小吏，师从荀子学习帝王之术。学成之后，入秦为官，丞相吕不韦以为郎官，因在秦灭六国事业中发挥重大作用，秦王政十年（公元前 237 年）迁为廷尉。秦统一天下后，联合王绾、冯劫议定尊秦王政为皇帝，并制定礼仪制度，拜为丞相。

"河海不择细流，故能就其深"，出自李斯在秦王政十年上进的《谏逐客书》，原文是："是以泰山不让土壤，故能成其大；河海不择细流，故能就其深；王者不却众庶，故能明其德。"②其时代背景与治水有关。战国末期，韩国为消耗秦国实

---

① 张双棣、张万彬、殷国光、陈涛：《吕氏春秋》，中华书局，2007 年。
② 司马迁：《李斯列传》，载《史记》，中华书局，2011 年。

力，派一位水利工程师郑国到秦国献计修渠。秦王政察觉后下令处死郑国，并驱逐所有客卿。李斯闻此，即以此书向秦王进谏，请秦王废止这项逐客令，最后说服了秦王。后来，不仅由郑国继续主持完成了郑国渠的穿凿，而且秦国聚集了大批英才勇士。郑国渠的兴建有力地促进了关中地区的经济发展，最终为加快秦国统一六国提供了经济保障和人才支撑。

"河海不择细流，故能就其深"，是法水象水文化的至理名言，它通俗易懂，但影响很大，经口耳相传，教学授受，流传至今。这句话蕴含着中华民族善于学习于水、感悟于水、效法于水之开放、宽阔、包容、谦虚秉性的文化精神和治世理念，彰显出极大的思想魅力。翻开历史长卷，与其一脉相承的思想理念历历在目。《中庸》："万物并育而不相害，道并行而不相悖。"[1]《左传》："先王之济五味，和五声也，以平其心，成其政也。"[2]《国语》："和实生物。"孔子："君子和而不同。"[3]王阳明《大学问》："大人者，以天地万物为一体者也，其视天下犹一家，中国犹一人焉。若夫间形骸而分尔我者，小人矣。"[4]

3.2.6 荀悦"民由水也，水可使不滥，不可使无流"说

荀悦（148—209），字仲豫，颍川颍阳（今河南许昌）人，东汉时期史学家、政论家、思想家，著有《申鉴》《崇德》《正论》。荀悦认为"善治民者，治其性也"[5]。只要依顺人民首先要满足物质要求这个"性"，就能达到治世。他说："民由水也，水可使不滥，不可使无流。"他接着说："民由水也，济大川者，太上乘船，其次泅。泅者劳而危，乘船者逸而安，虚入水则必溺矣。以知能治民者，泅也；以道德治民者，舟也。"[5]乘道德之舟治民是上上策，比泅入水中治民既省力，又安稳，不会遭溺死之灾。因此，以道德治民的君主是舟，以知能治民的君主是泅水者。荀悦还把民情比作水，他认为"纵民之情谓之乱，绝民之情

---

① 周奉真：《中庸》，人民文学出版社，2020 年 11 月。

② 刘利、纪凌云：《左传》，中华书局，2007 年。

③ 陈桐生：《国语》，中华书局，2013 年 1 月。

④ 《王阳明全集》卷 26，见王守仁撰，吴光、钱明、董平编《王阳明全集》，上海古籍出版社，2011 年 9 月。

⑤ 荀悦：《申鉴·杂言（下）》，商务印书馆，1934 年。

谓之荒"，因而要"为之限，使勿越也，为之地亦勿越，故水可使不滥，不可使无流"①。荀悦关于顺应民情如顺水乘舟的法水象水思想，至今看来，仍可提供治政参照。

3.2.7 韩愈"气，水也；言，浮物也"说

韩愈（768—824），唐代文学家、哲学家，河南河阳（今河南孟州）人，另有祖籍邓州一说，是唐宋八大家之一。自谓郡望昌黎，世称韩昌黎。晚年任吏部侍郎，又称韩吏部。与柳宗元同为"古文运动"倡导者，且有"文章巨公"和"百代文宗"之名，提出了"文以载道"和"文道结合"的主张，反对六朝以来骈偶之风。著有《韩昌黎集》四十卷、《外集》十卷、《师说》等。

韩愈主张"以文载道"和"文道结合"。有一段名言："君子居其位，则思死其官。未得位，则思修其辞以明其道。我将以明道也，非以为直而加人也。"②就是说君子处在他的职位上，想的应该是为他的职责而死；没有得到职位，就要想着说好他的言论来阐明他的道理。我是要阐明道理，不是来表现自己的直率而强加于人。韩愈还讲到，他一生所追求的就是"行之乎仁义之途，游之乎诗书之源，无迷其途，无绝其源，终吾身而已矣"②。

韩愈在《答李翊书》中，认为文章作者的思想品德素质决定文章的思想内容与表现形式，所谓"气盛则言宜"，所以写好文章的基本条件是要长期注重个人的修养和学习，不急于求成，更不能光想着如何出名与诱于势利。在谈到人的思想修养"养气"与写好文章"立言"的关系时，他说："气，水也；言，浮物也。水大而物之浮者大小毕浮。气之与言犹是也，气盛则言之短长与声之高下者皆宜。"君子"处心有道，行己有方，用则施诸人，舍则传诸其徒，垂诸文而为后世法"②。文章的思想内容及其显示出的气势，就像水；语言或表达方式，就像浮在水上的东西。水势大，那么凡是能漂浮的东西大小都能浮起来。文章有思想有气势，语言的短长与声音的扬抑就都会适当。君子思考问题本着仁义原则，自己行事有一定规范，文章倘若被用就在人们中推行仁义之道，不被用

---

① 荀悦：《申鉴·杂言（下）》，商务印书馆，1934 年。
② 韩愈：《韩愈文集》，辽海出版社，2010 年。

就把仁义之道传给弟子，力求把仁义之道借文章流传下去为后世效法。这里，韩愈的"气，水也；言，浮物也"，不仅阐释了"以文载道"和"文道结合"的道理，而且也指出了通往"以文载道"和"文道结合"的路径。文章要经世致用，应像水的负载量取决于水量一样，气势要深沉恢弘。而这种气势，即作者对于所欲表达的内容具有充分自信而产生的昂扬的精神状态，绝非与生俱来而是平日修养出来的，这与孟子"我善养吾浩然之气"的说法是一脉相承的。

第 4 章　法水象水文化的文学表达

法水象水文化，体现于不同的层面，除了哲学层面和伦理层面，还有政治层面和法律层面，各个层面不仅融汇在中华思想文化经典之中，更展现于历代文学作品之中。

4.1　以清而不浊、"泾渭分明"为向度者

以清而不浊、"泾渭分明"为向度，借水抒情喻义，最早出现在《诗经》里，人们从此把水的清浊和人的善恶联系在一起，把清水作为善的象征，而浊水则成为恶的化身，用以表达人们喜清厌浊的内心感受以至于形成一种思想理念。《诗经·邶风·谷风》是一首弃妇诗，诗中女主人公被男方抛弃，她在被赶出家门时说道："泾以渭浊，湜湜其沚！"这位女子自比于清澈的泾水，而把抛弃她的负心汉比作混浊的渭水，把当初二人结婚比作泾水与渭水合流，结果泾水被渭水污染，变得混浊。如今既然自己被休弃，这就像流水静止下来一样，浊水也会变清，自己又会恢复以往的清澈明净。诗中泾清象征美和善，渭浊象征丑和恶，意思是过去"泾"与"渭"不分，现在泾与渭分开了，从此以后自己又恢复自身的清纯，罢罢罢，过去的就让它过去吧，也好。

后来，诗经里这句话，引起了人们的兴趣。两千年来，"泾以渭浊"在各类文章中被引来引去，结果"泾渭分明"不仅流传开来，还衍生出一系列近义词和反义词。"泾渭分明"亦作"泾渭自分""泾渭自明"，近义词亦作爱憎分明、浊泾清渭、清而不浊、白璧青蝇、大相径庭、黑白分明、判若鸿沟等，反义词亦为数不少，如泾渭不分、混淆黑白、暧昧不明、皂白不分、混淆是非、不问青红皂白、鱼龙混杂、鱼目混珠、同流合污、以白为黑等。古往今来，不少人对泾渭分明的这种自然变化进行考察研究，结论或是泾清渭浊，或是渭清泾浊，或是泾渭同浊，

或是泾渭同清，甚为不同。但从文化角度看，除了"泾渭同清"外，其余三种结论，"泾渭分明"是肯定的。暂且不论后人对自然状态的泾水与渭水究竟是"泾清渭浊""渭清泾浊"抑或"泾渭同清"的争议如何，但"泾渭分明"的本意及延伸义已是家喻户晓，对于此清彼浊的褒与贬也已被广泛认同①。在我国古代文学作品中，赞许"泾渭分明"，以清为美，以清为鉴的居多。同时也有许多政治家、思想家和社会活动家以水之清浊和"泾渭分明"直陈时势，剖析义理，佐证自己治国安邦的方略和立身处世的哲学。"泾渭分明"，不管谁清谁浊，都以丰富的文化内涵，引发人们具象的人生思考，给人们以深刻的精神启迪。当然也有文章称水之清浊本属自然、本性具备，因而无须分明，不必拘泥的。譬如，唐杜甫在《秋雨叹三首》中写道："阑风长雨秋纷纷，四海八荒同一云。去马来牛不复辨，浊泾清渭何当分？"元刘秉忠《木兰花慢·望月婆罗门引》词曰："谁辨浊泾清渭，一任东流。"这同样有其文化意义，自可分而论之。

从法水象水文化的视域看，以上异议更无完全对立之意，以清而不浊为美，以清而不浊为镜，以水清水浊拟人之德行高下，促己使人向美向善，原是诸多作者相通之门和向往之境。

例："合流应不杂，方知性本清。"诗句出自后周宇文遹②《至渭源》，曰："渭源奔鸟穴，轻澜起客亭。浅浅满涧响，荡荡竟川鸣。潘生称运石，冯子听波声。斜去临天半，横来对始平。合流应不杂，方知性本清。"言尽管渭水与泾水流在了一起，仍能不相混杂，这才更显示出渭水清净不移的本性。

---

① 诸如魏曹植《赠丁仪王粲》："山岑高无极，泾渭扬浊清。"《晋书·外戚传·王濛》："夫军国殊用，文武异容，岂可令泾渭混流，亏清穆之风。"晋潘岳《西征赋》："北有清渭浊泾。"南朝梁刘勰《文心雕龙·情采》："若择源于泾渭之流，按辔于邪正之路，亦可以驭文采矣。"李白："渭水银河清。"杜甫："清渭浊泾。"白居易："渭水如镜色。"李昂："耳临清渭洗，心向白云闲。"独孤授《泾渭合流赋》："至清者渭，至浊者泾。"李德裕《刘公神道碑铭》："泾渭自分。"苏轼《次韵子瞻见寄》："滚滚河渭浊，皎皎汉江清。"《古今小说·滕大尹鬼断家私》："他胸中渐渐泾渭分明，瞒他不得了。"明沈德符《野获编·续编小引》："然咏歌太平，无非圣朝佳话，间有稍关时事者，其版泾渭自明。"

② 宇文遹（557—581，遹，音 yōu），字尔固突，代郡武川（今内蒙古自治区武川县）人，鲜卑族。北周宗室大臣，周文帝宇文泰第十三子。诗文仅存这一首，见清张英撰《渊鉴类函》第 39 卷"渭水五"，上海古籍出版社，1992 年。

　　例："渭水不可浑，泾流徒相侵。"诗句出自唐代孟郊①《答昼上人止谗作》，曰："烈烈鸷鹭吟，铿铿琅玕音。枭摧明月啸，鹤起清风心。渭水不可浑，泾流徒相侵。俗侣唱桃叶，隐士鸣桂琴。子野真遗却，浮浅藏渊深。"言渭自清自葆，不为它浊所动。

　　例："邪正不两立，何异莸与薰。宁怀爱憎念，趣尚难同群。"诗句出自宋代彭龟年②《挽张南轩先生八首》中的一首，原文是"邪正不两立，何异莸与薰。宁怀爱憎念，趣尚难同群。向来阃阈疏，杯水沃烈焚。虽无扑灭期，固亦催炎熏。黄钟动孤管，众乐知有君。只今才数年，荟蔚朝脐云。公身虽已殒，公言犹可闻。所期动九天，从此泾渭分。宁愿如曲江，一尊酹孤坟。"诗里讲得直截了当，邪与正势不两立，就像臭草和香草不可以放在一起。在对待邪恶现象时，就是要爱憎分明，泾渭分明，不可同流合污。尽管与邪恶作斗争有风险，但也应无所畏惧，相信终会以正祛邪，邪不压正。

　　例："世态任悠悠，正人无谄求。古柏凌寒霜，皓月当高秋。心将周孔师，日远杨墨游。泾浊与渭清，由来自分流。"这是宋代诗僧释智圆③一首诗《赠赵璞》，意指正人君子为人处世不能太世俗庸俗媚俗，须立坚贞不变之志，须怀高远明达之德，要秉承儒家优良传统，近君子而远离小人，泾渭分流。

　　例："莫将朱夺紫，无使渭浊泾。"此句源于宋代袁燮④《题习斋》，原本这是一首自勉诗，是诗人为自己的书斋所题写的。诗人认为"习"字很重要，曰："寓形宇宙间，所至习乃成。事以习故熟，艺以习故精。婴儿始匍匐，习之能自行。南人初学没，习惯如履平。承蜩有余巧，解牛新发硎。是皆习孰故，见者为之惊。"

---

① 孟郊（751—814），字东野，湖州武康人（一说洛阳人），唐代著名诗人，诗作多写世态炎凉、民间苦难，有"诗囚"之称，孟诗现存 500 多首，本诗见孟郊撰、华枕之校订的《孟东野诗集》（人民文学出版社，1959 年）。

② 彭龟年（1142—1206），字子寿，清江（今江西省樟树市）人。南宋大臣，历官焕章阁待制，知江陵府，迁湖北安抚使。在朝言事面折廷争，善恶是非，辨析甚严。本诗见彭龟年的《止堂集》（中华书局，1985 年）。

③ 释智圆（976—1022），字无外，自号中庸子，钱塘（今浙江杭州）人，俗姓徐。有杂著《闲居编》51 卷，仁宗嘉祐五年（1060）刊行于世，今录诗十五卷，见《续藏经》（上海涵芬楼影印本）。

④ 袁燮（1144—1224），字和叔，庆元府鄞县（今浙江宁波）人。南宋哲学家，历仕司封郎官，迁国子监祭酒。后为礼部侍郎，著作有《絜斋集》24 卷、《絜斋后集》13 卷、《絜斋家塾书钞》《絜斋毛诗经筵讲义》。后人袁士杰辑有《袁正献公遗文钞》。本诗见袁燮撰、李翔点校的《絜斋集》（浙江大学出版社，2000 年）。

世上的一切学问和技艺，包括人的生存本领，都是靠学习得来的。要做一个君子更应当加强学习，因为"矧惟君子学，吾道深而宏。欲穷圣贤域，精微故难明"。学习，不仅是学习知识，还要学习道德修养，以扬正祛邪，而且后者更为关键。"圣贤与愚鄙，何啻莛与楹。愚夫堕恶习，自蹈谷与坑。善恶分舜跖，毫厘当细评。莫将朱夺紫，无使渭浊泾。"

那么，如何加强学习和加强修养呢？"莫将朱夺紫，无使渭浊泾"具体该怎样呢？作者的体会是：一切学习都要真心诚意，坚持不懈。提高品德修养需要从大处着眼，从小事做起，有破有立，攻守兼用，包括"要源见端的，履践严度程。容貌必齐庄，坐立无倚倾。视听一于礼，言语纯于诚。百行孝为本，战战如奉盈。操行洁冰玉，宇量涵沧溟。经德岂干禄，为善非近名。方其学习初，是非交战争。见义勇必为，有过时自挟。造次必致察，思虑防始萌。恶念痛扫除，用力如用兵。善端谨护持，保已如保城。新功生者熟，旧飞熟处生。一心湛不挠，四体明且清。平居寡悔尤，处困心亦亨"。

整首诗不仅回答了"为什么学，学什么"，还回答了"怎么学"，尤其是怎么才能"莫将朱夺紫，无使渭浊泾"的难题。作者之所以"以习名其斋，为我座右铭"来自励自警，其根由也就在于此。岂不知做到"莫将朱夺紫，无使渭浊泾"并不是容易的事，"方其学习初，是非交战争""恶念痛扫除，用力如用兵。善端谨护持，保已如保城"。对此，人们需要有一个清醒的认识，只有坚持以水清为镜，不断地提升明辨是非、"莫将朱夺紫，无使渭浊泾"的能力，才能赢得胜利。

以水清水浊"泾渭分明"为向度的诗词歌赋，宋元明时期尤为集中，如：

"有身犹缚律，无梦到行云。俗里光尘合，胸中泾渭分。"（宋黄庭坚[①]《次韵答王韵中》）

"柏悦悬知待松茂，渭流终不溷泾清。"（宋陈造[②]《再次韵张德恭二首》）

"交情郁穆两监州，采藻依莲总俊游。冰洁霜明相并照，渭清泾浊岂同流。"

---

① 黄庭坚（1045—1105），字鲁直，世称黄山谷、黄太史、豫章先生等，宋江南西路洪州府分宁（今江西省九江市修水县）人。北宋著名文学家、书法家、江西诗派开山之祖。作品有《山谷词》《豫章黄先生文集》等。本诗见潘伯鹰选注的《黄庭坚诗选》（人民文学出版社，2020年）。

② 陈造（1133—1203），字唐卿，江苏高邮人（今属江苏金湖闵桥镇）。人称"淮南夫子"，以词赋闻名艺苑，撰《芹宫讲古》。四库全书存其《江湖长翁集》。

（宋程公许^①《倅教授判官皆为东湖有赋次韵》）

"泾渭合流虽若混，云泥夐绝不相干。"（宋徐用亨^②《嘲教授》）

"古来有谀士，曾厌清流恶。"（元陈宜甫^③《泾河诗一首寄王克斋同知》）

"渭川玉波澄，泾河泥滓流。为水本同源，清浊不相侔。悠悠孺子歌，宣尼为迟留。"（明王稚登《古意四首》）

"渭水何湜湜，泾水杂泥淤。其源各异出，其末乃同趋。清浊既以混，终然成合污。人生实异此，禀性同厥初。所习日益远，竟尔分贤愚。安得泾渭水，清浊永相殊。"（明王祎《长安杂诗》）

可以说是百家争鸣，百花争艳，限于篇幅不再一一枚举。

4.2 以和而不同、和衷共济为向度者

气象万千，水形万千，法水象水文化也是多样化多向度的。见水之德者学其德，见水之仁者习其仁，见水之智者乐其智，见水之勇者效其勇，见水之容者仿其容。同样，见泾渭分明者学其清，而见泾与渭合、济与河并者，则效法其和而不同、和衷共济、携手东流的难能可贵的精神品格。

4.2.1 "合流知禹力，同共到沧瀛"

句出自唐代吕牧^④《泾渭扬清浊》诗："泾渭横秦野，逶迤近帝城。二渠通作润，万户映皆清。明晦看殊色，潺湲听一声。岸虚深草掩，波动晓烟轻。御猎思投钓，渔歌好濯缨。合流知禹力，同共到沧瀛。"泾河和渭河流经三秦大地，婉转延伸到咸阳古城，它们一起滋润着关中良田，惠及千家万户。天气阴晴明

---

① 程公许（？—1251），字季与，一字希颖，号沧洲，叙州宣化（今四川宜宾西北）人。历官著作郎、起居郎，数论劾史嵩之。后迁中书舍人，进礼部侍郎，又论劾郑清之。屡遭排挤，官终权刑部尚书。有文才，四库全书现存其《沧洲尘缶编》。

② 徐用亨，括苍（今浙江丽水西）人，生平不详，仅存此诗。见北京大学古文献研究所编《全宋诗》第27部"徐用亨"目，北京大学出版社，1998年。

③ 陈宜甫，又名陈秋岩、陈义高，在文学方面有很高造诣，有诗文集《沙漠稿》《秋岩稿》《西游稿》《朔方稿》，四库全书现存其《陈秋岩诗集》二卷。

④ 吕牧，郓州东平人，代宗永泰二年（766）登进士第。累官库部郎中，官至泽州刺史。本诗见陆伟然的《唐代应试诗注译》（黑龙江人民出版社，1989年）。

暗时，水色也随之而变，但水声潺湲依旧。绿草茵茵，河岸青青，水波泛泛，晨雾微微。世人都说渭清泾浊，岂不知这正是它们的好处，想当年，姜子牙就是在渭河钓鱼以待时机，后得遇周文王，成为开国元勋；想当年，屈原与渔父的一番对话正说明，水的清与浊都可以为我所用。屈原说，"举世皆浊我独清，众人皆醉我独醒"，渔父劝他，"沧浪的水清呵，可以洗我的头；沧浪的水浊呵，可以洗我的脚。"所以，虽然泾河渭河界限分明，清水浊水互不相溶，但是它们各有其用，且最终还是汇合东去，一同奔向大海。诗人给人们留下的启示不是和衷共济、共同前进，又是什么呢。

4.2.2 "夫然波独清而无偶，非达识之所谓"

这句话是唐代文学家独孤授①《泾渭合流赋》（以与浊同流清源自别为韵）的主旨所在。该赋曰："游者感异源而合趣，指泾渭于秦树。泾如经也，自北而南流；渭若纬焉，从西而东注。性相近以不息，势使然而自遇。'湜湜其沚'，昔既闻之于《诗》；汤汤其流，今则状之为赋。夫至清者渭，至浊者泾。惟清也，鉴物之道著；惟浊也，含垢之义形。共导金气，咸通井星。混殊流之昭晰，成一带之潆渟。初以纵乱横，似争长而难杂；终以洁受污，何极瞬而乃合。禹功之所两存，汉苑斯焉博纳。乍异其色，觉游鳞之隐见；必同乎声，带长风之萧飒。象昭回之可求，歌郑白之有由。饮马投钱，足以发明廉士；决渠降雨，足以殷富神州。既相弘以利物，宁自异乎并流。知之者，齐我以不皦不昧；感之者，比我于一薰一莸。斯乃柔以长存，和之足贵。近则顺洪河之纤直，远则成沧海之濊渭。同功一体，叶灵通气。信殊谷洛之流，宁夹淄渑之味。夫然波独清而无偶，非达识之所谓。"作者称泾渭合流虽然"异乎并流"，但并非像游人所说的那样，"以纵乱横"。而是如经如纬，"同功一体，叶灵通气"。退一步说，即使是清浊不同，但各有其长，"惟清也，鉴物之道著；惟浊也，含垢之义形"，二者美美与共，"共导金气，咸通井星"，因有对比而显著，因"混殊流"成盛景。所以，褒渭可以但不能贬泾，泾以

---

① 独孤授，授一作绶，生卒年月、籍贯生平不详。大历十四年（779）举进士第，又中博学宏词科。为文长于赋，亦善诗。《全唐文》存其文 24 篇，生平事迹见《唐诗纪事》卷三三。本诗见董浩等编的《全唐文》（中华书局，1983 年）；见陆伟然的《唐代应试诗注译》（黑龙江人民出版社，1989 年）。

其浊惠民生，"富神州"。两条河都一起流入了黄河，最后又流向了大海，作为水，它们都利于万物，润泽大地。人们应该铭记，世上悠悠万事，"柔以长存，和之足贵"，那种以"波独清而无偶"的观点，不是深刻而旷达的思想，也是不可取的。于此，作者的思想、胸襟与境界，已经流露和言明。

4.2.3 "苟河清之可期，愿朝宗而为侣"

此句是唐代许尧佐[①]《清济贯浊河赋》（以与浊同流清源自别为韵）最后的结语。该赋全文如下："河之并济兮，惟秩其平；济之贯河兮，势若相倾。非刚克无以见其柔立，非甚浊无以彰其至清，是以灵源浚发，柔德兼呈。徒观其流波委注，秀色澄澈，冲融而浊水遥开，鼓怒而洪流直截。遂使还淳之士，疑二气之初分。策功之臣，惊一带兮中裂。既处浊而不染，每含贞而自洁。苟与和光者殊致，宁与淈泥者无别。是以霍濩波激，崩腾势翻。济水与河水相辉，光容易识；清流与浊流不杂，质性难论。苟征之于变化，可察之于本源，于以表德，于以辨类。方九折而横流，启重泉而直至，故以盘涡浑晓日之辉，叠镜写晴峰之翠。绝河而去，孰与我争？先导沄斯来，孰谓我奚自？若乃冲虚是玩，迅激难侔。广可涉兮，思航苇于寒渚；清可挹也，欲濯缨于夕流。贯长川之浸浸，委轻浪之悠悠。然下流绵邈愿表清而不浊，上善昭融故守和而不同。扶正直之纯志，助润泽之成功。动涟漪于回浦，萃光景于微风。且淮之清兮滨于夷，江之远兮界于楚，岂若贯大川以扬波，临大都而分渚，含清浊而独秀。求匹敌而谁与，苟河清之可期，愿朝宗而为侣。"

济水与黄河并流，人们往往看到的或是"惟秩其平"，或是"势若相倾"，但深入看，这只是水之道而已，水"非刚克无以见其柔立，非甚浊无以彰其至清。是以灵源浚发，柔德兼呈"。因此，不能光看二河并流后，济水的"秀色澄澈"不见了，它的清贞自洁难保了，"与淈泥者无别"了，还应看到，"济水与河水相辉，光容易识；清流与浊流不杂，质性难论"的另一面，不能不"察之于本源"。试问

---

① 许尧佐，擢进士第，又举宏辞，为太子校书郎。唐贞元十六年（800）与张宗本、郑权皆佐征西幕府。后位谏议大夫，著有传奇文《柳氏传》，亦为诗，《全唐诗》录其诗六首。引语见《钦定古今图书集成方舆汇编山川典》第 245 卷，"济水论总"。见董浩等编的：《全唐文》（中华书局，1983 年）；见陆伟然的《唐代应试诗注译》（黑龙江人民出版社，1989 年）。

当初济水"方九折而横流，启重泉而直至"为的是什么？"先导沇斯来，孰谓我奚自？"从哪里来，又到哪里去？还不是为了"扶正直之纯志，助润泽之成功"吗？所以，"愿表清而不浊"是好的，但如果抱有"绝河而去，孰与我争"的想法，那就过于执拗于一己之名誉了。既为水，就应遵水之道，保持"上善昭融""和而不同"。淮河水清尚有尽头，长江流远尚有边界，都不如济水黄河并趋的景象壮观。何况黄河未来总会有变清的那一天，届时两条河流再也无须"辨类"，形同一体，统归于海，岂不无与伦比！

联系前面以清而不浊"泾渭分明"为向度的文学作品，可知法水象水文化乃至中华水文化，是人"以文化水"。水清也好，水浊也罢，皆为自然；合趋也好，自趋也罢，同为势然。程大昌①《禹贡论·济论四》言："水皆不虑人之非议，以其无迹状，可执故也。"可是，自从"人猿相揖别，有几个石头磨过"之后，人类成了"文化人"，却视水似有神，似有灵，似有志，似有心，似有情，似有祖孙，似有兄弟姐妹，似有君臣之仪，似有尊卑之礼，似有真善美，似有假恶丑……与其说水有多少形象就有多少水的文化形象，不如说，人能想象到水有多少形象就有多少"水文化"形象。许尧佐在《清济贯浊河赋》里，对两河贯通并流想象与比拟，对一些"还淳之士"和"策功之臣"所议论的评说，就很能说明这一点。

4.3 以水清可鉴、止水可则为向度者

是水则有动与静，动可以变静，静也可以变动；是水则有清有浊，清可以复浊，浊可以复清。法水象水，意在学习，意在导向，其取与舍、褒与贬，因水而异也因人而异。历史上以水清为鉴、止水为则的仁人志士数不胜数，他们心仪水之止，崇尚水之静，从修身齐家治国平天下的高度，学习借鉴水的这种"态度"与"境界"。在文学作品中，尤其是诗词歌赋中，热衷读写止水者云集，执意褒扬静水者无数。这一文化大观，究其原因，既源于水的"态度"与"境界"，更源于

---

① 程大昌（1123—1195），字泰之，徽州休宁（今属安徽）人。南宋时期政治家、思想家、文学家、哲学家。历国子司业兼权礼部侍郎、直学士院。著有《演繁露》《考古编》《雍录》等书。引语见《钦定古今图书集成方舆汇编山川典》第 245 卷"济水论总"。

人的"态度"与"境界"。这一点，元末明初诗人丁鹤年①在为武当高士郭复渊氏所作《复渊铭》中讲得很直白，曰："沈沈止水，如大圆镜。一波不生，万象交映。彼美外史，知止有定。观水之渊，复我之性。湛然虚明，犹水之莹。寂然不动，犹水之静。众理具存，四端随应。操之者仙，念之者圣。至道不烦，主一持敬。"止水如镜，人观知定。我心虚明犹水之莹，我心不动犹水之静。人水随应，主一持敬。"操之者仙，念之者圣"，您说还有比这更好的吗！

4.3.1 "君鉴之以平心，临下必简；臣鉴之以励节，在邦必闻"

语出唐代吕温②《鉴止水赋》，将水清可鉴、止水可则的意涵一语道破。此赋曰："若乃回塘月皎，高岸环合，泥滓湛而自沈，金沙炯其不杂，同道德以虚而受，异川泽唯污是纳。有斐君子，此焉明征。气随浪息，心与源澄。端形赴影，如木从绳。其表微也，挂金镜而当画；其索隐也，隔玉壶而见冰。尔其色必洞澈，光无溷溦，不蒸蓊郁之气，不激潺湲之响。百丈在目，千仞指掌，恶每自乎中见，美实非乎外奖。鉴形之始，方似以身观身；得意之间，乃同求象忘象。观其下列星汉，上披烟云，守其常而性将道合，居其所而物以群分。君鉴之以平心，临下必简；臣鉴之以励节，在邦必闻。妍媸无形兮，惟人所召；物我兼进兮，水无不照。廉士以之洗心，至人以之观妙。"环曲的水池，清湛如镜，月影分明，泥滓自沉，沙砾显现，好似有文化修养的谦谦君子，这一点是其他山川河流所不可比的。因为止水行端影正，表里如一，能够"气随浪息，心与源澄"，以静立身，以清历世。止水鉴形，本意自鉴，是"以身观身"，自省自励；是"求象忘象"，别无所图。所以，人们学习它，也应如此。君主鉴之，重在学习它的公平公正，为政清简；臣属鉴之，重在廉洁奉公，政声致远。能否以水为鉴，在人不在水，"妍媸无形兮，惟人所召"。倘若人们能够秉持以水为鉴，自警自省，就会"物我兼进，水无不照"！古往今来，"廉士以之洗心，

---

① 丁鹤年（1335—1424），元末明初诗人、养生家，京城老字号"鹤年堂"创始人。有《丁鹤年集》传世。本文见《丁鹤年集》（商务印书馆，1937 年）。

② 吕温（771—811），字和叔，又字化光，唐河中（今永济市）人。官至司封员外郎、刑部郎中，甚有政声，世称"吕衡州"。本文见《钦定古今图书集成方舆汇编坤舆典》第 26 卷"水部总"。

至人以之观妙",之所以效仿,这就是原由。

4.3.2 "若英贤之取则,类贞咸之是湛"

语出刘清《止水赋》①,这里的"贞咸"语本《易·咸》,曰:"象曰:山上有泽,咸。"孔颖达疏:"泽性下流,能润于下;山体上承,能受其润。以山感泽,所以为咸。"贞为卦象,咸卦为泽,因以"贞咸"指清澈的泽水。全赋较长,取其中段,曰:"若乃湖称青草,泽若云梦,浅深溇湷,表里寒洞。当朱阳之夏晚,遇白露之秋仲,紫关之鸿雁飞来,绿浦之莲舟风送。既能止而利物,所以归之者众。亦有凤凰之沼,明月之潭,每澄流于庭院,常下注于东南。蒙寮宷之玩冶,浑琴酌而相参,以游以赏,如夜如涵。若英贤之取则,类贞咸之是湛。届夫玉宇初晴,风飙载寝,笼碧天而似镜,展红霞而若锦,纳众影而不遗,比群情而特甚。用使至人观之而心察,智者乐之而情审,达士爱而欲临,高节闻而愿饮。"

天下塘池湖泊,无论大小深浅,因其"既能止而利物,所以归之者众";因其"笼碧天而似镜,展红霞而若锦,纳众影而不遗,比群情而特甚",所以"用使至人观之而心察,智者乐之而情审";因其"若英贤之取则,类贞咸之是湛",所以"达士爱而欲临,高节闻而愿饮"。反过来说,之所以人们喜爱止水,是爱其特清,喜其特明,悦其特贞,是因为"若英贤之取则,类贞咸之是湛"!

唐代高郢②在《水木有本源赋》中曾不无感叹地说:"人奚水之足,鉴亦鉴人而取。"在人比于水时你会发现,人在某些方面多么与水相似啊!以水为鉴不是哪些水要来"鉴"人,而应是人的自觉行动,实际上是一个自主学习和自我提升的过程。

4.3.3 "为国者取象于止水,使其政公平;为身者亦同于止水,使其心至明至察"

这句话出自唐代王泠然③的《止水赋》。这篇赋文的首段是这样说的:"尝闻神

---

① 《钦定古今图书集成方舆汇编坤舆典》第 26 卷 "水部总论"。
② 高郢(740—811),字公楚,渤海蓚县(今河北景县)人,唐朝大臣。本文见《钦定古今图书集成方舆汇编坤舆典》第 26 卷 "水部艺文二"。
③ 王泠然(692—725),字仲清,太原(今属山西)人。开元五年(717)登进士第,后官太子校书郎。据欧阳修撰《新唐史》载:王泠然工文赋诗,气质豪爽,尝言无所回忌,乃卓荦奇才,济世之器。惜其不大显而终。本文见《钦定古今图书集成方舆汇编坤舆典》第 26 卷 "水部总论"。

心保正，天道害盈，漏卮添而复出，攲器备而还倾，岂若兹水，居然可名！既混之而不浊，又澄之而不清，时止则止，时行则行。峻堤防则其源见，塞开汲引则其道能亨。安波不动，与物无争，如方圆之得性，何宠辱之能惊。故为国者取象于止水，使其政公平；为身者亦同于止水，使其心至明。至察可尚，柔谦何禀。思远道则一苇能航，守贫居则一瓢可饮。接下流则卑以自牧，鉴群物则宽而能审。诚用之而舍之，在去泰而去甚。水之为德也，长水之为功也。"一开始作者就直接回答了为什么此水如此称奇的问题，不仅仅是因为水满则溢、不平则倾，真正值得称奇的，不是"水之功"而是"水之德"，如"既混之而不浊，又澄之而不清，时止则止，时行则行"，如"安波不动，与物无争"等。但更为可贵的是，它具有文化"化人"的功能，如"为国者取象于止水，使其政公平；为身者亦同于止水，使其心至明"，如"至察可尚，柔谦何禀"，如像水"时止则止，时行则行"一样，能够做到"思远道则一苇能航，守贫居则一瓢可饮"。这一切都说明什么呢？说明"水之为德也，长水之为功也"，同时也说明水之为"文化"也，长于水之"无文化"也。

4.4 以滴水穿石、知难而进为向度者

4.4.1 "挫锐而功著，积微而道弘"

语出唐代杨弘贞[①]《溜穿石赋》（以"能以甚柔而攻至坚"为韵）。赋文是："溜可穿石，柔能陷坚。因依而上下相遇，悠久而贞刚失全。始则泠泠，触泓澄而或跃；既而决决，宵洞达而旁穿。一道中透，孤光下悬。何载驰之不息，终渐摩之使然。观夫习坎能通，柔虚荐至，虹挂空而饮井，星曳练而投地。征老聃之说，柔弱胜于刚强；验夫子之文，积善由乎驯致。当其涓涓无已，皓皓未通，若崭岩之见拒，能激射以相攻。既潄荡以探奥，遂深沉而凿空。下潄花浮，似出桃源之外；乘流鱼跃，如辞丙穴之中。言念其美，因详所以。石虽坚而有崖，溜虽柔而不止。进寸退尺，常一以贯之；日往月来，则就其深矣。克谐润下之道，实契灵

---

① 杨弘贞，生平不详，但从白居易《见杨弘贞诗赋因题绝句以自谕》（"赋句诗章妙入神，未年三十即无身。常嗟薄命形憔悴，若比弘贞是幸人。"）可见大概。

长之理。想夫经始之时，人莫知之，笑我者谓量力而徒尔，见机者料成功之远。而既知难而不退，长引彼而注兹，是能卒获其求，何伤守柔。细滴沥以成响，大逶迤而若抽，在彼一拳。同玉卮之无当，经乎五色。状银汉之分流，其空可玩，其义可禀。庶求福之不回，思进身而去甚。彼以水投石，于嗟莫承。摧锋饮羽，谁谓难能？曷若挫锐而功著，积微而道弘。妙哉斯赋之旨，惟执柔而有恒。"

此赋甚长，但读起来朗朗上口，一气呵成。开头直奔主题，曰"溜可穿石，柔能陷坚"。接着一一描绘了溜水的美好形象，渲染了溜水不同凡响的风采：它一生出，就由离上而滴下，点点相承，滴滴连绵，无止无休，以至于将下面的石头击穿。刚开始它冷冷溅溅，微不足道，但慢慢地会滴成一泓水面，接下来的水滴当碰到水面时似乎在轻舞低吟，久而久之，它就会从泓坑或凹洞中夺路而出。溜水在阳光下，浑身透明，闪闪发光，像彩虹一样"挂空而饮井"，如流星一般划过天际而落地……对此，作者作了许多绘声绘色的铺排形容。本赋的闪光点是在"言念其美"之后，作者的深入分析，"因详所以"。作者认为，山溜之所以由微知著，既美且善，就在于它"载驰之不息""虽柔而不止""进寸退尺，常一以贯之"。作者感叹道，溜水"以水投石"[①]，绝不是简简单单的事。"当其涓涓无已，皓皓未通，若崭岩之见拒，能激射以相攻，既漱荡以探奥，遂深沉而凿空"，如同"摧锋饮羽"[②]，能说是轻而易举的吗？其"挫锐而功著，积微而道弘"，足以说明"溜可穿石，柔能陷坚"之可贵！那么，人们应从中学到悟到什么呢？在赋文最后，上下呼应，作者的回答是："妙哉斯赋之旨，惟执柔而有恒。"

4.4.2 "见积小以摧坚""知累功而有自"

这两句均出自唐代赵蕃《溜穿石赋》（以"能以甚柔而攻至坚"为韵）。赋的

---

① "以水投石"，源于魏徵上书唐太宗的一段话："夫君臣相遇，自古为难。以石投水，千载一合，以水投石，无时不有。"见《贞观政要·君臣鉴戒第六》，意思是说，君臣之间实现默契，自古以来就是难事。这就好似把石头投入水中，让石头顺从流水，千年才能偶尔遇见一次；而如果让流水顺从石头，则时时刻刻都在发生。杨弘贞在《溜穿石赋》里另有新意。

② "摧锋饮羽"，摧锋，意为挫败敌军的锐气。曹植《封二子为公谢恩章》："文无升堂庙胜之功，武无摧锋接刃之劾。"饮羽，意为箭射到石头里，隐没了箭尾的羽毛，形容发箭的力量极强。源于"射石饮羽"典故。杨弘贞在《溜穿石赋》里，滴水穿石与"摧锋饮羽"有一比。

前一段曰："山溜泠然，漱幽石而溅溅，恒羃历以迸集，忽嵌空而下穿，介若自持，谓禀灵而利物。呀而中断，见积小以摧坚。且其轻重异源，刚柔殊类，嘉洞出而无朕，知累功而有自。贯白云之幽，抱滴滴方来；破苍苔之古，痕泠泠斯至。崎岖莫状，激射无穷。逗跳沫以居内，泄涓流而在中。日就月将，必渐然而争赴；因微方著，殊异者之先攻。原乎厥性既柔，其平如砥。因滴沥以成象，若洞澈而虚己。注而匪竭，叹追琢之莫加；协乃有时，顾坚贞而何以。"赋的最后一段曰："蒙夕莫夺，坚然是禀。清光乱洒，初熠熠以穿菱；素彩频垂，每荧荧而透锦。伟夫炳若方洁，于焉注兹，或零落以将尽，竟连环而不遗。依依未通，遵神泉之靡息；一一将彻，听鸣玉之远而。故可以托质悠悠，于山之幽，载吐潜液，静如冥搜。滴盘礴之间，通兹馀润；挺刚克之际，分乎至柔。谅成功之不远，庶积习之可求。"

这篇《溜穿石赋》与杨弘贞《溜穿石赋》，题意相同，但都把"溜"写得有声有色，有质有文。不同的是，本篇先写"溜"的生命运行状态，它从"漱幽石而溅溅"到"恒羃历以迸集"（像轻纱密布一样飘洒），继而"忽嵌空而下穿"（似乎突然从空洞中涌现），从来不靠任何外力，"介若自持"，同样对得起水"禀灵而利物"（秉承着水的灵魂，生生不息而润下）的美誉。它非断非连，久久为功，终将坚硬的石头冲破。它和大江大河没法比，分量一轻一重，源头一微一弘，性格一柔一刚，差别很大。但它作为"殊类"自有它的奇异之处。它"嘉洞出而无朕，知累功而有自"，自立门户，自建其功；它高居云间，聚粒垂下，在人迹罕至的深山苍苔上留下自己的印迹；它神神秘秘，蹦蹦跳跳，涓涓泄泄，一时一刻也不停止，"崎岖莫状，激射无穷。逗跳沫以居内，泄涓流而在中"，渐渐地"因滴沥以成象""因微方著"，从而显示出它"厥性既柔"和"坚然是禀"的一面。更为神奇的是，它晶莹剔透，如穿菱着锦，光彩照人，"清光乱洒，初熠熠以穿菱；素彩频垂，每荧荧而透锦。"但它并不着意于此，而是以"注而匪竭"为命，"或零落以将尽"，或因时制宜，待机而动，"依依未通，遵神泉之靡息；一一将彻，听鸣玉之远而"。与静与动，皆唯道是循，唯德是存。有鉴于此，"谅成功之不远，庶积习之可求"，其理其据，无需多言。

4.5 以活水有源、自强不息为向度者

如今，南宋时期朱熹[①]的《观书有感》已是人们耳熟能详的了，诗曰："半亩方塘一鉴开，天光云影共徘徊。问渠那得清如许？为有源头活水来。"朱熹集教育家、文学家、哲学家于一身，一生致力于传道授业解惑，写劝学诗也很有哲理。学问从哪里来，就像一塘清水离不开它的"源头活水"一样，离不开持续不断的知识扩充。人们想要明白事理，必须在无尽的知识海洋里去汲取丰富营养。

以活水有源为喻言情说理者多矣。但不同的是，明代王彦奇[②]的《源头活水记》则另立"自强而不息"新意。原文曰："水之源流，与道之源流一也。不观之孔子乎，在川上而有逝者如斯之叹；不观之孟子乎，对徐子而有源泉混混之说。究其指归，盖取诸此。乌延守独何心哉？凿洋于黉宫，引斯水而注之中耶。噫嘻，守以天地万物，何者非道？道本无形，不可得而见。然其可指而易见者，莫如水之流运乎，昼夜而不息也。其所以不息者，有原本故也。况注之泮池，静深澄澈，渴可饮也，缨可濯也，芹藻以之而毓秀也，芰荷以之而生香也。苍苍焉，天光之相映也；淡淡焉，云影之徘徊也；洋洋焉，鱼之跃而得其所也。化育流行，上下昭著，又何非道之无往而不在乎。诸士子能于此省察而有得焉，则体道之功，庶几自强而不息矣。用是观之，则知守也者，亦可谓孔孟传道之家，相欤守，谓谁？东川王彦奇也。"

[①] 朱熹（1130—1200），字元晦，又字仲晦，号晦庵，晚称晦翁。祖籍徽州府婺源县（今江西婺源），生于南剑州尤溪（今属福建省尤溪县）。中国南宋时期理学家、思想家、哲学家、教育家、诗人，著述有《四书章句集注》《太极图说解》《通书解说》《周易读本》《楚辞集注》，后人辑有《朱子大全》《朱子集语象》等。《朱子全书》（修订版），上海古籍出版社，2010年。

[②] 王彦奇，字庭简，云阳（今属重庆）人，明弘治三年（1490）二甲第70名进士。历任户部员外郎。时人称赞其"兴学校，作人才，正风俗，广储蓄，释冤滞，恤孤独，建桥梁，治水患，通商贾，弭盗贼，文章政事名盛一时"。本赋见《钦定古今图书集成方舆汇编坤舆典》第26卷"水部总论"。

作者开宗明义，曰："水之源流，与道之源流一也。"继而引经据典，一为孔夫子曾在川上感叹"逝者如斯夫"，一为孟夫子与他的学生徐辟有一段"水之道"的对话："徐子曰：'仲尼亟称于水，曰："水哉，水哉！"何取于水也？'孟子曰：'源泉混混，不舍昼夜，盈科而后进，放乎四海。有本者如是，是之取尔。苟为无本，七八月之间雨集，沟浍皆盈；其涸也，可立而待也。故声闻过情，君子耻之。'"两个典故都是基于"水与道同"而言的。这里的"乌延"指乌桓，还有一个典故，三国时期，曹操北征乌桓大捷，在班师回朝途中，"时寒且旱，二百里无复水，军又乏食，杀马数千匹以为粮，凿地三十余丈乃得水。军自柳城始，途经碣石道（今昌黎碣石山流域），遇'树木丛生，百草丰茂'之景观，命士卒山中觅水，得泉（后称相泉），操遂令军止行安营"[①]。这与《诗经》上讲的鲁侯当年开凿泮水引入学宫没有什么不同，都是为了得到水源，获取活水。"道"具有普遍性，"天地万物，何者非道？"可是"道"看不见摸不着。但人们发现，水却是最接近于道、最能说明道的东西，"然其可指而易见者，莫如水之流运乎，昼夜而不息也。其所以不息者，有原本故也"。水利于人，利于物，"渴可饮也，缨可濯也，芹藻以之而毓秀也，芰荷以之而生香也"。水能动能静，能出能容，能大能小，有声有色，犹如"道"之化育流行，上下昭著，无往而不在。文章到最后，作者以共勉的口吻说道："诸士子能于此省察而有得焉，则体道之功，庶几自强而不息矣。"殷殷切切，跃然纸上。

4.6 以浮沤之义、体道修心为向度者

4.6.1 "浮沤之义大矣哉"

唐代崔根[②]《浮沤赋》言："见浮沤之逦迤，莹映澄澈，内明外美，倏往忽来，乍灭乍起。含卷舒之度，得行藏之轨。其柔也，则随波以为心；其刚也，

---

① 陈寿：《三国志·魏书·武帝纪》，金古生译，载《三国志全译》（全 2 册），人民出版社，2020 年。
② 崔根，生平不详。本赋见《钦定古今图书集成方舆汇编坤舆典》第 26 卷"水部总论"。

乃触物而忘己。谅潜运之恍惚，孰能察其终始。浮沤之义大矣哉。""其因水发色，以空成相，怀清润之秀气，负圆通之雅量。""且夫势有万端，形无定质，或繁小而争涌，或希大而间出。从下流而守谦，托上善而非溢。冀辉彩于当年，故韬光于晴日。"

君不见，浮沤一个一个排列在一起，是那样晶莹透彻、素洁美丽。它来得快走得急，忽显忽晦，或卷或舒，或行或藏，都有自己的法度。它宜柔则柔，宜刚则刚，以小我随大我（波），在运行之中无我即我，有己忘己。它能够因水发色，以空成相，气质清润，心胸通达，无论何时何地，都能守谦如一，收放自如。总而言之，言而总之，"浮沤之义大矣哉！"言于此，似大声疾呼：该学不学兮，更待何时焉。

4.6.2　"似君子之从容，类达人之修身"

唐代杨炯[①]《浮沤赋》言："（浮沤）逐风波而淡泊，乃变化而须臾。迹均显晦，妙合虚无。同至人之体道，亦随时而不拘。夫其得坻则止，乘风则逝，处上下而无穷，任推移而不系。似君子之从容，常卷舒而不滞。故其在阳则隐，在阴则出，泄泄悠悠，匪徐匪疾，固自然以见体，托行潦以凝质。类达人之修身，故不欺于暗室。"

浮沤一是能"逐风波而淡泊"，可以同圣人之行道相媲美；二是能"处上下而无穷，任推移而不系"，可以同君子之从容相媲美；三是能"固自然以见体，托行潦以凝质"，可以同达人之修身相媲美。一介浮沤，尚有如此形象，如此品质，世人尚有不学之理。

4.6.3　"见净沤之形象，息徂诈之机心"

唐代郑太昊[②]《浮沤赋》言："其合散无常，漂荡自然，形色虚洁，表里澄鲜。似珠胎之出汉，若星象之浮川。拂还风而独转，偶倒影而双圆。夫其仁也不轻蛙

---

① 杨炯（650—694），华阴（陕西省华阴市）人，著有《杨炯集》。本赋见《钦定古今图书集成方舆汇编坤舆典》第 26 卷"水部总论"。

② 郑太昊，生平不详。本赋见《钦定古今图书集成方舆汇编坤舆典》第 26 卷"水部总论"。

鼋之穴，夫其勇也不怯蛟龙之泉。""别有缙绅公子，思浮思沉，乘时趋势，佩玉锵金，见净沤之形象，息徂诈之机心。况乎失路书生，怀愤胸臆，规术恬净，节行孤直，觉万化之俄顷，知千龄之瞬息。能不操纸殚毫，叙浮沤之德。"

浮沤虽无言，但以其形质美、内涵美、行为美而见胜。其美在于其洁其明，其胜在于其仁其勇。观其美，知其胜，身为官员或出身名门的缙绅公子们理应"息徂诈之机心"以处世，怀愤胸臆、节行孤直的失意文人们更应"操纸殚毫，叙浮沤之德"以自励。

4.7 以水流相汇、能容则大为向度者

方孝孺①《观海楼记》言："苟欲观海之形，其茫洋弥漫，浮天地浴日月，抗阴阳以侔大，敝古今以为寿者，章亥不能测……夫彼之无所不下以成其深者，能以之为法，则可以自卑而下人，以成其德。彼之兼容汎受不择细大，暴以久旱而不灭，灌以洪流而不加者，能因之以廓吾之量，则可以容众养人、临大事遇大变而不惑。于其摩荡涵浸之势可以作吾气，于其恬波怒涛开阖变化之态可以发吾文，于其生育濡载之利可以推吾仁，是则得于观海者亦多矣。"

作者眼观大海，心思大海，大海广至无边，深不可测，如果人们能效法大海"无所不下以成其深"，"则可以自卑而下人，以成其德"，即成为眼界特别广阔、胸怀特别宽阔的人。如果人们能像大海"兼容汎受不择细大"那样，"则可以容众养人"。如果人们能像大海"暴以久旱而不灭，灌以洪流而不加"那样，就会"临大事遇大变而不惑"。善于学习大海的人，可以将大海那种"摩荡涵浸之势"转化为自己的浩然之气；善于效法大海的人，可以将大海那种"恬波怒涛开阖变化之态"转化为自己的文章风格；善于以大海为榜样的人，可以将大海那种"生育濡载之利"转化为自己无私奉献的仁德。如果人们这样观海的话，得到的益处就会

---

① 方孝孺（1357—1402），字希直，一字希古，号逊志，曾以"逊志"名其书斋，因其故里旧属缑城里，故称"缑城先生"；又因在汉中府任教授时，蜀献王赐名其读书处为"正学"，亦称"正学先生"，浙江台州府宁海县人。明朝大臣、学者、文学家、散文家、思想家，著述见《逊志斋集》（全八册），商务印书馆，1968年。

越来越多。这里作者在告诉人们，观海是为了什么呢，为了学海。要向海学什么呢，学海之"大"，学海之"深"，学海之"势"，学海之"态"，学海之"量"，学海之"德"。怎么学呢？重在"以之为法"，学用结合，启导内心，完善自我，提升修养水平。

4.8　以冰贞坚虚澈、人爱其性为向度者

唐代刘长卿[①]《冰赋》曰："水无心而清，冰虚己而明，始则同体，终然异名。水之动，我变以静；水之柔，我变以贞。任方圆而能处其顺，在高下而不失其平。北陆初凝结而为冰，东方始起融而为水，与时消息，随物行止。水也不知其所然，冰也不知其所以，何推运而有恒，乃忘情而合理。观乎外示贞坚，内含虚澈，无受染以保其素，无纳污以全其洁。比玉而白，不为蝇玷；比月而明，不为蟾缺。琼树色夺，瑶池光发，变寒日之清莹，带阴天之肃杀。爰自止水，遍于山川。山穴俱闭，长波寂然。皎皎弥静，峨峨远连。如云覆地，若云披天。云之凝兮伫长风而可埽，雪之积兮向太阳而可全，岂同夫气之所感。物莫能迁，劲飈夕寒，我力增壮；晴景朝暖，我心犹坚。其坚，伊何履霜所至；其薄，伊何临泉是畏。君子用之以驯致其道，睹之而不骄于贵。二之日始，凿命虞官；三之日始，纳享司寒，天子陈礼容赋，豳风大启冰室，献于王宫，气肃云陛，寒生衮龙，辟九门于月下，列千官于镜中，颁众位取饮以受命，御至尊得象于朝宗，若君莫之求，臣莫之见，则深山穷谷，讵可得而加荐。苟藏之不周，用而不徧，则灾霜害雹，如有待，而为变，人或爱我清，人或爱我净，既洁其迹，亦坚其性，水之冰生于寒，人之冰生于正，无弃其道，吾将何病？！"

这篇赋写得也可称奇，先说冰与水"始则同体，终然异名"，二者相反相成，可二者谁也不知道为什么。接着说冰有冰的难能可贵之处，它"外示贞坚，内含虚澈，无受染以保其素，无纳污以全其洁"。最后说到关键处，意思是你如何认识

---

① 刘长卿（？—786），字文房。宣城（今属安徽）人，一作河间（今属河北）人。《新唐书·艺文志》录其文集 10 卷，《全唐诗》编录其诗为 5 卷。本赋见《钦定古今图书集成方舆汇编坤舆典》第 29 卷。

它，如何对待它，如果你不待见，它不会不请自来，"君子用之以驯致其道，睹之而不骄于贵"。况且为冰在野，有可能成为灾霜害雹。如为人所爱、所用，那它则会为之一变，"既洁其迹，亦坚其性"。请你相信，"水之冰生于寒，人之冰生于正，无弃其道，吾将何病？！"通览此赋，大有冰为悦己者守贞呈美，士为知己者持正致用之深意。

法水象水的文学表达文如烟海，核心话语汗牛充栋，其他典型向度不再一一尽述。

第 5 章 儒家"观水明德"

如前所引,"天地变化,圣人效之;天垂象,见吉凶,圣人象之;河出图,洛出书,圣人则之。"①中国文化中,天垂示物象(天、地、风、雷、水、火、山、泽)的变化,就显现出吉凶的征兆,圣人就取法它,形成中国文化最早的"本喻模型"。水,常态为液体,降温至零摄氏度就凝固为固体;升温至一百摄氏度则化为气体,水蒸气聚于低空则为雾,升到高空则成云,凝结下落则或为雨、或为雪、或为雹、或为霰……借助日光月光,还呈现为霓虹华晕。水,藏于地下则含而不露,喷涌而上则清而为泉;少则叮咚作乐,多则奔腾豪壮;水处天地之间,动则为涧、为溪、为江河,静则为池、为潭、为湖海;经沙土则渗流,碰岩石则溅花,遭断崖则下垂为瀑,遇高山则绕道而行;貌似柔,实则强,滴水久之可穿石。加压能把巨岩击碎,能把岩体劈裂,能把成吨的钢材像揉面团般锻压;水能革故鼎新、荡涤尘污、澄清自己、纯真自然、顺势而为、时刻点滴积蓄能量,水凭渗透性强而滋润生物;水靠浮力大而可行舟船;水凭流动不息而改善环境,让地球充满生机;水可降温,水可去污;水可驱动机器,水可以发电生能……

在中国传统文化语境中,水不但有着多重样态与激发意象的伟力,而且水为宇宙普遍原则的概念化提供了原型,这普遍原则既适用于自然的变化又适用于人类的行为,也是有关宇宙本质哲学观念的重要模型。事实也如此,人们在"识水""用水""乐水""治水""利水"的活动中,形成了关于水的哲学、伦理、美学思想以及文学、宗教理论。

5.1 孔子"观水明德"

孔子生于泗水之滨,长于泗水之畔,创立儒家学说在"洙泗之间",仙逝后也葬于鲁城之北的"泗上"。孔子是泗水的儿子,泗水的乳汁哺育了他,也正是和泗

---

① 黄寿祺、张善文:《周易译注》,中华书局,2018 年 7 月。

水的朝夕相处,成就了他的"仁学"。泗水的涛声激励了他,泗水的鳞波启迪了他,也正是和泗水日夜相守相望,最终促成了孔子的"时间"观。

如果说孔子"述而不作,信而好古",那"述"的应是自三皇五帝至周的"古",即"仁义礼学"。如果说孔子有"作","时间"观应是孔子最大的"作",孔子一生最大的创新和发现就是其"时间"观,这是"道"范畴的最大贡献。

5.1.1 时间观

由于时间不具有具体实在,人类认识时间需要通过某种物象或模型,将其概念化后,才能更好地理解和掌握时间的核心要义。故此,思考时间的方式,应该把时间构想为基于某一模型,或某种物象,或某一存在的隐喻的必然结果。在西方历史上,各种隐喻模型曾作为一种理智概念科学来描述时间,如牛顿就曾使用几何学的递增序列,将时间离散成"时间"坐标轴上的连续的点,在这种模型中,时间向前运动,绝不停留。西方汉学家惯常把中国人的时间概念描述为"循环"的,即中国人理解时间是按圆周而不是直线运行的。这个术语强调的是与线性发展相对立的重复模式,它作为一种使中国的时间观念区别于西方"直线式"的隐喻模式是有益的,然而,这终究不是中国古人思想时间的隐喻。正如此,孔子面对着日夜奔腾不息的"泗水",久久凝视着这万古奔流的河水,陷入沉思冥想之中,顿然,他指着山下滔滔奔涌的河水,叹道:"逝者如斯夫!不舍昼夜。"[①]从此一个划时代的概念产生了,这个概念便是"时间"。在这个概念中,泗水之灵水是孔子建立时间观念的隐喻模型。孔子把时间视为一种具有"逝"性质的变量,而去感悟宇宙,感悟社会,感悟生命。"吾十有五而志于学,三十而立,四十而不惑,五十而知天命,六十而耳顺,七十而从心所欲,不逾矩。"[①]这是孔子对自己一生的总结和感悟,也是对后世人的善意规劝。孟子也说:"伯夷,圣之清者也;伊尹,圣之任者也;柳下惠,圣之和者也;孔子,圣之时者也。孔子之谓集大成。"[②]孟子之所以把孔子与伯夷、伊尹、柳下惠放在一起颂扬,就因为孔子是"圣之时者也",即孔子是圣贤中能够因时而变的人。

"加我数年,五十以学《易》,可以无大过矣。""苟有用我者,期月而已可也,

---

① 杨伯峻:《论语译注》,中华书局,2006 年 12 月。
② 杨伯峻:《孟子译注》,中华书局,2012 年 5 月。

三年有成。"①因水的流逝感悟生命的永恒, 体验生命的欢乐, 由此提出 "知者乐水, 仁者乐山。知者动, 仁者静。知者乐, 仁者寿"(《论语·雍也》)的结论, 也正是这"千古一叹", 让孔子"藏道于民"的理想抱负得以实现, 编纂《诗》《书》, 修订《礼》《乐》, 注释《易》, 笔削《春秋》, 使六经等典籍得以千古流传。

做事都需要掌握时势和时机。时机不对, 就不要出头。没有机会, 就不要盲动。保存实力, 待时而动。人应该像龙一样, 把握时机, 做到能大能小, 能升能隐; 大则兴云吐雾, 小则隐介藏形; 升则飞腾于宇宙之间, 隐则潜伏于波涛之内。《周易》上说: "君子藏器于身, 待时而动。"意思是: 君子有卓越的才能、超群的技艺, 不到处炫耀, 而是在必要的时刻把才能或技艺施展出来。如吕尚遇周文王, 就是如此。这话也提醒我们, 在默默无闻的时候, 要加强自身修养, 等到机会来时, 就要充分展露自己的才华。时机、时势是客观的, 不是人为的。我们不能创造时机, 而只能做好我们能做的, 等待时机, 把握时机, 不让机会白白溜走。项羽《垓下歌》唱道: "力拔山兮气盖世, 时不利兮骓不逝。骓不逝兮可奈何, 虞兮虞兮奈若何?"即使力可拔山、气概盖过世人的项羽也有 "时不利兮奈若何" 的悲叹。回想当年, 巨鹿之战, 破釜沉舟, 五路诸侯虽作壁上观, 但项羽以两万楚兵大破四十万秦军, 雄霸天下。而垓下之战, 四面楚歌, 十面埋伏, 项羽最终乌江自刎, 遗恨千古。

不管"时势造英雄", 还是"英雄造时势", 其核心还是"时"的问题。时机未到, 则潜伏不动; 时机一到, 则顺势而发, 动如脱兔。

5.1.2 仁学观

孔子开创的儒家学派, 以"仁"为学说的核心, 以"中庸"为思想方法, 得血亲人伦, 得现世事功, 重实践理性, 重道德修养, 以推行仁义、重树社会的道德伦理秩序、变天下无道为天下有道为己任, 关注的是现实社会的问题。因而他"见大水必观焉", 这很大程度是上以构建儒家伦理道德思想的大厦为切入点, 提出了水有九德。

孔子观于东流之水。子贡问曰: "君子所见大水必观焉, 何也?"孔子对曰:

---

① 杨伯峻:《论语译注》, 中华书局, 2006 年 12 月。

"以其不息，且遍与诸生而不为也，夫水似乎德，其流也则卑下，倨拘必修其理，似义；浩浩乎无屈尽之期，此似道；流行赴百仞之溪而不惧，此似勇；至量必平之，此似法；盛而不求概，此似正；绰约微达，此似察；发源必东，此似志；以出以入，万物就以化洁，此似善化也。水之德有若此，是故君子见必观焉。"《孔子家语·三恕》[1]

孔子在讲 "君子见大水必观焉" 时，不仅指出了君子应以水比德，领悟人生真谛，而且还进一步指出水与人类道德情操的内在联系，探求了水的社会意义和价值。孔子通过对水的深入观察和体验，发现了水有九种特征，即 "似德""似义""似道""似勇""似法""似正""似察""似志""似善化"。似德：水遍布天下，润泽万物，而不自认为有功，没有任何偏私，就像君子的德行。似义：水性向下，尽管水流弯弯曲曲，或方或曲，但都遵循着必向下的规律，这就像义。似道：水浩浩荡荡，不见涯际，奔流不息，没有穷尽，这就像道。似勇：掘开堵塞，使水通行，水就会随即奔腾向前，即使百丈深谷也从无惧色，这就像勇，勇往直前。似法：水注入量器时总是趋向平，安放必平，无高低上下，就像法。似正：注满量器，不必用概（古代用于把升、斗口上多余的粮食刮平的木板），这就像正。似察：水柔弱细小，渗入曲细，无微不达，就好像明察秋毫。似志：水百转千回，却必然向东，就好像志。似善化：各种东西在水里淘洗，就会变得洁净鲜明。水能净化万物，就好像善于教化的圣者，善施教化。

孔子通过观水，看到水这一普遍存在、人类须臾难离的物质，有着 "似德""似义""似道""似勇""似法""似正""似察""似志""似善化" 等诸多特性，与孔子的 "仁学" 思想及儒家的伦理道德十分接近，具有孔子阐述其道德思想的深厚底蕴。于是，孔子便顺理成章地把 "水有九德" 与人的性格、意志、道德等联系起来，"水之九德" 成为体现儒家伦理道德体系的感性形式和观念象征，成为儒家伦理道德思想的基础。

由此，孔子观东流之水，发现水有着这么多的美德，乃真君子也，能晓人以立身处世之大道。所以孔子认为，君子见到大水一定要仔细观察。

从上述观水感言可以看出，孔子是借以水为比德的载体，描绘了他理想中具

---

[1] 王国轩、王秀梅：《孔子家语》，中华书局，2011 年 3 月。

备崇高人格的君子形象，涉及德、义、道、勇、法、正、察、志、善化等九德。这种 "观水" 以明君子人格之说，长时间地影响着后世对君子价值观的建立，如《韩诗外传》中："问者曰：夫智者何以乐于水也？曰：夫水者缘理而行，不遗小间，似有智者。动而之下，似有礼者。蹈深不疑，似有勇者。障防而清，似知命者。历险致远，卒成不毁，似有德者。天地以成，群物以生，国家以平，品物以正。此智者所以乐于水也。"①刘向《说苑·杂言》也作了具体发挥：

子贡问曰："君子见大水必观焉，何也？" 孔子曰："夫水者，君子比德焉。遍予而无私，似德；所及者生，似仁；其流卑下句倨，皆循其理，似义；浅者流行，深者不测，似智；其赴百仞之谷不疑，似勇；绵弱而微达，似察；受恶不让，似包；蒙不清以入，鲜洁以出，似善化；至量必平，似正；盈不求概，似度；其万折必东，似意；是以君子见大水观焉尔也。"②

可见，通过后代的阐发，儒家水意象的两种意蕴中更突出了水流不止所引申的刚健进取、百折不挠、自强不息的精神。如此看来，孔子观水的着眼点不是水的自然之美，而是试图通过水这个介质，架起水之美与人之善之间的内在联系的桥梁，以放大 "水德" 的社会意义和价值，并推衍出儒家立身处世的道理和治人治世的准则。

5.2　孟子 "观水明德"

"亚圣" 孟子两次游齐，到齐国的海滨观澜听涛，肯定是以自己内心深处的一把准尺来观波澜汹涌的大海，其 "观水有术，必观其澜"。孟水观水的 "术"，是角度、高度、广度，是视野，是方法论，是世界观。首先是 "观于海者难为水"，是追求大视野。其次是 "必观其澜"。波澜者，必有源头，必有动力，方能生成大波，观澜就是观其源头，察其动力，着眼根本，鼓励人们积极向上，奋发进取。可见孟子对水的认识还是别具慧眼的，孟子正是从水的自然形态和功能中寻觅和挖掘对人生社会的深切体验和认识，才形成了自己的以 "性善论" 和 "仁爱论" 为核心的思想体系。

---

① 曹大中：《白话韩诗外传》，岳麓书社，1994 年。
② 程翔：《说苑》，商务印书馆，2018 年 3 月。

孟子曰："人性之善也，犹水之就下也。人无有不善，水无有不下。"（《孟子·告子上》）"民之归仁也，犹水之就下，兽之走圹也。"（《孟子·离娄上》）孟子以"水之就下"提出了性善论的"四端"说："恻隐之心，人皆有之；羞恶之心，人皆有之；恭敬之心，人皆有之；是非之心，人皆有之。恻隐之心，仁也；羞恶之心，义也；恭敬之心，礼也；是非之心，智也。仁、义、礼、智，非由外铄我也，我固有之也。"（《孟子·告子上》）

孟子认为，人一生下来就具有"恻隐之心""羞恶之心""恭敬之心"和"是非之心"，这四心是仁、义、礼、智这四大伦理道德规范的根芽，即"四端"，而这"四端"亦犹"水之就下"，是人性中本有的、固有的。

孟子提出"孔子登东山而小鲁，登泰山而小天下。故观于海者难为水，游于圣人之门者难为言。观水有术，必观其澜。日月有明，容光必照焉。流水之为物也，不盈科不行。君子之志于道也，不成章不达"（《孟子·尽心上》）。"盈科"是水的本性，不"盈科"就不"前进"。逝水东流，百转千回，脚踏实地，锲而不舍的"盈科"精神，正是立志行道的君子所追慕和效法的。"盈科而后进"是流水的品质和追求；"成章而后达"是求学做人的标准和境界。

"源泉混混，不舍昼夜，盈科而后进，放乎四海。有本者如是，是之取尔。苟为无本，七八月之间雨集，沟浍皆盈；其涸也，可立而待也。故声闻过情，君子耻之。"（《孟子·离娄下》）

孟子说："有源的泉水滚滚奔涌，不分昼夜，注满了低洼的坑、坎又继续前进，一直流向四海。有本源的都是这样，就取它的这个特点而已。如果没有本源，到七、八月间雨水滂沱，大沟小渠都满了，但它们干涸也是很快的。所以名声超过实际，君子认为是耻辱的事。"

"源泉混混，不舍昼夜，盈科而后进"的水之态势，以其独特的本性魅力，展现出丰厚的精神内涵。以孟子为代表的古代先贤，从价值观层面，对"源泉混混，不舍昼夜，盈科而后进"之水蕴含的精神内涵进行了不懈的探寻和深度的挖掘。"源泉混混，不舍昼夜，盈科而后进"之水态势折射出了对远大理想的执着追求，蕴含着坚不可摧的信念，彰显了脚踏实地、循序渐进的实践方法和锲而不舍的奋斗精神。

孟子还推崇大禹，除了他自己对大禹的人格事功佩服得五体投地外，更期望当时的统治者效法大禹：以天下为己任，尽心竭力为民造福。孟子推崇大禹，还因为大禹治水采用取了"行其所无事"的科学态度，即在治水中采取了遵循水之本性的治水方法——"疏导"，为后人树立了按自然规律办事的光辉典范。

"如智者若禹之行水也，则无恶于智矣。禹之行水也，行其所无事也。如智者亦行其所无事，则智亦大矣。"（《孟子·离娄上》）

"子过矣。禹之治水，水之道也。是故禹以四海为壑，今吾子以邻国为壑。水逆行，谓之洚水。洚水者，洪水也，仁人之所恶也。吾子过矣。"（《孟子·告子下》）

5.3 荀子"观水明德"

荀子观大水，从水与水承载物的相互作用方面，提出了极为著名的"君舟民水"论："马骇舆，则君子不安舆；庶人骇政，则君子不安位。马骇舆，则莫若静之；庶人骇政，则莫若惠之。选贤良，举笃敬，兴孝弟，收孤寡，补贫穷。如是，则庶人安政矣。庶人安政，然后君子安位。传曰：'君者、舟也，庶人者、水也；水则载舟，水则覆舟。'"（《荀子·王制》）

荀卿看着东逝之水，看着水中的一叶扁舟，时倾时覆，时显时亡，这正如朝代的更替，君王的选换。由此明确把君与民的关系比作舟与水的关系，强调水的力量可载舟亦可覆舟，以此警告当权者："君王之舟"要靠"人民之水"来承载，君主为民，实行王道，推行仁政，则国泰民安，君王之舟就会稳如泰山；反之，君王施行暴政，压榨百姓，"君王之舟"就会倾覆在惊涛骇浪之中。基于这种认识，荀卿继孔孟提出推行仁政德治之后，提出了"惠民""爱民"的主张。

荀子还从"源与流"关系，认定君与民是相互影响、互相依存的互动关系："君者，民之原也；源清则流清，源浊则流浊。故有社稷者而不能爱民，不能利民，而求民之亲爱己，不可得也。"（《荀子·君道》）

君为民之主，君为源，民为流，源清流清，源浊源浊，欲正本清源，首先要正君，即使君成为遵守法度、道德高尚的表率，只有君上以礼义对待臣下，尚贤使能，清心寡欲，臣下才会以忠信报达君上，才能"赏不用而民劝，罚不用而民服"。

荀子对君与民的关系作出了这种理性的思考，不仅在当时很伟大，对后世的影响也是不可估量。千载之后，一代帝王唐太宗李世民，便将这种"君民关系"作为自己执政的座右铭。与魏征、房玄龄等大臣讨论政务时，一再强调："求木之长者，必固其根本；欲流之远者，必浚其泉源；思国之安者，必积其德义。源不深而望流之远，根不固而求木之长，德不厚而思国之治……载舟覆舟，所宜深慎。"[①] "为君之道，必须先存百姓。若损百姓以奉其身，犹割股以啖腹，腹饱而身毙。若安天下，必须先正其身，未有身正而影曲，上治而下乱者。"[①] 李世民还意味深长地说："可爱非君，可畏非民。天子者，有道则人推而为主，无道则人弃而不用，诚可畏也。"[①] 这种极有见地的思想，一直是"明君""贤臣"们信奉的圭臬。

荀子观大水而提出水蕴含的"载"和"覆"二重性，所谓"载"是指社会整体的稳定和社会结构的维持，所谓"覆"是指社会整体的失稳和社会结构的解体。针对水"覆"舟的动力机制，荀子又提出"欹器"论，着眼于水与器相互作用的动态过程。

"孔子观于鲁桓公之庙，有欹器焉，孔子问于守庙者曰：此为何器？守庙者曰：此盖为宥坐之器。孔子曰：吾闻宥坐之器者，虚则欹，中则正，满则覆。孔子顾谓弟子曰：注水焉。弟子挹水而注之。中而正，满而覆，虚而欹，孔子喟然而叹曰：吁！恶有满而不覆者哉！子路曰：敢问持满有道乎？孔子曰：聪明圣知，守之以愚；功被天下，守之以让；勇力抚世，守之以怯，富有四海，守之以谦：此所谓挹而损之之道也。""虚则欹，中则正，满则覆"，这是荀子对欹器结构进行的客观的受力分析。

就形状而言，欹器是开口向上的倒置钟形结构。在所有的空间体中，金字塔式的四面体重心最低，其位置在距底面高度的四分之一处；长方体、圆柱体的重心，其位置在距底面高度的二分之一处；其他多面体的重心，其位置在距底面高度的二分之一至四分之一处。空载时的欹器的重心亦位于距底面高度的二分之一到四分之三之间，而欹器的重心略高于支点位置，这就造成"虚而欹"，当向欹器注水时，水位与支点位置齐平时，注水欹器的重心低于支点，造成"中而正"。继续注水时，注水欹器的重心逐步升高，最终高于支点，而注水时欹器的微小摆动

---

① 骈宇骞：《贞观政要》，中华书局，2011 年。

会形成倾覆力矩，造成"满而覆"。后世思想家从敧器中得到的启示主要偏重于道德修养，如"满招损、谦受益"等。实际上，敧器揭示了社会结构失稳的动态过程，民怨的沸腾、社会结构重心的上升最终导致整体失稳。

总之，儒家观水崇尚至动、至刚、至德，而孔子、孟子、荀子各有不同：孔子观动水，从水的流动中感悟时空的变迁，获得心灵感动，启迪人生，开发智慧，将仁与智挂钩；孟子观波澜，从充满活力，气势磅礴、扩张"有本"的动势中，获得积极进取、入世有为的动力，将仁与义相联；荀子观大水，导出道德教化的标准，观水舟、水器，着眼于水与物的相互作用，悟出社会稳定的真谛，将仁与德统一。宋代画家董逌《广川画跋论山水画·书孙白画水图》中曰："要知画水者先观其源，次观其澜，又次则观其流也。不知此者，乃陊池水中尔。故知汪洋涵蓄，以滔为平；引脉分流，以澹淡为势……此真天下之水者也，亦知求于此乎？"[1]这里"画水者先观其源，次观其澜，又次则观其流"，正好道出了儒家三贤观水尚动之道。

---

[1] 俞剑华：《中国古代画论类编》（山水篇），人民美术出版社，1957 年。

第 6 章　道家"尚水崇道"

"山水有灵，亦当惊知己于千古矣。"[①]水的灵气让道家代表人物老子、庄子等为之驻足与陶醉，水的美德让老子、庄子为之赞叹与感怀，更启迪了老庄的"水性哲学"。"如果有一个共同的原则支配着自然界与人类思想，那么，伦理价值就能够通过考察自然原则探求。"[②]即人类通过体察水及与水有关的自然现象，就能够洞悉人类社会运行发展的规律，更能体悟到尽虚空、遍法界的"常道"。一式以敝之：

$$\lim_{\substack{-\infty < T \to +\infty}}^{\Omega \to +\infty} 水 \Leftrightarrow 道$$

式中，T 表示时间，公式表达的意义是："在时空趋向于无穷时，水等价于道。"

公式是规律的数学描述，具有普遍性，是从具体纷繁的物理现象内部抽象出的共性规律，是认识和支配物理现象发展和演化的工具；它来自物理现象，又支配着物理现象世界，是人类认识现象世界、理解现象世界和与现象世界和谐相处的要旨。

6.1　老子"尚水崇道"

老子（约公元前 571—？），楚国人，道家思想的创始人，是中国古代最有影响的思想家、哲学家之一。老子晚年著书上下两篇，共五千多字，即流传至今的《老子》，也叫《道德经》。《老子》的思想博大精深，其最高范畴或中心观念是"道"，次高范畴或中心观念是"德"，而"道"与"德"二者是自通相应和相辅相成的。

---

① 陈桥驿、王东：《水经注》，中华书局，2016 年 3 月。
② 艾兰：《水之道与德之端——中国早期哲学思想的本喻》，张海晏译，上海人民出版社，2002 年 3 月。

通观老子的整个哲学体系，都是围绕着他所预设的"道"与"德"而展开的，其出发点和落脚点则是"人法地，地法天，天法道，道法自然"①。从某种意义上说，老子的哲学，就是法天象地的人生哲学。

在老子的思维里，水成了"道"的象征和载体，道家讲水，老子讲水之道，如"渊兮，似万物之宗""大道氾兮，其可左右"（《老子·第三十四章》）。

6.1.1 "上善若水"说

为了阐明"道"与"德"这两个大的范畴的底蕴与精意，《老子》用了一个非常著名的比喻："上善若水，水善利万物而不争，处众人之所恶，故几于道。居善地，心善渊，与善仁，言善信，正善治，事善能，动善时。夫唯不争，故无尤。"老子认为，"道"无为无不为，但它至大至公，没有一点"私心杂念"，应是最高最大的善。但"道"恍惚无形、玄而又玄，似乎不是用什么话语就能够说明白的。那怎么办呢，老子思来想去，比较而言，认为唯有水，或许还能说明道的某些特征。譬如说，水尽管是有形的具体事物，但它却具有滋养万物生命而不争的无私德行，而且水往洼地流，甘居卑下的地位。水的这种自然而然地"不争""处下"的特性，恰恰与老子"道"的品格类似，也有近乎"万物恃之以生而不辞，功成而不居，衣养万物而不为主"的地方，与"万物作而弗始，生而弗有，为而弗恃，功成而弗居"，也有相当大的可比性。可以说，以水载"道"，的确是老子哲学思维方式。

老子论道讲水，以水载"道"，目的是让人们学习水、效法水，即一个人的操守应遵循"道"之"上善"，要像水那样善于自处而甘居下方；心地应遵循"道"之"上善"，要像水那样善于容纳百川而深沉静默；行为应遵循"道"之"上善"，要像水那样无私仁爱；说话应遵循"道"之"上善"，要像水那样准平有信；为政应遵循"道"之"上善"，要像水那样公正平衡；做事应遵循"道"之"上善"，要像水那样无所不及而又无所不能；行动应遵循"道"之"上善"，要像水那样善于把握时机适时而动；总而言之，所作所为应遵循"道"之"上善"，像水那样与物不争，与事不争，如此坚持不懈地做下去，一定会永无过患而安然处顺。这里，

---

① 冯达甫：《老子译注》，上海古籍出版社，1991 年 5 月。

老子强调的是，只有遵循“道”的至大至公、一无私欲，才能达到或保持“不争”与“处下”的“上善”境界。“不争”，是老子“道”的重要体现，是“上善”的重要准则。所谓“得道”，实际上就是得到或达到了“若水”一样“上善”。老子“不争”观念的真实含义，是指像水那样“利万物而不争”，讲的是“为而不争”，不要去争那些违背“利万物”准则的其他东西，绝不是什么要放弃一切追求“上善”的作为与行动，恰恰相反，老子极力提倡人们像水一样去“为”，有“利万物”的道德操守和能力水平，即使获得应有尽有的成果，也不恃才傲物或据为己有，而甘愿“获一无所获”。

老子讲的“处下”，也是“上善”的一种重要体现。他论“道”：“道之在天下，犹川谷之与江海。”又说：“治大国若居下流，天下之交，天下之牝。”还说：“江海所以能为百谷王者，以其善下之，故能为百谷王。是以圣人欲上民，必以言下之，欲先民，必以身后之……是以天下乐推而不厌。”意思是说，“道”为天下所归依，正如江海为河川所流注一样。由于江海低洼处下，天下的水都下流归汇于它。海纳百川，有容乃大。这里，老子用水的处下而成无量大江大海这一通俗易懂的比方，阐发了善于“处下”的这种“道”一定会有相应的“德”。老子有意提醒人们，欲成王建业者，只有具有像江海一样包容万象的容量，才能得到天下人的归附和拥戴，才能获取更多更大的成功。

老子提出“善水论”的思想之后，诸多睿智贤达之士对“上善若水”倍为推崇。

两汉之际河上公的《老子河上公章句》载道：“上善若水。上善之人，如水之性。水善利万物而不争，水在天为雾露，在地为源泉也。处众人之所恶，众人恶卑湿垢浊，水独静流居之也。故几于道。水性‘几于道’同。居善地，水性善喜于地，草木之上即流而下，有似于牝动而下人也。心善渊，水深空虚，渊深清明。与善仁，万物得水以生。与，虚不与盈也。言善信，水内影照形，不失其情也。正善治，无有不洗，清且平也。事善能，能方能圆，曲直随形。动善时，夏散冬凝，应期而动，不失天时。夫唯不争，壅之则止，决之则流，听从人也。故无尤。水性如是，故天下无有怨尤水者也。”《老子河上公章句》，以法道修身立论，阐释老子“上善若水”的思想，多修身养性之家言。

三国时代王弼著的《道德真经注》言：“上善若水。水善利万物而不争，处众人之所恶，人恶卑也。故几于道。道无水有，故曰，几也。居善地，心善渊，与善仁，言善信，正善治，事善能，动善时。夫唯不争，故无尤。言人皆应于治道也。"①这里，王弼阐释老子"上善若水"的思想，强调了水、道、善的关联。

明朝时期焦竑著的《老子翼》说："天以一生水。盖道运而为善，犹气运而生水也，故曰上善若水。二者皆自无而始成形，故其理同。道无所不在，无所不利，而水亦然。然而既已丽于形，则于道有间矣，故曰几于道。然而可名之善，未有若此者也，故曰上善。避高趋下，未尝有所逆，善地也。空虚静默，深不可测，善渊也。利泽万物，施而不求报，善仁也。圆必旋，方必折，塞必止，决必流，善信。洗涤群秽，平准高下，善治也。遇物赋形而不留于一，善能也。冬凝春泮，涸溢不失节，善时也。有善而不免于人非者，以其争也。水唯不争，故兼七善而无尤。"②从焦竑著的《老子翼》来看，到明时期，对老子"上善若水"思想的注解和研究已出现了一些观念的变化。以焦竑为代表的睿智之士不仅深得老子微旨，而且还糅合儒道以成一体，以易理阴阳象数注解《老子》，赋予老子"上善若水"的思想更为丰富的含义。

老子"上善若水"说对后世尤其是文人墨客影响巨大而深远，其意入文入诗入画，不胜枚举。刘禹锡就是其中一位。他一生爱水赏水，读水思水，写下了诸多脍炙人口咏水篇章。他在《叹水别白二十二》写道："水。至清，尽美。从一勺，至千里。利人利物，时行时止。道性净皆然，交情淡如此。君游金谷堤上，我在石渠署里。两心相忆似流波，潺湲日夜无穷已。"③在《和仆射牛相公寓言二首》中写道："心如止水鉴常明，见尽人间万物情。"③在《竹枝》中写道："长恨人心不如水，等闲平地起波澜。"③在《荷珠赋》中写道："时寄寓于倾欹，每因依于平正。可止则止，必荷之中央；在圆而圆，得水之本性。""虽赋象而无准，必成形而在兹。喻于人则寄之生也，拟于道则冲而用之。自契元珠之妙，何求赤水之遗。"③

6.1.2 水"柔弱胜刚强"说

老子在阐发"上善若水"的命题时，还提出了"柔弱胜刚强"的子命题。老子曰："天下莫柔弱于水，而攻坚强者莫之能胜，以其无以易之。弱之胜强，

① 王弼：《道德真经注》，学苑出版社，2014 年 1 月。
② 焦竑：《老子翼》，华东师范大学出版社，2011 年 6 月。
③ 刘禹锡：《刘禹锡全集》，上海古籍出版社，1999 年。

柔之胜刚，天下莫不知，莫能行。""天下之至柔，驰骋天下之至坚。"在老子看来，世间没有比水更柔弱的，然而攻击坚强的东西，没有能胜过水的东西。水性至柔，却无坚不摧。柔能克刚，可以说是自然界的一条重要法则，而老子哲学则是对这一条法则的高度概括。当然，这里老子所谓的"柔弱"，显然不是通常所说的软弱无力的意思，它只是表面上给人的一种初始印象，或暂时性出现的一种形态，而从长远看，这种"柔弱"则无比坚韧，实质上是一种含而不露的刚强。

"柔弱胜刚强"这个子命题，是老子研究"上善若水""水几于道"总命题时提出的重要思想。这一子命题包含着深邃的辩证法观念，它深入浅出地告诉人们，事物常常会以对立统一的矛盾形式出现，矛盾的双方在一定的条件下可以互相转化。因此，人们一定要把握好"道"的这一原则，在不利的条件下要注意树立自信，积累实力，"以屈求伸"，积小胜为大胜，即柔弱胜刚强；在有利的条件下要居安思危，知雄守雌，避免向不利的方向转化。

归根结底，老子讲这些道理，目标导向非常明确，就是要人们法水象水。如前所述，在老子哲学里，法水象水，是"道法自然"的重要体现，既是人"得道"明理的根本途径，也是人和臻于上善的不二法门。法水象水的意义与价值就在于此。老子法水象水作为一种文化，对于我们理清和处理好人与自然、人与社会、人与人之间的关系，至今仍具有重要的思想启迪和伦理价值。

水弱：老子贵柔，把"柔弱"作为自己生命哲学的重要范畴，而水又是集"柔"的诸多特质于一体的东西，恰好可以凸显老子"柔"的品质。在老子眼中，刚的东西容易折断，柔的东西反倒难以摧折，所以最持久的不是刚强者，反而是柔弱者。"天下莫柔弱于水，而攻坚强者莫之能胜，以其无以易之。弱之胜强，柔之胜刚，天下莫不知，莫以行。"（《老子·第七十八章》）"道常无名，朴。虽小，天下莫能臣。侯王若能守之，万物将自宾。天地相合，以降甘露，民莫之令而自均。始制有名，名亦既有，夫亦将知止，知止可以不殆。譬道之在天下，犹川谷之于江海。"（《老子·第三十二章》）"天下之至柔，驰骋天下之至坚。无有入无间，吾是以知无为之有益。不言之教，无为之益，天下希及之。"（《老子·四十三章》）这里与水相关的意象，上有"甘露"，下有"川谷"，以及处于天地之间的循环中介"江海"。

处下:"江海所以能为百谷之王者,以其善下之,故能为百谷王。是以圣人欲上民,必以言下之;欲先民,必以身后之。"(《老子·第六十六章》)水总是处于别人不愿去的低下的地方,这正是水的价值观。老子把"处下"作为当圣人和高尚的人一条重要标准,说圣人应该把众人的利益放在前面,把自己的利益放在后面。这样人与人才能友好相处,人与自然才能融为一体。也就是教导我们,做人要低调,做事要高调,这样才能为自己留出更大的空间。"天道亏盈而益谦,地道变盈而流谦,鬼神害盈而福谦,人道恶盈而好谦。""谦,尊而光,卑而不可逾,君子之终也。""满招损,谦受益。"无不是教导我们效法水之特性:处下。

受老子的影响,后世崇水者大有人在。宋代史学家、政治家司马光,明末清初思想家王夫之也对水崇尚有加。司马光说:"是水也,有清明之性,温德之厚,常一之操,润泽之功。"[①]王夫之在《老子衍》说:"五行之体,水为最微。善居道者,为其微,不为其著;处众之后,而常德众之先。"[②]这些话,无疑都是在为"上善若水"作注脚。

6.2 文子"尚水崇道"

文子,葵丘濮上人,姓辛氏,号计然,生卒年不详,大概与孔子同时,春秋战国时期的哲学家、文学家、教育家、思想家,是《文子》(即《通玄真经》)一书的作者。《汉书·艺文志》道家类著录《文子》九篇,班固在其条文下注明:"老子弟子,与孔子同时。"

文子的一生颇具传奇色彩,据记载,文子早先是晋国流亡的贵族子弟。他的长相不太令人恭维,给人的感觉貌似平庸,有点愚钝,但他勤奋好学,博学多才,天文地理无所不通,可谓大智若愚。他的学习方法也非同一般,他特别注意观察学习大自然,善于从事物刚露出端倪时知道事物的发展规律,善于从人情世事和人际交往中知道别人的想法。除了酷爱学习观察之外,他还酷爱山水,经常遨游山海湖泽,因此又号称"渔父"。但是,由于他不肯主动游说,自荐于诸侯,所以尽管才冠当世,却不为天下人知,更不可能见用。这也许是他审时度势的一种明

---

① 《司马温公文集》(鼓堆泉记),中华书局,1985 年。
② 《王夫之著作集:老子衍 庄子通 庄子解》,中华书局,2009 年 5 月。

智的选择。据说他在南游到越国的时候，曾经收当时名气很大的范蠡为徒。范蠡想将他推荐给越王，但他却对范蠡说：越王为人，长颈鸟喙，可与共患难，不可与共荣乐。（《史记·越王勾践世家》：范蠡遂去，自齐遗大夫种书曰："蜚鸟尽，良弓藏；狡兔死，走狗烹。越王为人长颈鸟喙，可与共患难，不可与共乐。子何不去？"）后来的事实也证明了他的预见性，范蠡由此更深深地敬佩他，更尊敬他，虚心向他学习。

由于文子思想深邃，处世高明，颇得老子《道德经》真传，后人曾把他和老子相提并论，如王充就说过："老子、文子，似天地者也。"在唐代天宝元年，唐玄宗诏封文子为"通玄真人"，诏改《文子》为《通玄真经》，与《老子》《庄子》《列子》并列为道教四部经典。今本《文子》分十二篇八十八章。十二篇分别为：一、道原，二、精诚，三、九守，四、符言，五、道德，六、上德，七、策明，八、自然，九、下德，十、上仁，十一、上义，十二、上礼。

文子"尚水崇道"思想与老子既一脉相承，又新解迭出。

其一，相比老子"水几于道"和"上善若水"，文子则直接称"水为道也"，称水"是谓至德"，或者说文子把"水几于道"和"上善若水"讲得更完全彻底了。文子曰："天下莫柔若于水。水为道也，广不可极，深不可测，长极无穷，远沦无涯，息耗减益，过于不訾，上天为雨露，下地为润泽，万物不得不生，百事不得不成，大苞群生而不费，行不可得而穷极，微不可得而把握，击之不创，刺之不伤，斩之不断，灼之不熏，绰约流循而可靡散，利贯金石，强沦天下，有余不足，任天下取与，禀受万物而无所失后，无私无公，与天地洪同，是谓至德。夫水所以能成其至德者，以其绰约润滑也。"[1]

文子上述话语为后世学人不断传承引用，如汉代刘安等编著的《淮南子·原道训》引用并改为：

"天下之物，莫柔弱于水，然而大不可极，深不可测，修极于无穷，远沦于无涯，息耗减益，通于不訾。上天则为雨露，下地则为润泽；万物弗得不生，百事不得不成。大包群生，而无好憎；泽及蚑蛲而不求报，富赡天下而不既，德施百姓而不费；行而不可得穷极也，微而不可得把握也。击之无创，刺之不伤，斩

---

[1] 《文子·道原篇》，见《文子校释》，上海古籍出版社，2004年。

之不断，焚之不然（燃），淖溺流遁，错缪相纷，而不可靡散。利贯金石，强济天下。动溶无形之域，而翱翔忽区之上；遭回川谷之间，而滔腾大荒之野。有余不足，与天地取与，授万物而无所前后。是故无所私而无所公，靡滥振荡，与天地鸿洞；无所左而无所右，蟠委错紾，与万物始终。是谓至德。夫水所以能成其至德于天下者，以其淖溺润滑也。故老聃之言曰：'天下至柔，驰骋天下之至坚，出于无有，入于无间。吾是以知无为之有益。'"①

在这篇水的颂歌中，作者赞赏水具有"柔而能刚""弱而能强"、无私厚德，浩大无比、无所不能等品德，这里的"水"，不仅是至德，简直就是"道"的化身了。

其二，相比于老子"人法地，地法天，天法道，道法自然"，文子则更直接地提出"江海近于道""圣人以道镇之，法于江海"。文子曰："古之善为君者法江海，江海无为以成其大，窊下以成其广，故能长久。为天下溪谷，其德乃足，无为故能取百川，不求故能得，不行故能至。是以，取天下而无事。不自贵故富，不自见故明，不自矜故长，处不有之地故为天下王，不争故莫能与之争，终不为大故能成其大。江海近于道，故能长久，与天地相保。"②曰："是以圣人以道镇之，执一无为，而不损冲气，见小守柔，退而勿有，法于江海。江海不为，故功名自化；弗强，故能成其王；……江海处地之不足，故天下归之奉之。"③

其三，相比于老子"心善渊"，文子则更直接推崇"鉴于澄水"。文子曰："神者，智之渊也；神清则智明。智者，心之府也；智公则心平。人莫鉴于流潦而鉴于澄水，以其清且静也，故神清意平乃能形物之情，故用之者必假于不用者。夫鉴明者，则尘垢不污也；神清者，嗜欲不误也。故心有所至，则神慨然在之，反之于虚，则消躁藏息矣，此圣人之游也。故治天下者，必达性命之情而后可也。"③又曰："非淡漠无以明德，非宁静无以致远，非宽大无以并覆，非正平无以制断。"④

文子"鉴于澄水"的思想，后被中医养生学所吸纳。《古今医统大全》卷之九

---

① 《淮南子·原道训》，见张双棣《淮南子校释》，北京大学出版社，1997年。
② 《文子·自然篇》，见《文子校释》，上海古籍出版社，2004年。
③ 《文子·九守篇》，见《文子校释》，上海古籍出版社，2004年。
④ 《文子·上仁篇》，见《文子校释》，上海古籍出版社，2004年。

十九 "养生余录（上）" 进一步阐发道："形者，生之气也；心者，形之主也；神者，心之宝也。故神静而心和，心和而形全；神躁则心荡，心荡则形伤。将全其形也，先在理神。故恬和养神，则自安于内；清虚栖心神，则不诱于外。神恬心清，则形无累矣。虚室生白，人心苦空。虚则纯白不浊，吉祥至矣。人不照于昧爽而照于莹镜者，以莹能朗也；不鉴于流波而鉴于静水者，以静能清也。镜水以清明之性，故能照物之形。由此观之，神照则垢灭，形静而神清。"

《淮南子·主术训》引用了文子上述话语："人主之居也，如日月之明也，天下之所同侧目而视，侧耳而听，延颈举踵而望也。是故非淡薄无以明德，非宁静无以致远，非宽大无以兼覆，非慈厚无以怀众，非平正无以制断。"[①]更为大家所熟悉的是，到了三国时，诸葛亮在《诫子书》中再次引用，改为 "非淡泊无以明志，非宁静无以致远"。

6.3　庄子 "尚水崇道"

庄子（约公元前 369 年—公元前 286 年），名周，战国中期宋国（今河南省商丘市）人。他是继老子之后道家最主要的代表，也是我国古代著名的哲学家。庄子的文化思想，主要保存在《庄子》一书中。《庄子》是中国古代哲学及文学宝库中的一颗明珠，同时也是中国水文化的瑰宝。

庄子把 "水性" 归结为 "养神之道"。在庄子的思维里，水不再是具体的物象，而是综合的整体环境："长于水而安于水，性也；不知所以然而然，命也。" 又曰："水之性，不杂则清，莫动则平；郁闭而不流，亦不能清；天德之象也。故曰：纯粹而不杂，静一而不变，淡而无为，动而以天行，此养神之道也。"[②]由水静导出 "无为" 继而 "养神" 的修身法则。

在庄子的世界里，水一般都不是具体而微的水，而是整体的水。庄子喜欢从游水中体悟人生境界，即逍遥的境界。

---

① 《淮南子·主术训》，见《淮南子校释》，张双棣校释，北京大学出版社，1997 年。
② 杨柳桥：《庄子译注》，上海古籍出版社，2006 年 11 月。

6.3.1 "水静犹明"说

和老子一样，庄子也喜欢从水中感悟和阐发其深邃的"道"理，但他的思维方法和表达方式与老子有很大不同。老子以水论"道"，大多直奔主题，言简意赅，一语中的；庄子则另辟蹊径，他总是把深邃的理性思考寓于奇特瑰丽的寓言故事之中，即通过编织奇特的水的寓言故事，来阐发深奥、抽象的哲学道理。老子为我们设计的"道"是恍惚无形的，是感官所不能感知的，正如他自己讲的"道可道，非常道；名可名，非常名"。显然不是很容易使人懂。以庄子的绝顶聪明，肯定清楚地知道这个问题。为了让人们更好地体道悟道，庄子采取了形象思维同逻辑思维相结合的方法，一方面讲了不少生动、形象的水的寓言故事，同时又用"静水"来做比喻，教给我们一个直观识"道"的办法——静观法，提出了"水静犹明"说，进一步丰富和拓展了法水象水思想文化。

《庄子》曰："万物无足以铙心者，故静也。水静则明烛须眉，平中准，大匠取法焉。水静犹明，而况精神圣人之心静乎！天地之鉴也，万物之镜也。夫虚静、恬淡、寂寞、无为者，天地之平而道德之至，故帝王圣人休焉。休则虚，虚则实，实则备矣。虚则静，静则动，动则得矣。"（《庄子·天道》）"水之性，不杂则清，莫动则平；郁闭而不流，亦不能清。天德之象也。故曰：纯粹而不杂，静一而不变，淡而无为，动而天行，此养神之道也。""平者，水停之盛也，其可以为法也，内保之而外不荡也。"

本来，水静则平是一种自然状态，是水自然的一种特性。但庄子却发散思维，发现了静水"虚静"状态与体道悟道须有"虚静"心态之间灵犀相通。在庄子看来，水之平、静、明，是"天德之象也"，完全可以作为"天地之鉴""万物之镜"，乃至"圣人之心""养神之道"和"道德之至"。这正与老子"无为"的思想相一致，与庄子所推崇的"虚静、恬淡、寂寞、无为"的人格修养相符合。"帝王圣人休焉"，也就是帝王圣人之心就像绝对静止的死水一般，不受任何外界因素的影响，其内心也没有任何波动。唯有达到这种无忧无虑无为的心境，才能够接近"道"。同时庄子还以静水若镜可以明鉴天地万物的自然现象，譬喻心静则可以明察天地之精微，了悟万物之玄妙。反之，水动则泥沙俱起，浑浊浮动，如人心就可能导致物欲横生，阴暗逆袭，心浮气躁，圣人之心荡然无存，大道至公无从说起。此所谓"其嗜欲深者,其天机浅"。

庄子提出止水静观之喻,并认为"其可以为法也",就是要人们效法静水,时刻保持人性安定平静,从而以一种不偏不倚、公正无私的心态识别和对待万事万物;否则,如果被世俗社会的功名利禄等物欲所困扰,就会像动水引起浑浊一样,失去晶莹剔透之心灵,也就不能以虚静自然之心来感应宇宙天地的玄机。

6.3.2 "万川归海"说

老子讲:"有物浑成,先天地生。寂兮寥兮,独立而不改,周行而不怠,可以为天下母。吾不知其名,强字之曰道,强为之名曰大。大曰逝,逝曰远,远曰返。"庄子讲的"道"也是同样无限、至大。庄子喜欢和善于宣讲"道"如何无限、至大,他往往用浩淼的大海作比,并且在繁复多样的相互比较中描写这种无限、至大。在庄子那里,"大"具有超越现实局限、恣意逍遥的特性。《庄子·逍遥游》篇中的北冥、天池以及巨鲲、大鹏,都是庄子哲学中至大的象征——由巨鲲潜藏的北冥,到大鹏展翅高空而飞往的天池,拉开了一个比一个大的无穷开放的空间系统,创造出了一个广阔无边的大世界。反过来看,原来巨大无比的东西相对于更大的形体又显得那么微不足道。在庄子那里,江河湖海尤其是大海也常常是用来表现至大的物象。庄子曰:"夫道,渊乎其居也。……覆载万物者也,洋洋乎大哉!"这里,庄子以深广无际的大海比况"道",这和老子喻"道"有一脉相承之处,让人们感受到"道"的渊深和博大。

在《庄子·秋水》中,庄子精心编制的关于水的寓言故事,更是把庄子之"道"的深邃内涵表现得淋漓尽致:"秋水时至,百川灌河,泾流之大,两涘渚崖之间,不辨牛马。于是焉河伯欣然自喜,以天下之美为尽在己。顺流而东,至于北海,东面而视,不见水端。于是焉河伯旋其面目,望洋向若(北海神)而叹曰:……今我睹子之难穷也,吾非至于子之门,则殆矣,吾长见笑于大方之家。"这里,庄子拿具体、单个的河水与"不见水端"的北海之水相比,分明是有限的现实和无限的"道"的精妙比况。河伯作为大河之神,看到自己浩荡东流的样子,感到十分得意,以为天下之水都不能和自己相媲美;当他看到浩淼无垠的大海时,才发现自己原来是那样渺小。的确,"天下之大水,莫大于海。万川归之,不知何时止而不盈;尾闾泄之,不知何时已而不虚;春秋不变,水旱不知。此其过江河之流,不可为量数。"(《秋水》)万川之水受陆地上旱涝条件的限制,有盈有枯;而大海却"春秋不变,水旱不知",超越了时空、因果、条件等各个方面,表现为永恒、不变、无限、绝对,这不正是庄子之"道"的真切内涵吗!正如庄子本人所言,"道"是"注焉而不满,酌焉而不竭"。

《庄子·秋水》中,还记载了一则著名的"井中之鼃"的故事,同样深刻地表达了无限之"道"与有限事物的差别。井中之鼃认为自己"擅一壑之水",有无穷的美和快乐,他甚至请来东海之鳖来欣赏他在井中的惬意生活,但"东海之鳖左足未入,而右膝已絷矣",只好"逡巡而却"。于是海龟便把大海的壮观情形告诉给了井龟:"夫千里之远,不足以举其大;千仞之高,不足以极其深。禹之时十年九潦,而水未加益;汤之时八年七旱,而崖不为加损。夫不为顷久推移,不以多少进退,此亦东海之大乐也。于是陷阱之鼃闻之,适适然惊,规规然自失也。"井中之鼃与河伯心态惊人地一致,都是局限于小而未见于大,自然也会见笑于大方之家。对此,庄子还以北海神为代言人,为我们分析了井中之鼃之所以坐井观天的原因:"井鼃不可语于海者,拘于虚也。"因受时空等条件的限制,才没看到自己的渺小。由物及人,这则寓言告诫我们,人往往由于受各方面条件的限制和礼教的束缚("拘于虚""笃于时""束于教"),打不开心量,只见树木不见森林。因而只有打破心胸被俗事的禁锢,超越时空的局限和自身的局限放眼认识身外广阔的世界,才不会像河伯、井龟那样坐井观天,自以为是;也只有以开放的心灵去认识世界,才会超凡脱俗,进入超拔高远的境界。

6.3.3 "水浅无力负大舟"说

在《庄子·逍遥游》中,庄子在创造出一个巨鲲潜北冥、大鹏展翅图南的浩瀚气象之后,又向我们讲述了一个寓于"水浅无力负大舟"之中的大道理,即唯有遵循大道才能走向大成。《庄子》曰:"夫水之积也不厚,则其负大舟也无力,覆杯于坳堂之上,则芥为之舟;置杯焉则胶,水浅而舟大也。"正如北冥不深则无以养大鱼和风积不厚无以展大翼一样,水积不厚则无以浮大舟。鲲如果不在大海之中深蓄厚养,就不能化而为鹏;大鹏扶摇直上,靠的是九万里厚积的风。如若不然,"则其负大翼也无力"。

庄子讲这些,本意是说世界万事万物都是"有待"的,一切皆以"有待"而转变。"有待"包括"自待"和"他待",任何事物的生发变化都是"自待"和"他待"相互对应、相互作用的结果,离开"自待"和"他待",就什么也不存在了。庄子的这一思想观点是非常深刻的,也是非常积极的。他有意无意地告诉我们,要想成事成功、成人成才,必须积累和创造成事成功、成人成才所必备的自身优势,同时,还要善于借助各种外界所能提供的机会及条件。照此而论,包括庄子理想中的"逍遥游",也同样需要把握好"自待"和"他待"的关系,就如同他讲的水与舟的关系一样。不同的是,自由自在的"逍遥游",需要解决的是"自待",是"精神世界能够达到忘我的境界,心目中没有功名和事业,思想修养臻于完美";而"他待"则是"顺应天地万物的本性,驾驭着六气的变化,遨游于无穷的境地"。总之,"自待"与"他待"需要趋于"道"的境界方能"逍遥游"。用庄子的话说,"若夫乘天地之正,而御六气之辩,以游无穷者,彼且恶乎待哉?故曰:至人无己,神人无功,圣人无名。"(《逍遥游》)

庄子通过对各式水体和水态的奇思妙悟来表达他那深邃的哲理,阐释玄妙之"道"与水的关系,以水明理,以水明道,在为我们理解《庄子》之"道"打开一层一层"窗户纸"的同时,也给予我们认识自然、社会和人生精神世界以莫大的启示。庄子的法水象水思想的价值意义也正在于此。

庄子的法水象水思想影响到后世许多学问大家。北宋时期,集理学家、数学家、道士、诗人于一身的邵雍就是其中之一。邵雍当时名气很大,与周敦颐、张载、程颢、程颐并称"北宋五子"。邵雍生于林县上杆庄,今河南林州市刘家街村邵康村。他在诗里写道:"着身静处观人事,放意闲中炼物情。去尽风波存止水,世间何事不能平。"(《天津感事二十六首》)[①]"水能平而不能直,绳能直而不能平。安得绳水为人情,而使天下都无争。"(《绳水吟》)有趣的是,他又写了另一首《绳水吟》:"有水善平难善直,唯绳能直不能平。如将绳水合为一,世上何忧事不明。"[①]

6.3.4 "君子之交淡若水"说

"君子之交淡若水"出自《庄子·山木篇》:"孔子问子桑雽曰:'吾再逐于鲁,伐树于宋,削迹于卫,穷于商周,围于陈蔡之间。吾犯此数患,亲交益疏,徒友

---

① 邵雍:《邵雍全集》,上海古籍出版社,2015 年 9 月。

益散,何与?'子桑雽曰:'子独不闻假人之亡与?林回弃千金之璧,负赤子而趋。或曰:"为其布与?赤子之布寡矣;为其累与?赤子之累多矣。弃千金之璧,负赤子而趋,何也?"林回曰:"彼以利合,此以天属也。"夫以利合者,迫穷祸患害相弃也。以天属者,迫穷祸患害相收也。夫相收之与相弃亦远矣。且君子之交淡若水,小人之交甘若醴;君子淡以亲,小人甘以绝。彼无故以合者,则无故以离。'孔子曰:'敬闻命矣!'"

这段话说的是,孔子问子桑雽说:"我再次被鲁国驱逐,在宋国遭逢伐树之险,在卫国被拒绝入境,困穷于宋国和成周,在陈蔡之间受围困。我遭遇这么多次患难,亲朋老友愈加疏远,学生和朋友不断散去,为什么呢?"子桑雽说:"您难道没有听说假国人逃亡之事吗?其逃亡之民林回放弃价值千金的玉璧,而背负着婴儿逃走。有人说:'是为钱吧?小孩子值钱很少;为了怕沉重吗?小孩子又比玉璧重得多。舍弃价值千金的玉璧,背负婴儿逃难,为什么呢?'林回说:'那是与利相合,这是与天性相合。'以利相合,遭遇困穷灾祸危难则相互抛弃;以天性相合,遭遇困穷灾祸危难则相互容纳。相互容纳与相互遗弃相差甚远,而且君子之交淡如水,小人之交甘美如甜酒。君子淡漠而相亲,小人甘美而易断绝。那些没有以利相合的,也就不会以利相离。"孔子说:"敬听您的教诲!"

显而易见,所谓"君子之交淡若水",意思是指君子之间建立在"天性相合"基础上的交情纯净清淡如水。庄子这里的"淡如水"不是说君子之间的感情淡得像水一样,而是指君子之间的交往区别于小人之间的交往,他们的友谊不是建立在相互利用的基础上,那种表面看起来"甘若醴",而一旦对方满足不了自己功利的需求时就立马断绝的"小人之交",是君子所不齿的。

应当指出,"淡"是庄子哲学中的一个重要概念,是庄子哲学最高范畴"道"的一种自然而然的自在状态。"淡"就是什么味道都没有,咸甜苦辣麻都没有,也就是"无"。在中国古代道家文化中,老子最先提出"人法地,地法天,天法道,道法自然",希望人们将"道"作为人生的最高理想追求和行为处世的导向。庄子继承老子的"道",主张人生应顺从和融合于自然而然、素朴真率、天性自在的"道",并且用大量的论说,指明人生修道的目标或者说人生的理想人格应该是"无名""无功""无己"。庄子所谓的"淡",说到底是一种"天性",即"无名""无功""无己",即破除自我与非我的对立、非我与非我的对立、自我与自我的对立,洗刷内心中功名利禄的观念，不能为朋友做了件好事，便觉得自己应该得到什么。作为圣人抑或君子，不应该依仗自己对别人有恩惠而达到利己的目的，理应"游心于淡，合气于漠，顺物自然而无容私"。君子是得道的人，"君子之交"（交往、交际）要遵循"道"的理性法则及其人生理想的要求，心清、心空，像一潭止水一样安详、宽容、谦下，这就是"淡"的境界。

时至当代，"君子之交淡如水"，不仅没有过时，而且依然常用常新。

6.3.5 水"有大美而不言"说

庄子的文字汪洋恣肆，意象雄浑飞越，想象奇特丰富，情致滋润旷达，用水建立自己的美学，"天地有大美而不言"，《秋水》表现水之"大美"："秋水时至，百川灌河。泾流之大，两涘渚崖之间，不辩牛马。于是焉河伯欣然自喜，以天下之美为尽在己。""且彼方跐黄泉而登大皇，无南无北，奭然四解，沦于不测；无东无西，始于玄冥，反于大通。""原天地之大美，而达万物之理。""淡然无极而众美从之。""朴素而天下莫能与之争美。"无论是得意忘言的境界美，还是"顺其自然"的自然美；无论是"复归于朴"的朴拙美，还是大道至简、虚实相生的简约美、"精诚之至"的真诚美，庄子的美学命题，均由水的静、清、淡特性演绎而出。

最为奇特的是，庄子在《秋水》篇中讲一个著名的寓言：

秋水时至，百川灌河。泾流之大，两涘渚崖之间，不辩牛马。于是焉河伯欣然自喜，以天下之美为尽在己。顺流而东行，至于北海，东面而视，不见水端。于是焉河伯始旋其面目，望洋向若而叹曰："野语有之曰：'闻道百，以为莫己若者。'我之谓也。且夫我尝闻少仲尼之闻而轻伯夷之义者，始吾弗信；今我睹子之难穷也，吾非至于子之门则殆矣，吾长见笑于大方之家。"北海若曰："井蛙不可以语于海者，拘于虚也；夏虫不可以语于冰者，笃于时也；曲士不可以语于道者，束于教也。今尔出于崖涘，观于大海，乃知尔丑，尔将可与语大理矣。天下之水，莫大于海：万川归之，不知何时止而不盈；尾闾泄之，不知何时已而不虚；春秋不变，水旱不知。此其过江河之流，不可为量数。而吾未尝以此自多者，自以比形于天地，而受气于阴阳，吾在于天地之间，犹小石小木之在大山也。方存乎见少，又奚以自多！"

　　如今看来，河伯与北海若的对话，可以视为大河文明向海洋文明学习和请教，是对大河文明进行反思。这是庄子区别于其他诸子的高明之处。河伯"顺流而东行，至于北海，东面而视，不见水端"，遂有"见笑于大方之家"的检讨，审视故步自封、坐井观天的思维定式。令人意外的是，对话不是阐述大河文明应如何向海洋文明拓展，而是由河、海的大小，论及物之贵贱，引申出道之终始，最后理顺天人关系"谨守而勿失，是谓反其真"。问答的核心是拓宽视野，改变思路，荡涤心灵。

第 7 章　佛家"譬水喻经"

虽然佛与水并没有直接的"血缘"关系，但是佛理与水性依稀仿佛，佛家以克动入静的方式修习佛法，与水静则清的原理也大为相似，加之佛理禅意只可意会不可言传的玄妙深邃，致使佛家常常用水的形象与变化阐释佛理、描述禅思，因此，佛与水就结下了文化互释的渊源。水的动静变化与心的动静体验被释家拈入到修道证道的过程中，创生了佛家的净空之水。

7.1　佛家的本性观与"水"

心性论是佛教的核心理论，也是佛教哲学与中国固有哲学的主要契合点。被禅宗依奉为经典的《楞严经》在论述"行阴"（即五遍行中思心所）时，以水设论，以水性诠释禅宗的核心理论——自性论。

"阿难。譬如瀑流，波浪相续，前际后际，不相踰越。行阴当知，亦复如是。阿难，如是流性，不因空生，不因水有，亦非水性，非离空水。如是阿难，若因空生，则诸十方无尽虚空成无尽流，世界自然俱受沦溺。若因水有，则此瀑流性应非水。有所有相今应现在。若即水性。则澄清时，应非水体。若离空水，空非有外，水外无流。是故当知，行阴虚妄，本非因缘，非自然性。""水性不定，流息无恒。""性水真空，性空真水，清静本然，周遍法界。""佛问圆通，我以水性一味流通，得无生忍，圆满菩提，斯为第一。""阿难。譬如清水，清洁本然。即彼尘土灰沙之伦，本质留碍。二体法尔，性不相循。有世间人，取彼土尘，投于净水。土失留碍，水亡清洁。容貌汩然，名之为浊。汝浊五重，亦复如是。"①

在"自性"问题上，印度佛教与中国佛教的区别是性觉和性净，性有和性空。

性觉："菩提自性，本来清净，但用此心，直了成佛。"（《坛经》）"菩提自性"

---

① 赖永海编《楞严经》，中华书局，2012 年 8 月。

指的是人的自性具足成佛智慧，具有觉悟性。"富楼那如一水中现于日影，两人同观水中之日，东西各行则各有日，随二人去一东一西，先无准的不应难言，此日是一，云何各行。"说的是对水中之象的各自顿悟。

性净："性水真空，性空真水，清净本然，周遍法界。""澄浊水贮于净器。静深不动沙土自沈清水理现前。名为初伏客尘烦恼。去泥纯水名为永断根本无明，明相精纯一切变现不为烦恼。"指的是心性本来是寂静、明净、寂灭的，心性虽会为烦恼所遮蔽，但其明净的本性是不变的。

性有："如是流性，不因空生，不因水有，变非水性，非离空水。"水的动力流性，不从虚空而生，也不是水自身具有，更不是水一定要流，但是又离不开空间与流水的作用，既包含性有又包含性空。心性是本觉的、有知的、性有灵明常住不空之体。

性空："水性"，一"不定"，二"同一"，三"真空"，以诸法无性为性，性空指心性有空寂的一面。

《佛说除盖障菩萨所问经》①（经集部卷十四）在解释103种修行时，每种修行均安十法展开，以下是对"水情"的具体解说：

菩萨若修十种法者即得如水。何等为十。一者善法如水流润赴下。二者种植诸善法种。三者信乐欢喜。四者渍坏诸烦恼根。五者自体无杂清净。六者息除烦恼炎炽。七者能止诸欲渴爱。八者深广无涯。九者高下充满。十者息诸烦恼尘坌。

云何是善法流润赴下。譬如大水奔流赴下润泽滋长。菩萨亦复如是。所修善法流润赴下滋长有情。是为菩萨善法如水流润赴下。

云何是种植诸善法种。譬如大地种植一切树林药草由水滋溉增长成结。菩萨亦复如是。广植一切菩提分法种子。定水滋溉数数增长。乃至得成一切智树。以其一切智树获成立故。种种佛法果实繁茂。普为一切有情存济慧命。是为菩萨种植诸善法种。

云何是信乐欢喜。譬如大水自性流润复润于他。菩萨亦复如是。自性爱乐净信欢喜。复能令他一切有情爱乐净信欢喜。爱乐者。所谓乐求出世间法。净信者。

---

① 《佛说除盖障菩萨所问经》，载《乾隆大藏经》，东方出版社，2012年。

信佛法僧。欢喜者。心得清净。是为菩萨信乐欢喜。

云何是溃坏诸烦恼根。譬如大地树林草木为水浸渍而悉溃坏。菩萨亦复如是。以其所修禅定之水。浸渍一切有情烦恼根种。以溃坏故烦恼根种不相续生。秽恶习气亦悉除灭。是为菩萨溃坏诸烦恼根。

云何是自体无杂清净。譬如大水自体无杂而复清净。菩萨亦复如是。自体无杂本性清净。自体者。为离所起随烦恼等。无杂者。不杂贪嗔痴法。清净者。守护诸根极善清净。是为菩萨自体无杂清净。

云何是息除烦恼炎炽。譬如夏月地极炎炽人亦烦热。水能除解悉得清凉。菩萨亦复如是。以其法水息除一切有情界中烦恼炎炽逼迫之苦。是为菩萨息除烦恼炎炽。

云何是能止诸欲渴爱。如世间人渴爱所逼水能解除。菩萨亦复如是。一切有情为诸尘境渴爱所逼。菩萨雨大法雨。悉为解除离诸渴爱。是为菩萨能止诸欲渴爱。

云何是深广无涯。譬如大水众流合会深广无涯。菩萨亦复如是。胜智积集深广无涯。诸魔外道。而悉不能得其涯涘。是为菩萨深广无涯。

云何是高下充满。譬如大水无碍流注一切地方而悉充满。虽复满已亦不损恼一切有情。菩萨亦复如是。注大法雨普润一切有情界中高下充满。虽复满已亦不损恼一切有情。何以故。菩萨大悲心故。是为菩萨法雨流注高下充满。

云何是息诸尘坌。譬如大水流润一切尘坌所覆涩恶地方。悉使润泽息诸尘坌。菩萨亦复如是。普为一切粗恶心者。悉令发起柔软之心。乃以胜慧所依定爱之水。流润一切有情息诸尘坌。是为菩萨息诸烦恼尘坌。善男子。菩萨若修如是十种法者即得如水。

纵观"如水十法",水的功能可分为自然和社会两大类,"流润赴下""种植诸善法种""深广无涯""高下充满"为自然功能;"信乐欢喜""溃坏诸烦恼根""自体无杂清净""息除烦恼炎炽""止诸欲渴爱""息诸尘坌"为社会功能,涉及休闲、娱乐、教化。在十法中,自然功能和社会功能交融,物质功能和精神功能转化。

永明延寿的《宗镜录》(卷七)对水的解析更为深刻:"夫水喻真心者,以水有十义同真性故。一水体澄清,喻自性清净心;二得泥成浊,喻净心不染而染;

三虽浊不失净性,喻净心染而不染;四若泥澄净现,喻真心惑尽性现;五遇冷成冰而有硬用,喻如来藏与无明合成本识用;六虽成硬用而不失濡性,喻即事恒真;七暖融成濡,喻本识还净;八随风波动不改静性,喻如来藏随无明风波浪起灭而不变自不生灭性;九随池高下排引流注,而不动自性,喻真心随缘流注,而性常湛然;十随器方圆,而不失自性,喻真性普遍诸有为法,而不失自性。又书云。上德若水。方圆任器。曲直随形故。"①通篇都是以水喻佛性心性或自性的清净。与《佛说除盖障菩萨所问经》不同,《宗镜录》(诸宗部卷四十八)对水的诠释有自己的特色,由物理推演事理,再归入佛理。《宗镜录》的水有十义,恰恰是按照河流动力学的诸要素展开论说:一至四义讲水、沙的此消彼长,造成水态的差异;五至七义讲水、冰的转化造成物相的变化;八至十义讲边界条件对水的影响和制约,分别是"随风波动""随地高下""随器方圆",这里的风、地、器恰恰就关系边界条件。这可视为河流动力学的佛学版。

《华严法界玄镜》提出四法界:事法界、理法界、理事无碍法界、事事无碍法界。用"水波"分析事与理的关系,共五对:理事相遍对、理事相成对、理事相即对、理事相非对。分十门阐述,一理遍于事门:"以海喻理,以波喻事";二事遍于理门:"水不守水自性故而能成波","若无水则无有波""大海全遍一波时,余诸波处,为有大,为无大海,若波外有海,则非全体遍一波,若波外无海,则非全体遍一切波";三依理成事门:"波揽水以成动,水望于波能成立";第四门事望理:"离水无波,波起现水";五以理夺事门:"水夺波波无不尽。此则水存已坏波令尽";六事能隐理门:"水成波动显能隐";七真理即事门:"如水即波无动。而非湿故即水是波。思之";八事法即理门:"如波动相举体即水。故无异相也";九真理非事门:"如即波之水非波。以动湿异故";十事法非理门:"如全水之波。波恒非水。以动义非湿故"②。

华严宗用"四法界"说明一切事物相互联系,宇宙统一于一心。

"事法界"指生来灭风云、千差万别、五光十色的现象界,即具体的、局部的事物;"理法界"讲本体皆为真知,平等无别;"理事无碍法界",对本体和现象的关系进行研究,诸法与实相是一而二,如波即水,水即波,相互交彻,圆融无

---

① 永明延寿智觉禅师集:《宗镜录》,中州古籍出版社,2016年4月。
② 《华严法界玄镜》,载《乾隆大藏经》,东方出版社,2012年。

碍，本体无自性；"事事无碍法界"是华严宗的最高境界。华严宗指出，宇宙万象皆有理所显现，其所显现的诸法也是融通无碍的。譬如离波无水，离水无波，水波无碍，水和水、波和波也无碍，表现出了华严宗调和、消除一切差异、对立、矛盾，以摆脱、超越各种烦恼、困惑、痛苦的愿望。

7.2 佛家的水浴观与"水"

中华先民对水浴采用实用主义，"沧浪之水清兮，可以濯吾缨；沧浪之水浊兮，可以濯吾足"[①]。（屈原《渔父》）干净水洗头，不太干净的水洗脚，以保证身心健康为目的，上下皆洗，清浊均用。

《佛说大乘无量寿庄严经》"泉池功德第十七"谈及水浴。佛家的水浴有以下特点：一是"其水清净"；二是佛教的水浴是自主完成的，"若彼众生，过浴此水"；三是水浴要彻底、全面，"欲至足者，欲至膝者，欲至腰者，欲至颈者，或欲灌身，或欲冷者、温者、急流者、缓流者，其水一一随众生意"，冷热交错，缓急相间，由浴身进而浴神、浴心；四是生态环境和谐，"又水两岸，复有无数栴檀香树，吉祥果树，花卉恒芳光明照耀"足以"开神悦体，净若无形，宝沙映澈，无深不照，微澜徐回，转相灌注"；五是水声交融，"波扬无量微妙声音，或闻佛法僧声、波罗蜜声、止息寂静声、无生无灭声，或闻无性无作无我声、大慈大悲喜舍声、甘露灌顶受位声。""声"若有若无，时隐时现、忽实忽虚，如此闻声方达到"其心清净，无诸分别，正直平等，成熟善根"[②]的极乐世界。

7.3 佛家的河流观与"水"

佛教传入中国后，开始用中华的地缘政治包装自己，进入中国化的轨道。其河流观也是如此，《五灯会元》卷十二记载慈明禅师言论，"问：'如何是佛？'师曰：'水出高原。'问：'如何是南源境？'师曰：'黄河九曲，水出昆仑。'问：

---

① 从药汀：《屈原赋辩译》，故宫出版社，2017 年。
② 《佛说观无量寿经佛经》，载《乾隆大藏经》，东方出版社，2012 年。

'如何是境中人？' 师曰：'随流人不顾，斫手望扶桑。'" "问：'如何是佛法大意？' 师云：'洞庭湖里浪滔天。'"①在此公案中，慈明把 "佛" "境" "境中人" "法" 统统与水挂钩，体现逻辑的一致性，这在禅宗还是少见的。"水出高原" 揭示了河流的基本特性—重力流，即单一的主控因素—高差造成流动；"黄河九曲" 揭示的是河流的另一个基本动力特性—边界相对稳定，由此构成 "南源境"；"随流人不顾，斫手望扶桑" 揭示的大河文明的特质、农耕民族特性及中华民族认定目标执着奋斗的精神。禅宗已把 "水出高原" 上升到佛的至高无上的地位，从另类的角度阐述、认定大河文明的基因。

7.4　佛家的海洋观与 "水"

黑格尔认为中华民族对海的认识是："海只是陆地的中断，陆地的无限，他们和海不发生积极的关系。"②中华先民虽未背弃海洋，但也从未真正关注过海洋，汉代刘熙《释名》对海的解释是："海，晦也"，晋代张华在《博物志》持相同的观点："海之言，晦昏无所睹也。"③在中华先民中，海意味着苦难、灾难、凶险、蛮荒之所。儒家、道家对海的理解停留在 "兴渔盐之利" "海纳百川，有容乃大"④（《尚书》）。孔子云："道不行，乘桴浮于海"（《论语·公冶长》）。原来孔子是在政治失意的时候才想到了大海，不过却是把它当成了隐居避世的处所。孟子说："观于海者难为水，游于圣人之门难为言。"（《孟子·尽心上》）把辽阔无限的海洋当成了叹为观止的对象。战国时期阴阳家学派创始者邹衍说："中国外如赤县神州者九，乃所谓九州也。于是有裨海环之，人民禽兽莫能相通者，如一区中者，乃为州，如此者九，乃有大瀛海环其外，天地之际焉。"⑤视海洋为 "天地之际"，为边界，是祭祀、敬畏的对象，其海洋观具有隔离性，附加性、封闭性。

佛家的海洋观又有不同，《法海经》论海之八德：

---

① 普济：《五灯会元》，苏渊雷点校，中华书局，2007 年。

② 黑格尔：《历史哲学》，上海书店出版社，2001 年 8 月。

③ 张华：《博物志》，张恩富译，重庆出版社，2007 年 10 月。

④ 樊东：《尚书译注》，上海三联书店，2018 年 9 月。

⑤ 司马迁：《史记》，中华书局，2008 年 9 月。

"大海之水，无满不满，吾法如之。无满不满。此第一之德。大海潮水，寻以时而来，不失常处。吾四部众，受吾戒者，不犯禁戒违失常。此第二之德。大海之水，唯有一味，无若干味，无不以咸为味，吾法如是。禅定之味，志求寂定，致神通故；四谛之味，志求四道，解结缚故；大乘之味，志求大愿，度人民故。此第三之德。大海既深而广，无能限者，僧法如是，无不深妙。八方之大，莫大于僧法，僧法最为弘大。此第四之德。大海之中，金银琉璃水精珊瑚车磲马瑙摩尼之妙，无不备有。吾僧法之中，三十七品道宝之妙。神足住寿，飞腾十方，靡所不适。瞬息之间，周旋无量佛界，到殊胜之刹，能以其道化导群生，净己佛土。此第五之德。大海之中，神龙所居，沙竭龙王，阿耨达难头和罗摩那私伊罗末，如此诸龙，妙德难量能造天宫；品物之类，无不仰之，吾僧法亦复如是。四双八辈之士，十二贤者，菩萨大士，教化之功，弥茂弥美。此第六之德。大海吞受百川万流，江恒之水，无不受之；终日终夜。无盈溢灭尽之名，吾僧法之中亦如是。梵释之种，来入僧法，四姓族望，或释或梵；王者之种，舍世豪尊，来入正化；或工师小姓，亦入正化，种族虽殊，至于服习大道，同为一味，无非释子。此第七之德。大海清净，不受死尸，无诸秽浊，唯海之类而受之耳。吾僧法清净，亦如大海，不受秽恶，犯戒违禁，非清净梵行者，一不得受，弃之远之，犹海不受死尸。此第八之德。"[①]

与此类似的还有《佛说除盖障菩萨所问经》《华严经》中海云比丘与善财童子的对话谈到对海的"十思"。

"复次善男子。菩萨若修十种法者即如大海。何等为十。一者为大宝聚。二者深难彻底。三者广大无量。四者次第渐深。五者不宿死尸。六者皆同一味。七者容受众流。八者潮不失时。九者水族所依。十者无有边际。善男子。云何是菩萨为大宝聚。譬如大海广积众宝。阎浮提中一切人众。咸取其宝无有穷尽。菩萨亦复如是。广积一切智功德宝。一切有情皆取是宝亦无穷尽。是即菩萨为大宝聚。又善男子。譬如大海深难彻底。菩萨亦复如是。一切有情于菩萨法莫测其际。又善男子。譬如大海广大无量。菩萨亦复如是。功德智慧广大无量。又善男子。譬如大海次第渐深。菩萨亦复如是。一切智深一切智渐深一切智极深。又善男子。

① 《法海经》收录于《大藏经》(《大正新修大藏经》)第一册，西晋法炬译为《海八德经》，又名《佛说法海经》《佛说海八德经》。

譬如大海不宿死尸。何以故。大海法尔如是故。菩萨亦复如是。不与烦恼结漏及不善知识而所共止。何以故。菩萨法尔如是故。又善男子。譬如大海众流入中皆同一味。所谓碱味。菩萨亦复如是。积集一切善法皆同一味。所谓一切智味。又善男子。譬如大海容受众流而其海水不增不减。菩萨亦复如是。容受无量一切法水。而菩萨智慧不增不减。又善男子。譬如大海潮不失时。菩萨亦复如是。所应成熟化度有情亦不过时。又善男子。譬如大海为诸水族依止窟宅。菩萨亦复如是。为一切有情一切善法之所依止。又善男子。譬如大海一切有情悉取其水而无边际。菩萨亦复如是。广为一切有情宣说法要。亦无边际。善男子。菩萨若修如是十种法者即如大海。"①

　　上述三经以海的解说大致相同，恰恰是按照海洋动力学的诸要素展开论说的：基本上从海的自然属性出发诠释海洋文明的特点：大、广、包容、吞受。佛家对海的诠释有自己的特色，由物理推演事理，再归入佛理。由自然海，度生死海，仿佛智海。佛教视海洋为佛堂，修身之所，其海洋论具有浪漫性、想象性和宗教性。

---

① 《佛说除盖障菩萨所问经》，载《乾隆大藏经》，东方出版社，2012 年。

第 8 章　智海学林"水一分殊"

水，遍布人寰，周游世界，可以说从未改"姓"，统称为水。

水，千姿百态，类象纷繁，往往是随形赋"名"，统中有分。

在宋明理学里，有一个最为重要的核心观念，叫"理一分殊"，本意是讲世界的部分与整体之关系，以及事物的多样性和统一性之内在联系的。从义理而言，"理一分殊"之旨，关涉普遍性与特殊性、同一与差异、抽象和具体、一般和个别等义，与中国传统哲学中的一多之辨、体用之论、总别和同异之议均有关系。因此，在宋代道学大兴之后，为理学家们推崇备至。暂不说"理一分殊"的深奥哲理如何，这里仅套用一下，即以"水一分殊"来说明中国传统文化对于水的统一性与多样性、普遍性与特殊性、同一与差异、抽象和具体、一般和个别等诸关系的阐释与发现。可以说，这也是非常耐人寻味和开阔眼界的。

8.1　汉文字学之"水"

早期甲骨文水（𣲖）字形如崎岖凹凸的岩壁（𝀓）上液体向下流泻飞溅（𝀒）的样子，本义是指从山岩或峭壁上飞溅而下的山泉。晚期甲骨文水（𝀔）像山涧。早期金文水（𝀕）承续早期甲骨文字形。晚期金文水（𝀖）将岩壁的凹凸形状（𝀓）淡化为流动的曲线（𝀗）。篆文（𣲖）承续晚期金文字形。隶书水（水）变形较大，将篆文表示岩壁的折线（𝀓）简化成一竖（丨），将篆文的四点液滴形状（𝀒）连写（八），泉流的象形特征消失，中间像水脉，两旁似流水。"水"是汉字的一个部首。从水的字，包括两点水、三点水，大概有上千之众。从水字的来历看，《说文解字》上解释说："水，準也。北方之行。象众水并流，中有微阳之气也。凡水之属皆从水。"

水，大名鼎鼎，高义上扬。东晋郭璞在《玄中记》中说："天下之多者水焉，浮天载地，高下无不至，万物无不润者。"①《淮南子》云：积阴之气为水。《汉书》云：《书》称水曰润下。坎为水，位在北方，终藏万物者也。人敬畏于水，信奉水神。《尔雅》曰：水神曰天吴（《山海经》云：天吴八首十八尾，亦曰水伯），大波之神曰阳侯（《博物志》曰：昔阳国侯溺水，因为大海之神），涛之神曰灵胥（《博物志》云：昔吴相伍子胥，为吴王夫差所杀，浮之于江，其神为涛）②。

　　水，子系种种，各有不同。仅从地上的水而言，就如《尔雅》《释名》和《说文解字》三书中曰：水中可居者曰洲（亦曰潭音），小洲曰渚，小渚曰沚（亦曰小沚，曰坻；又小沚曰碛），凡水边皆曰垂、曰涯、曰畔、曰干、曰渍、曰滨，涯上下坦曰滫（一曰陳），重涯曰岸，岸上地曰浒，曲涯曰澳（一曰隈）。水草交曰湄。埤增水连土，人所止曰潩（音）。水曲曰汭。水北曰阳，水南曰阴。水出山石间曰濳（音沓），山夹水曰涧，水注川曰溪，水注溪曰谷，水通谷曰壑。石绝水曰梁，筑土遏水曰塘（一曰堤；又曰坊），大防曰坟，水所钟曰泽，广泽曰衍，泽曲曰皋，障曰陂，泽无水有草木曰薮。水通流曰川，水本曰源，源曰泉。泉正出曰滥泉，侧出曰氿泉；泉所出同、所归异曰肥泉，异出同流曰灉。深水曰潭，急水曰流。砂石上曰濑（亦曰湍，曰滩，曰碛），水别流曰派，大水有小口别通曰浦。风吹水涌曰波（亦曰浪），大波曰涛，小波曰沦，平波曰澜，直波曰泾。水朝夕而至曰潮，风行水成文曰涟，水波如锦文曰漪。水行曰涉。逆流而上曰溯洄，顺流而下曰溯游（亦曰沿流），绝流而渡曰乱；以衣涉水曰厉，繇膝以下曰揭，繇膝以上曰涉；渡水处曰津（亦曰济），潜行水下曰泳③。

　　据统计，《说文解字》"水部"共有468字，其中重文22字，另附23字，累计491字，其是《说文解字》中收字数量最多的部。大致可分为四类，一是描写水体的字，即给水体命名的"水名"字，如"河""江""浙""溪"等，约140个。二是描写水貌的字，即描写水体形状姿态的字，如从视觉上表示水之深浅清浊的"汪""浑""浏"，表示水之大小的"海""洪""淼""荥"等；从听觉上表示水声水波的"活""潺""渝""涌""沦""涂"等，从触觉上表示温度高低的"温""况""沧""冷""冻""凉""冰"等。三是表示水质的字，如"洁""浓""淡"

① 叶德辉：《郭氏玄中记》，载《郋园先生全书》，民国古书刊印社刻本（复印本）。
② 自"《淮南子》云"均转引自唐代徐坚《初学记》，中华书局，1962年。
③ 转引自唐代徐坚《初学记》，中华书局，1962年。

等。四是表示人的水事活动的字,如"游""渡""泳""潜""泅""浴""渔"等。还有表示人体内部水的运行的字,如"泪""汗""涎""涕"等,以及其他类别。如此等等,丰富多彩,相当明细。从人的脚下,到人的头顶,从人的体外到体内,从地上的江河、湖泊、海洋,天上的雨雪、冰雹、寒霜,无所不在,无时不有。真可谓:水之大势,统中有分,分中有合;分久必合,合久必分。这是"水"的无为无不为的本性使然,也是"水"能上能下、能升能降、能伸能缩、能热能冷、能动能静的特征所致。

现在,人们常说的一个成语叫"千山万水"或"万水千山"。实际上,中国传统文化的"水"何止千万?到底有多少至今也很难统计。水族文字,是中华传统水文化的一笔弥足珍贵的遗产。如今我们还一直享受着仓颉造字的原创性发明,不得不钦佩仓颉造字文化的高深高明!

仓颉造字自有其法。从水族文字来看,不仅条分细缕,而且深含奥义。

譬如,"海"字。海,先民造字时因处内陆黄土高原,对海无印象,故甲骨文中无"海"字。随着交通的发达和生活范围的扩大,人类开始认识海洋。周时的金文遂有了𣴴字或𣵀,小篆写作𣷌或𣷓。字形虽略有不同,但均以"水母"会意,表示海是水之母。其"母"字在甲、金文中与"每"通用,字义无别。母与每胸前的两点表示女人的乳头,以示能哺乳者即为母也。表示海是万川之母。《说文解字》:"海,天池也。以纳百川者。"

譬如,"昔"字。昔,甲骨文写作𣊏。𣲙是"川"的横写,代表波涛汹涌的洪水;▢为日、时间,表示洪荒时代。有的甲骨文𣊏颠倒上下结构。有的甲骨文𣊏将三道波浪简写成两道波浪。简体甲骨文将两道三峰、多峰的波浪简写成两道双峰的波浪。金文𣊏承续甲骨文字形。"昔"是发生大洪荒的远古时代。

譬如,"济"字,繁体"濟"字。其中,"齊"表示动作一致,节奏相同。齐,甲骨文是𣂯象形字,像𣂯三颗(大量)种子同时发芽。有的甲骨文𣂯像三颗(大量)刚冒出地面的胚芽。金文𣂯承续甲骨文字形,突出了𣂯胚芽下面的直茎𣂯。有的金文𣂯写成会意字(大量种子同时发芽)(相等、相同)。篆文𣂯基本承续金文字形,隶化后𣂯有所变形。造字本义:众人在同一船上喊着号子,以同一节奏发劲,整齐划桨,强渡激流。

譬如,"治"字。篆文写作𣸊,𣲙为水,𦥑为台。"台"是"胎"的本字。台,金文🔲=🔲（厶，倒写的"了"尚未出生的胎儿）+🔲（女，母亲），表示母体内的小生命。当"台"的"胎儿"本义消失后，籀文🔲加"子"🔲（小生命）另造"孢"、篆文🔲再加"肉"🔲（生命组织）另造"胎"代替。造字本义：名词，包裹在母体的薄膜组织里、尚未出生的小生命。隶书🔲将篆文的头朝下、尚未出生的小生命🔲简写成"厶"（🔲）。《说文解字》："胎，妇孕三月也。从肉，台声。"那么，治，为什么要用妇女怀胎来象形、会意呢？是不是古人认为治的本意就是为了保胎、安胎，如同准父母珍视未出生的小宝贝生命安全一样，让治理对象健健康康地顺生顺产，让治理主体与治理对象"母子平安"呢？如今我们提出维护河流健康生命，不就是最好的水治理吗？可是，古人在造字时是如何想到的呢？真的不敢相信，但又不得不相信！

8.2 中医药学之"水"

在中医药学看来，水即是药，具有药用价值，因此饮用或煎煮药物时应有所选择。在清代李时珍《本草纲目》中，卷一卷二为序例，卷三卷四为百病主治，卷五至卷五十二为药物各论，分为水、火、土、金石、草、谷、菜、果、木、服器、虫、鳞、介、禽、兽、人等十六部，各部之下再分若干类，凡六十类。"水部"位列"药物各论"之首。李时珍曰："水者，坎之象也。其文横则为三，纵则为川。其体纯阴，其用纯阳。上则为雨露霜雪，下则为海河泉井。流止寒温，气之所钟既异；甘淡咸苦，味之所入不同。是以昔人分别九州水土，以辨人之美恶寿夭。盖水为万化之源，土为万物之母。饮资于水，食资于土。饮食者，人之命脉也，而营卫赖之。故曰：水去则营竭，谷去则卫亡。然则水之性味，尤慎疾卫生者之所当潜心也。今集水之关于药食者，凡四十三种，分为两类：曰天，曰地。"[1]"天水"类分为 13 种，"地水"类分为 30 种。这些不同的水可以用来治疗不同的疾病。例如"明水"，亦称"方诸水"，方诸是一种大蚌的名字。"月明之夜，捕得方诸，取其壳中贮水，清明纯洁。可以用来洗眼，可以去雾明目，饮此水，还有安神的作用，亦去小儿烦热。"其中还有两种水叫"冬霜""腊雪"，都是用鸡毛扫取秋冬的霜，装入瓶中，

---

① 李时珍：《本草纲目》，人民卫生出版社，2010 年。

密封保存于阴凉处,虽成水液,历久不坏。"冬霜"可解酒热,凡酒后面热耳赤者,饮之立消。伤寒鼻塞,饮冬霜亦可通鼻。"腊雪有益于菜麦,又能杀虫蝗,用以浸五谷种,则耐旱而不生虫,洒家具上,能驱苍蝇,淹藏一切水果和食品。"此外,还记载了"井泉水""温汤""露水""地浆"等,皆可入药治病①。

总之,《本草纲目》让人们看到,水的大千世界、变化无常,其自然常态如雨、雪、冰、霜、雾、露等,与人的生理病症诊治和养生之道有着不可穷测之奥妙和难以明白之道理。《本草纲目》在不经意之时,把水的纲目(即万象)又拓展深化了。被引入中医学后,水仍具有本体与象征的双重含义,用来解释与之相关相类的生理、病理现象。兹对水在中医学中的应用情况加以归纳总结。

人体生理之水。水在中医学里,成了用来解释与之相关相类的生理、病理现象的东西,即一切体液的总称,包括精、血、髓、汗、泪、唾、涎、尿及乳汁、月经(经水)等。水是生命之源,中医认为水在人体的代谢过程"饮入于胃,游溢精气,上输于脾,脾气散精,上归于肺,通调水道,下输膀胱,水经四布,五经并行"②。所谓"水经四布",就是指水在人体内会转化为津液,"津",质地清稀,流动性大,主要布散于皮肤、肌肉和孔窍,起滋润作用,并能渗入血脉而有滑利作用;"液",质地稠厚,流动性小,主要灌注于骨节、脏腑、脑、髓等组织,起濡养作用。布散后的津液,通过代谢、调节可以汗、尿、涕、唾等形式排出体外。

病理诊断之水。如果"水经四布"出了问题,就会引起许多病变。比如,如果相关脏腑功能失职的话,就有可能出现水液代谢失常或运营停留而发生疾病。譬如《素问·逆调论》言:"夫不得卧,卧则喘者,是水气之客也。"②譬如《灵枢·水胀》云:"水始起也,目窠上微肿,如新卧起之状……足胫肿,腹乃大,其水已成矣。以手按其腹,随手而起,如裹水之状,此其候也。"③譬如《素问·水热穴论》曰:"肾者,胃之关也。关门不利,故聚水而从其类也,上下溢于皮肤,故为胕肿。胕肿者,聚水而生病也。"②

基于此,《黄帝内经》根据不同症状把这种病理分为风水、石水、涌水三类。

---

① 李时珍:《本草纲目》,人民卫生出版社,2010 年。
② 穆俊霞、王平校《素问》,中国医药科技出版社,2011 年 1 月。
③ 周鸿飞、李丹校《灵枢经》,河南科学技术出版社,2017 年 4 月。

《金匮要略》按病因、病征把"水气"分为风水、皮水、正水、石水、黄汗五类。《诸病源候论》则分为"十水",包括青水、赤水、黄水、白水、黑水、悬水、风水、石水、暴水、气水等,并认为"夫水之病,皆生于腑脏"[①]。

应当指出,中医药学对水的认识大都源于对自然和生活现象的观察,难免夹有臆测,尤其是把水作为人的生理运行网络源动力和病理发生机制影响力,是有其局限性的。但是,从水文化的产生发展来看,它对水的分类深入到了人的五脏六腑及其营卫机理,自成一体地揭示了人水关系的一个重要方面,这对于我们全面理解和把握水文化的精髓"人水和谐共生"理念,无疑是有学术价值和实际意义的。

8.3　山水画论之"水"

中国画或称"国画",主要有山水画、花鸟画和人物画三类。"在中国文化之中,山与水连成一个固定的词,指的是以山峦和河流为主的整个自然界。"[②]山水画论,主要是指中国古典山水绘画理论,或山水画美学理论,内容包括古人的创作经验、思想笔录、品评鉴赏、情感表达等。从绘画美学传统来看,中国山水画论中谈"画水"或入画之"水",与"画山"或"入画之山"总是连在一起,相提并论。因为在古人看来,山主大,水主长,山有水则灵,水有山则活。乐水者喜巡山,乐山者多看水。山水画家更是于山于水怀有痴爱,无一不是乐山乐水之人。因此,画家描画水也好,论画水也好,总是离不开"山"这个话题,正同描画山论画山,总是离不开"水"这个话题一样。

无疑,这种情形的背后,这种情愫的产生,有其天性使然的原因,更有其思想文化的渊源。对此,美国学者艾兰在《水之道与德之端——中国早期哲学思想的本喻》一书中说道:"当山河作为一对时,它与我们称之为时间过程的关系极为引人注目。山是自然现象中最为永恒的事物,河则不断穿流而过。山是静止的,河水则不停地运动。二者都经久不衰。山象征恒久,河代表无常,但也可以代表连续性,因为泉涌而出的河水不断得到水源的补充,源远流长。从物质特性看,

---

① 张仲景:《金匮要略》,中医古籍出版社,2019年1月。
② 张延风:《中国艺术的文化阐释》,人民美术出版社,2003年12月。

山与水是互补的一对，犹如水与火，它们共同占有了时间与空间。山伸向苍天，水则潜于大地，山高水低。"①

山水画论之 "水"，既涉及人与水 "自然景观" 或者人与山水 "自然景观" 的关系，又涉及人与水 "艺术景观" 或者人与山水 "艺术景观" 的关系，还涉及人如何看待水或者山水的 "自然景观"、如何评价水或者山水的 "艺术景观" 的哲学、美学、心理学、社会学等层面的问题。山水画中 "水文化" 生动具体，山水画论中 "水文化" 丰富高深。但从山水画论的内在逻辑看，山水画中的 "水文化"，或者说山水画论之 "水"，主要围绕如何画水写水来展开，其实质是人水关系在山水画里如何构建和呈现问题。从如下核心话语可以略窥一斑。

8.3.1　宗炳② "山水以形媚道" 说

宗炳是南朝宋时期的山水画大家，他的《画山水序》言简意赅，提出了很多意味深长且对后世山水画界有重大影响的思想观点。最为著名的是《画山水序》第一段话，开宗明义："圣人含道映物，贤者澄怀味像。至于山水，质有而趣灵。是以轩辕、尧、孔、广成、大隗、许由、孤竹之流，必有崆峒、具茨、藐姑、箕、首、大蒙之游焉，又称仁智之乐焉。夫圣人以神法道而贤者通，山水以形媚道而仁者乐，不亦几乎！"③大意是，圣人之所以是圣人，是因为他具有高尚的道心，并且能够以道心观照万物；贤者之所以是贤者，就在于他具有通达的虚怀，并且能够以虚怀体味万象。以至于在他们心目中，自然山水不仅是有形有色、有文有质，而且又有它的灵性与趣味。正是因为有了这样的道心和澄怀，黄帝、尧帝、孔子、广成子、大隗、许由、伯夷、叔齐等古圣先贤，才有了他们的崆峒山、具茨山、藐姑射山、箕山、首阳山、大蒙山这类名山胜地之游兴，这大概就是人们

---

① 艾兰：《水之道与德之端——中国早期哲学思想的本喻》，张海晏译，上海人民出版社，2002 年，第 55 页。

② 宗炳，字少文，南阳涅阳（今河南邓州）人，举官不就，"栖丘饮谷，三十余年"，为南朝刘宋时期著名隐士画家，好山水，爱远游，西陟荆、巫，南登衡、岳，结宇衡山，有疾还江陵，叹曰："老疾俱至，名山恐难遍睹，唯当澄怀观道，卧以游之。"凡所游履，皆图之于室，谓人曰："抚琴动操，欲令众山皆响。"（参见《宋书·宗炳传》）

③ 宗炳：《画山水序》，转引自俞剑华《中国画论类编》（上卷），人民美术出版社，1986 年 12 月。

常说的"仁智之乐"吧（出自《论语》"智者乐水，仁者乐山"）。大家想想看，一方面是圣人和贤者的心思以天道为则，与天道相通，另一方面，山水则以美好的形质表征道，因而仁者乐于游玩，不能不说他们之间正好是相互吸引和此呼彼应的啊！

可见，在作为画家的宗炳眼里，山水的"自然景观"同时又是"媚道景观"，因此，画山水、画中之山水，同游山水均有共通之处，其真正的意趣也正在于此。其实，他本人就是这样。在《画山水序》里，他接着讲了他自己画山水的心得体会。说他一直非常眷恋庐山、衡山、荆山、巫山，到了老年，尽管不能再像年轻时那样到处游历山水胜景了，但是还可以拿起画笔，画像布色，绘作云岭山水图。在画山水图的过程中，自己反复琢磨如何把古圣先贤领悟过的"仁智之乐"在绘画中体现出来，并亲身前往名山大川流连徘徊，反复观赏山水的"自然景观"，体味山水的"媚道景观"，最后进而以传神的画笔把它的形质和灵趣展现出来。宗炳认为，"道"也好，"神"也好，"理"也好，本来就没有具体形貌，难以把握，它隐藏在山水形象里，栖居于山水影迹中，而只与同类互相感通，如果能将自然山水的"神""理"捕捉到并通过画笔巧妙地表现出来，也就穷尽了山水画之道。如果（作者）在画山水时既能遵循"应目会心"，将眼睛看到的真实对象与内心本有的对此对象的认识契合，又能很巧妙地"以形写形，以色貌色"，那么，给予观赏者的东西，或者是观赏者在画中看到的与领悟到的东西也就会与作者的一样，都有可能与圣贤之"神"相近，与自然山水之"神"感通，与蕴含在山水图中的"理"契合。这样的话，比起那些圣贤们的"仁智之乐"，也就趣味相同了①。

---

① 原文："余眷恋庐、衡，契阔荆、巫，不知老之将至，愧不能凝气怡身，伤跕石门之流，于是画象布色，构兹云岭。夫理绝于中古之上者，可意求于千载之下，旨微于言象之外者，可心取于书策之内，况乎身所盘桓，目所绸缪，以形写形，以色貌色也。且夫昆仑山之大，瞳子之小，迫目以寸，则其形莫睹；迥以数里，则可围于寸眸。诚由去之稍阔，则其见弥小。今张绡素以远映，则昆阆之形，可围于方寸之内。竖划三寸，当千仞之高；横墨数尺，体百里之远。是以观画图者，徒患类之不巧，不以制小而累其似，此自然之势。如是，则嵩华之秀，玄牝之灵，皆可得之于一图矣。夫以应会心为理者，类之成巧，则目亦同应，心亦俱会，应会感神，神超理得，虽复虚求幽岩，何以加焉？又神本亡端，栖形感类，理入影迹，诚能妙写，亦诚尽矣。于是闲居理气，拂觞鸣琴，披图幽对，坐究四荒，不违天励之薮，独应无人之野。峰岫峣嶷，云林森眇，圣贤映于绝代，万趣融其神思，余复何为哉？畅神而已。神之所畅，孰有先焉！"［宗炳《画山水序》，转引自俞剑华《中国画论类编》（上卷），人民美术出版社，1986年12月］

宗炳 "山水以形媚道" 的观点，从思想渊源来看，既和孔子 "智者乐水，仁者乐山" "志于道，据于德，依于仁，游于艺" 一脉相承，又与老子 "人法地，地法天，天法道，道法自然" 遥相呼应。在宗炳的意识及其山水画的层面上，"水" 生态同时具有自然 "天性"、自然 "人性" 和自然 "神性"，而 "水" 画面则为 "三合一"。有意思的是，比宗炳小四十岁的东晋山水画大家王微，其所著《叙画》，对绘画的本质，尤其是对山水画创作中人的情感表现的特点，也明确地提出山水画艺术要以表现 "道" 为其主旨，曰 "以一管之笔，拟太虚之体；以判躯之状，画寸眸之明"[①]，曰 "图画非止艺行，成当与《易》象同体"[①]。意思是说，画家拿起手中的画笔，目的就是要刻摹和追求 "道" 或 "易象" 的本体境界，换句话说，只有找到了 "道"，才能赋予 "画""象" 以艺术的灵魂。

无论是宗炳的 "山水以形媚道" 的艺术发现，还是王微的 "图画当与易象同体" 的艺术主张，他们并不是要抛开自然山水形质去刻意逢迎虚无缥缈的东西，更不是要否定山水的 "自然景观" 价值，而是试图将山水的本体境界（自然天性、人性、神性之合）通过 "自然景观" 得到艺术再现。在这里，水是山水画之 "水"，水成了 "水文化艺术" 之水，是水的自然 "天性"、自然 "人性" 和自然 "神性" 在绘画艺术中 "三合一" 之 "水"。

宗炳的 "山水以形媚道"，王微的 "图画当与易象同体"，在山水画史上的价值不同凡响，它彰显了我们中华民族所特有的审美情趣和审美标准，由此对后世山水画家 "画山水" 乃至整个文学艺术产生的影响力经久不衰。当代著名美学家宗白华指出："艺术表演宇宙的创化，中国哲学就生命本身体味 '道' 的节奏。'道' 具象于生活、礼乐制度，'道' 尤表象于 '艺'，灿烂的 '艺' 又赋予 '道' 以形象和生命，'道' 给予 '易' 以深度和灵魂。"[②]正是因为 "道" 是中国艺术的灵魂，最能体现 "道" 这一灵魂的是中国艺术当中的山水艺术，我们有理由相信，在高度重视生态文明建设的新时代，它的美学功能和艺术导向作用也将与日俱增。

---

① 王微：《叙画》，转引自俞剑华《中国画论类编》（上卷），人民美术出版社，1986 年 12 月。
② 蒋孔阳主编《中国古代美学艺术论文集》，上海古籍出版社，1981 年。

8.3.2 松年① "目中有水，胸中有水"

古典画论中对如何画水的艺术经验总是在不断地进行总结提炼。清光绪时期的画家松年在他的《颐园论画》中，对此有一段精湛的论述，曰："学者宜虚心体会，拭目参观而善悟之，如画江海潮汐，或浪花翻激喷雪，此等画精神气力，统由笔端锋利圆活，始能见水之起伏澎湃，奔腾万里之势。水之起伏波浪，皆是一气鼓荡而成，画家但将此理洞晓，目中有水，胸中有水，从灵台运化而出，方见水之真形，显于纸上。初画笔路多板滞之病，久久纯熟，乃有流动自如，无阻无格。每于下笔之初，心想波澜汹涌，自然活泼天机。"又曰："画水全在于笔下生动，变化莫测，方得水之真形，十字诀内'丝'字在此处用也。目中未曾见波涛起伏，浪花翻激，则多寻古人名迹，潜心玩味而学之。古人有专门画水火者。凡事不用苦功，不能成名也。"②

松年的这段话通俗易懂，但却提出了一个关键性命题："目中有水，胸中有水，从灵台运化而出，方见水之真形，显于纸上。"分析来看，"显于纸上"的"水之真形"，是"从灵台运化而出"；之所以能"从灵台运化而出"，是因为"目中有水，胸中有水"。

"目中有水"好理解，人们看到的水就是"目中的水"，画家看到的水和一般人看到的水恐怕不会有什么区别，差别就在于"胸中之水"。胸中有没有"水"，有什么样的"水"，反过来会影响到"目中的水"，当然也会影响到画家本人的"笔下之水"，因此，它既是区别画家与一般人艺术细胞多寡的分水岭，也是衡量画家与画家艺术水平高低的一个重要因素。

画家笔下之水是其眼中之水、胸中之水的转化与升华，"眼中有水、胸中有水"，是画家的必修课，是画家实现从"自然景观"到"艺术景观"的时空格局转换的必由之路。水自然或自然之水是水画艺术的素材，画家眼中之水、胸中之水是其笔下之水的创作源泉。一幅画中的"水"，入画之"水"，正是画家的眼中之水、

---

① 松年（1837—1906），字小梦，号颐园，蒙古镶蓝旗人，清光绪十四年（1888 年）任单县知县，后曾先后在山东长清县任知县、范县知事。由于他不事权大，后被罢官，流寓济南，以作画写字自娱。

② 松年：《颐园论画》，转引自俞剑华《中国画论类编》（下卷），人民美术出版社，1986 年12 月。

胸中之水、笔下之水的融合共生；山水画的艺术真谛，就在于它源于画外之山水又高于画外之山水、美于画外之山水。出色的山水画家首先应当是一个"艺术观察家"，更应当成为一个"艺术心思家"。

在山水文化乃至整个中华文化中，山水往往是美好的，山水的魅力常常会引人入胜。原始社会的各种陶器纹饰中，各种好看的水纹占有不小的比重，标志着水文化审美观念开始显现。在《诗经》中，描写水的美好形象的诗句随处可见，"蒹葭苍苍，白露为霜，所谓伊人，在水一方。"（《诗经·国风·秦风·蒹葭》）"沔彼流水，朝宗于海。……沔彼流水，其流汤汤。"（《诗经·小雅·沔水》）。尤其是文人墨客眼中的山水，更是情有独钟，美美不同。王羲之写过"此地有崇山峻岭茂林修竹，又有清流激湍映带左右"（《兰亭集序》），王维写过"明月松间照，清泉石上流"（《山居秋暝》），苏轼写过"大江东去，浪淘尽，千古风流人物""乱石穿空，惊涛拍岸，卷起千堆雪"，写过"月出于东山之上，徘徊于斗牛之间。白露横江，水光接天。纵一苇之所如，凌万顷之茫然"……

历代的画家也大都是文人，他们"眼中有水、胸中有水"，水在他们心目中似乎更加柔和灵动，更加波涛汹涌。古往今来，山也变，水也变，但画家眼里山水、心中山水，"这边风景独好"的心理认知从来没有变。在中国画体系中，山水画的地位是相当高的。历代优秀的画家将他们眼中的山水、胸中的山水付诸画卷，给我们奉献了一幅幅弥足传世的艺术瑰宝。这些山水画卷写尽了水的魅力，水的灵动，水的深邃，水的神韵，水的包藏万千，"笔下之水"文化内涵欲说无尽……

从宋代白玉蟾《画中众仙歌》里我们可以略见一斑，诗中说道："王维笔下多山水，千山万水一弹指。万顷玻璨碧欲流，千层翡翠波上浮。有时画出几枯木，一片落霞间飞鹜。有时画出古涧泉，浪花滚滚人不闻。有时花落鸟啼处，正是千林俵秋雨。有时日暮鸦鸣时，烟际钟声催月迟。有时移却潇湘岸，移入洞庭彭蠡畔。有时掇过天台山，相对雁荡烟雨寒。古人去后无人学，学者往往得皮壳。鬼神却易狗马难，匠世未能窥一班。见君丹青与水墨，笔下剜出心中画。"[1]还有明代王世贞有一首《题马远十二水》，讲得也很形象："上帝两带垂，长江黄河流。

---

[1] 白玉蟾：《白玉蟾诗集新编》，盖建民辑校，社会科学文献出版社，2013年。

昆仑触天漏，下贮海一抔。震泽与洞庭，汇作东南沤。风云出千变，日月浴双辀。泓渟写秋星，萧瑟竞素湫。木落清浅出，石压琼琤抽。其细沫贯珠，巨者膏九州。谁能传此神，毋乃宋马侯。解衣盘礴初，已动冯夷愁。天一臆间吐，派九笔底收。生绡十二幅，幅幅穷雕锼。"①

　　在山水画论以及诗论语境中，"胸中有水"和"胸中有丘壑"意思接近。一直以来，对画家"胸中有水"和"胸中有丘壑"，弘扬者、赞赏者居多，尤其是在宋代。譬如李彭《观画山水》曰："不爱边鸾爱李成，胸中成画自峥嵘。数行岛屿随人去，一段风烟向腕生。"《赋张邈所画山水图》曰："梦泽张侯饱闲暇，直疑胸中有成画。"②譬如苏轼《次韵子由书王晋卿画山水二首·其二》曰："山人昔与云俱出，俗驾今随水不回。赖我胸中有佳处，一樽时对画图开。"③譬如王安石《题赵大年金碧山水图》曰："王孙胸中楚七泽，不学庸史夸水墨。"④苏过《题刘均国所藏燕公山水图》："江湖半此生，老去徒见画。看山眼已足，涉险梦犹怕。老燕久黄壤，遗墨独未化。胸中有丘壑，故遣意匠写。会逢知音人，契此笔端话。"⑤譬如元代赵孟頫《题也先帖木儿开府宅壁画山水歌》曰："商侯胸中有丘壑，信手落笔分清妍。"⑥譬如元末明初王冕《曹云西画山水图》曰："流水涓涓石凿凿，一啸长才风雨作。岂云笔底有江山，自是胸中蕴丘壑。"⑦譬如明代丘浚《题山水》曰"图中便是心中意，风流画史何多致。半幅轻绡万里思，无乃笔端能缩地。"⑧譬如清代朱景英《恽道生画山水歌》曰："胸中丘壑蟠几许，落手寻丈等粒黍。笔底已无高房山，眼边不数米家虎。"⑨譬如清代程鸣《论画答王耕南》曰："杜陵赠画师，五日画一水。意在落墨先，苦心究终始。""荆关境在胸，挥洒付柔翰。规矩虽具陈，神明取能变。"还有，从南北朝宗炳提出"以形写形，以色貌色""万趣

① 王学范编《王世贞抚郧诗文集》，长江出版社，2010年。
② 北京大学古文献研究所编《全宋诗》，北京大学出版社，1998年。
③ 《苏轼诗集》，中华书局，1982年。
④ 《王安石全集》（《王安石诗集》），吉林人民出版社，1996年。
⑤ 《苏过诗文编年笺注》，中华书局，2012年。
⑥ 《赵孟頫集》，浙江古籍出版社，2016年。
⑦ 《王冕集》，浙江古籍出版社，1999年。
⑧ 丘濬：《琼台诗文会稿》，周伟民、唐玲玲点校，海南出版社，2012年。
⑨ 《全台诗》第三册"朱景英"目，施懿琳主编《全台诗》，台湾文学馆，2008年。

融其神思"①，强调山水画家应亲眼观察、静心体会，到北宋郭熙"身即山川而取
之""所经众多，所览淳熟，所取精粹"②；从明代王履③"吾师心，心师目，目师
华山"，到清初石涛④"山川使予代山川立言也，山川脱胎于予也，予脱胎于山川
也。搜尽奇峰打草稿也"，历代山水画家传承有序，无一不是追求将眼中之水、胸
中之水、笔下之水融合共生，使自己的创作源于画外之山水又高于画外之山水、
美于画外之山水。

由此可见，松年"目中有水，胸中有水"的观点虽然提出比较迟，如今在很
多人那里可能已是常识，但不能忽视的是，他讲的是一条山水画艺术规律，准确
地说，这是他对山水画艺术经验的提炼总结。唯有规律，方能思接千载，视通万
里；唯有经验，历久弥贵。况且，此论"水文化"意蕴深厚，无须赘述。

8.3.3　唐志契⑤"凡画山水，最要得山水性情"说

"凡画山水，最要得山水性情"，出自明代唐志契《绘事微言》，其中有一
章专讲"山水性情"的，曰："凡画山水，最要得山水性情。得其性情，山便得
环抱起伏之势，如跳如坐，如俯仰，如挂脚，自然山性即我性，山情即我情，
而落笔不生软矣。水便得涛浪潆洄之势，如绮如云，如奔如怒，如鬼面，自然
水性即我性，水情即我情，而落笔不板呆矣。或问山水何性情之有？不知山情
即止面情态则面面生动，水性虽流而情状则浪浪具形。探讨之久，自有妙过古

---

① 宗炳：《画山水序》，转引自俞剑华《中国画论类编》（上卷），人民美术出版社，1986 年
　 12 月。
② 郭熙：《林泉高致》，转引自俞剑华《中国画论类编》（上卷），人民美术出版社，1986 年
　 12 月。
③ 王履，字安道，号畸叟，又号抱独老人，约生于元至顺三年（公元 1332 年），卒年不详，
　 昆山（今属江苏）人，元末明初医学家、画家、诗人。"吾师心，心师目，目师华山"见王
　 履《华山图序》，转引自俞剑华《中国画论类编》（下卷），人民美术出版社，1986 年 12 月。
④ 石涛，清初画家，原姓朱，名若极。后隐蔽为僧，法名原济，号石涛，又号苦瓜和尚。与
　 弘仁、髡残、朱耷合称"清初四僧"。石涛是中国绘画史上一位十分重要的人物，他既是绘
　 画实践的探索者、革新者，又是艺术理论家，著有《石涛画语录》（又名《苦瓜和尚画语录》），
　 引文出于此书《山川章第八》，转引自俞剑华《中国画论类编》（下卷），人民美术出版社，
　 1986 年 12 月。
⑤ 唐志契（1579—1651），字敷五，又字玄生、元生，海陵（今江苏泰州，另有江都、广陵、
　 扬州等说）人，精于绘事，著有《绘事微言》。

人者。古人亦不过于真山真水上探讨，若仿旧人，而只取旧本描画，那得一笔似古人乎？岂独山水，虽一草一木亦莫不有性情，若含蕊舒叶，若披枝行干，虽一花而或含笑，或大放或背面，或将谢或未谢，俱有生化之意。画写意者，正在此著精神，亦在未举笔之先，预有天巧耳。不然，则画家六则首云'气韵生动'，何所得气韵耶？"①

通观全文，实际上讲了两个问题：其一，什么是"山水性情"；其二，如何"得其性情"。单就画水来说，"自然水性即我性，水情即我情"。那么，画水，关键是把"自然水情即我性，水情即我情"给表现出来。在唐志契看来，所谓"水性"是指水也具有如同人一样的喜怒哀乐，一样的生命情调，艺术高超的画家所画之水，不是说画得如同"真水"一样就行了，而应当是一种"写意"之"真水"，是一种化景物为情思、化情思为景物的"意境"之"真水"，是心灵与自然合一的"天巧"之"真水"；一言以蔽之，是一种带有"我性""我情"的、"在此著精神"的"真水"。只有画出水的这种性情，才能达到"气韵生动"的境界，表现出水的趣味、水的生化之意。

唐志契主张"要得山水性情"，首先要在"真山真水上探讨"，而不能一味地"只取旧本描画"。他认为，"真山真水"是有其性情的，你看，山有跳有坐，有俯有仰，有手能挂有脚能伸，有揽抱之势，还有起伏之姿；你瞧，水静下来时，上面波纹如同人的绫罗绸缎衣装，水翻滚时的浪花看起来如同天空中漂浮的白云，水有时像一队人马往前飞奔，有时像愤怒的人发出吼声，即使是水一直在流动，但它在流动的过程中，一波三折，一浪叠一浪也都生动异变、各有特色……把山山水水的这些生动具体的形象的情形与特性，写出来，画出来，是一个山水画家的看家本领。

其次，"要得山水性情"，还要反复琢磨如何对这幅画"著精神"。所谓"在未举笔之先，预有天巧"，指的就是在"著精神"上下功夫，唯此方能达到"气韵生动"。至于如何"著精神"，唐志契在另外几章里从不同侧面作了回答。一章为《气韵生动》，曰："盖气者有笔气，有墨气，有色气；而又有气势，有气度，有气机，此间即谓之韵，而生动处则又非韵之可代矣。生者生生不穷，深

---

① 唐志契：《绘事微言》，转引自俞剑华《中国画论类编》（下卷），人民美术出版社，1986年12月。

远难尽。动者动而不板，活泼迎人。要皆可默会而不可名言。如刘褒画《云汉图》见者觉热，又画《北风图》见者觉寒。"①另一章为《写意》，曰："写画亦不必写到，若笔笔写到便俗。落笔之间若欲到而不敢到便稚。唯习学纯熟，游戏三昧，一浓一淡，自有神行。神到写不到乃佳。至于染又要染到。古人云：'宁可画不到，不可染不到。'"①还有一章《水口》，曰："一幅山水中，水口必不可少，须要峡中流出，有旋环直捷之势，点滴俱动，乃为活水。盖水比石不同，不得太硬，不得太软，不得太枯。软则无势，硬则板刻，枯则干燥，故皆所忌。然既有水口，必有源头，源头藏于数千丈之上，从石缝中隐见，或有万丈未可知。此正画家胸襟，亦天地之定理。俗子辄画泉石竟从山头挂下，古人谓之'架上悬巾'。"①这三个章节说来说去，"在此著精神"，著的就是"写意"之"精神""意境"之"精神"、心灵与自然合一的"天巧"之"精神"；一言以蔽之，就是一种带有"我性""我情"的"精神"。

唐志契"凡画山水，最要得山水性情"说，是对宋代韩拙《论水》的传承发展。韩拙对"真水"，对水情水性，作了分类研究。《论水》中说：

"夫水者有缓急浅深，此为大体也。有山上水曰涀，涀谓出于高陵。山下有水曰潺，潺谓其文溶缓。山涧间有水曰瀬湍，而漱石者谓之涌泉。岩石间有水潨波而仰沸者谓之喷泉。

"言瀑泉者：巅崖峻壁之间一水飞出，如练千尺分洒于万仞之下，有惊涛怒浪、涌瀼腾沸、喷溅漂流、虽龟鼍鱼鳖皆不能容也。

"言溅瀑者：山间积水欲流而石隔鳞中，猛下其片浪如滚，有石迎激，方圆四折交流四会，用笔轻重自分浅深盈满而散漫也。

"言淙者：众流攒冲鸣湍迭濑，喷若雷风四面丛流谓之淙也。

"言沂水者：不用分开一片注下与瀑泉颇异矣，亦宜分别。夫海水者：风波浩荡巨浪卷翻，山水中少用也。有两边峭壁不可通途，中有流水漂急如箭舟不停者，峡水可无急于此也。

"言江湖者：注洞庭之广大也。

---

① 唐志契：《绘事微言》，转引自俞剑华《中国画论类编》（下卷），人民美术出版社，1986 年12 月。

"言泉源者：水平出流也。其水混混不绝。故孟子所谓源泉混混不舍昼夜是也。惟溪水者山水中多用之。宜画盘曲掩映断续伏而后见，以远至近仍宜烟霞锁隐为佳。王右丞云：路欲断而不断，水欲流而不流，此之谓欤。

"夫沙碛者：水心逆流，水流两边急而有声，中有滩也。

"夫石碛者：辅岸绝流水流两边，洄环有纹中有石也。

"言壑者：有岸而无水也。

"然水有四时之色，随四时之气。春水微碧、夏水微凉、秋水微清、冬水微惨。又有汀洲烟渚，皆水中人可住而景所集也。至于渔濑雁泺之类，画之者多乐取以见才调，况水为山之血脉，故画水者宜天高水阔为佳也。"①

宋代韩拙《论水》同唐志契"凡画山水，最要得山水性情"说，可以相互参详。

8.4　茶道文化之 "水"

譬如，唐代陆羽的《茶经》中，把水分为三种，"山水上，江水中，井水下"，他认为水也有优劣之分，上品和下品之别。陆羽之所以能成为历史上茶文化大家和品水鉴水专家，源于他对茶文化和水文化的热爱。他以诗言志："不羡黄金罍，不羡白玉杯；不羡朝入省，不羡暮入台；千羡万羡西江水，曾向竟陵城下来。"②就是他不慕奢靡的酒生活，不慕官场，只为求泡茶之水，曾于天宝十五年（756 年）出游巴山峡川，沿途考察茶与水的事几乎达到痴迷的程度。唐代张又新《煎茶水记》中有陆羽品水排等次的生动记载。陆羽把天下水分为二十等：第一庐山康王谷水帘水，第二无锡惠山寺石泉水，第三蕲州（今湖北浠水）兰溪石下水，第四峡州（今湖北宜昌）扇子山下的虾蟆口水，第五苏州虎丘寺石泉水，第六庐山招贤寺下方桥潭水，第七扬子江南零水（今江苏镇江一带），第八洪州（今江西南昌）西山西东瀑布水，第九唐州（今河南泌阳）柏岩县淮水源，第十庐州（今安徽合肥）龙池山岭水，第十一丹阳县观音寺水，第十二扬州大明寺水，第十三汉江金州（今陕西石泉、旬阳）上游中零水，第十四归州

---

① 韩拙：《山水纯全集》，转引自俞剑华《中国画论类编》（上卷），人民美术出版社，1986 年 12 月。

② 王德镜主编《竟陵历代诗选》，中国文史出版社，1993 年 8 月。

（今湖北秭归）玉虚洞下香溪水，第十五商州（今陕西商洛市商州区）武关西洛水，第十六吴淞江水，第十七天台山西南峰千丈瀑布水，第十八郴州圆泉水，第十九桐庐严陵滩水，第二十雪水[1]。

不难看出，陆羽对水的分类，是从人的需要出发，以茶与水的关系为衡量标准的，最终体现的还是人的生理健康与茶水营养质量的关系。说到底，好茶要配好水，水好茶好才好喝，但相对而言，水的质量则尤为重要。正如明代张大复在《梅花草堂笔谈》讲的，"茶性必发于水，八分之茶，遇十分之水，茶亦十分；八分之水，试十分之茶，茶只八分耳。"[2]另一位明代品茶鉴水家张源在《茶录》中说得更神，曰："茶者水之神，水者茶之体。非真水莫显其神，非精茶曷窥其体。山顶泉清而轻，山下泉清而重，石中泉清而甘，砂中泉清而冽，土中泉淡而白。流于黄石为佳，泄出青石无用。流动者愈于安静，负阴者胜于向阳。真源无味，真水无香。"[3]

陆羽所排定的沏茶之好水分成二十等次，曾引发了我国茶学史上关于宜茶水之水质的论争。从唐代张又新到宋代欧阳修都曾持有异议。但到了明代，又有人对张又新、欧阳修的异议提出异议。嘉靖举人徐献忠在《水品》[3]一文中，认为欧阳修在《大明水记》中对陆羽品南零水的异议，是因为欧阳修自己"不甚详悟尔"。在这一问题的讨论中，明代田艺蘅著的《煮泉小品》将天下之水分为八类，即源泉、石流、清寒、甘香、灵水、异泉、江水、井水，并分门别类地加以阐述[3]。

从茶水关系和水质的视角可对饮用水予以分类，让人们对水的种类又有了新的认识、感知和体验。这些水，作为茶文化、茶水文化乃至传统文化之"水"，已经不只是原来的自然之水了。

8.5 堪舆风水术之 "水"

中国古代堪舆风水术是关于人居的地理环境的选择的一门学术，源于先民对都城、营邑、宅地或墓地等宜生宜住宜存环境的思考和观测，与古代占卜之术有

---

[1] 胡山源：《古今茶事》，上海书店，1985 年 10 月。
[2] 张大复：《梅花草堂笔谈》，岳麓书社，1991 年。
[3] 转引自方健《中国茶书全集校证》，中州古籍出版社，2015 年 9 月。

渊源关系，主要涉及地脉、山形、水流及坐向等问题。但真正形成学术专著，是东汉初期的事。在班固《汉书·艺文志第十》中，始载堪舆术专著"《堪舆金匮》十四卷"，并与言阴阳五行、时令日辰、灾应诸书同列"五行家"类，位列当时"数术"六种之一。据《后汉书·王景传》载，与班团同时代的水利专家王景，曾"以六经所载皆有卜筮，作事举止质于蓍龟，而众书杂糅，吉凶相反，乃参纪众家数术文书，冢宅禁忌、堪舆日相之属，适于事用者，集为《大衍玄基》。"①

堪舆一词的释义，东汉许慎曾谓："堪，天道；舆，地道。"②"风水"一词及其核心观念，最早均见于晋代郭璞的《葬书》，曰"《经》云：'气乘风则散，界水则止。'古人聚之使不散，行之使有止，故谓之风水。风水之法，得水为上，藏风次之。"③

这里，第一个概念是"气"。在古代，人们认为，气无处不存在，气构成万物，气不断运动变化。在堪舆风水术中，气首先是个簇概念，包括生气、死气、阳气、阴气、土气、地气、乘气、聚气、纳气、气脉、气母等；同时，气又是一个决定人的祸福的基本因素。人有了"生气"就能得到荣华富贵。

堪舆风水术也可以说是"相气术"。堪舆风水术认为，惟气能变化无穷，水是气变来的，山也是气变来的；水与气是母子关系；山脉和河流都可以统一于气之中，寻找生气就是要观察山川的走向。正如明代蒋平阶在《水龙经》里说："太始唯一气，莫先于水。水中积浊，遂成山川。经云：'气者，水之母。水者，气之子。'气行则水随，而水止则气止，子母同情，水气相逐也。夫溢于地外而有迹者为水，行于地中而无形者为气。表里同用，此造化之妙用，故察地中之气趋东趋西，即其水之或去或来而知之矣。行龙必水辅，气止必有水界。辅行龙者水，故察水之所来而知龙气发源之始；止龙气者亦水，故察水之所交而知龙气融聚之处。"④

所以，堪舆风水术对水的观测、认识和分类又别具匠心，自成一格。譬如，《水龙经》对"水势"的分类，就有二三十种，包括太极晕水、天心水、真应水、缘储水、朝怀水、聚面水、卫身水、荡胸水、穿臂水、割脚水、淋头水、卷帘水、

① 范晔：《后汉书》，中华书局，2007 年 8 月。
② 许慎此语出自唐代初颜师古引注《汉书·艺文志》之"《堪舆金匮》十四卷"条下。
③ 李建平主编《葬书·宅经·周易》，中州古籍出版社，2002 年 11 月。
④ 郭景纯：《水龙经》，中州古籍出版社，2013 年 10 月。

反身水、漏腮水、交剑水、流泥水、分流水、拱背水、腰带水、反跳水、漏槽水、仓板水、回流水、入口水、射肋水、刑杀水、牵牛水等。

上述诸水，可以说既有"正能量"的，也有"负能量"的，大概各占一半。所谓好风水，就是合理利用正能量的水势，避开负能量的水势，关键就看你会不会"乘其所来，从其所会"，如此而已。

堪舆风水术对于水的研究，反映了人与水的又一维度、又一侧面的依存关系，就其试图从水资源、水功用、水势能的视角提供人水和谐共生的选择依据而言，是有其积极意义的，也是值得给予肯定的。至于它的一些具体说法，用现代眼光看它是不是符合科学，是不是都符合科学，需要另行介绍和讨论，这里我们就不苛求于古人了。

8.6 园林建筑学之"水"

水，在我国古典园林建筑设计中，始终是一种不可或缺的基本元素。早在三千年前的西周时期周文王就修建了"灵沼"，其中的水景就已经是园林游乐的亮点。秦始皇统一中国后，又引渭水为池，建造了规模宏大的水景园——兰池宫，也称上林苑。据载，秦始皇在渭水之南建的上林苑就有"一池三山"的布局。上林苑设牵牛织女象征天河，置喷水石鲸、筑蓬莱三岛以象征东海扶桑。其北治大池，渐台高二十余丈，名曰太液池，中有蓬莱、方丈、瀛洲、壶梁，象海小神山，龟鱼之属。后来，汉武帝刘彻于建元三年（公元前 138 年）对上林苑进行了大规模的扩建，成了地跨现在的长安区、鄠邑区、咸阳市、周至县、蓝田县五区市县境，纵横 340 平方千米，有渭、泾、沣、涝、潏、滈、浐、灞八水出入其中（八水绕长安），包罗多种生活内容的园林总体。魏晋南北朝时期，北齐建仙都苑，苑中堆有五座山，象征五岳，在五岳中间引水象征中国的长江、黄河、淮河、济水四条河流。唐代的曲江，更是开中国公共园林之先河。到了宋代，宋徽宗建造了"艮岳"，引景龙江之水构成雁池、大方沼、凤池等较大的水面，创造了河湖、溪涧、潭瀑等自然水态于园中。

可见，我国古典园林始于皇家园林，不仅出现早，而且有其传承发展。然而当时并没有形成专门的总结性的理论专著。历史表明，这个任务是随着私家园林的兴起，才逐渐完成的；作为园林建筑设计理论的形成标志——专门著作的问世，则是明代的事了。

8.6.1　《园冶》理水思想与技法

人们现在比较认同的我国第一部园林建筑设计著作，是明代造园家计成所著的《园冶》一书。这部书共三卷，分相地、立基、屋宇、装折、门窗、墙垣、铺地、掇山、选石、借景等篇章，比较全面系统地总结和阐述了造园法则与技艺。书中提出的"虽由人作，宛自天开""巧于因借，精在体宜"[1]的观点，提炼出了中国古代造园理论之精髓，对后世影响颇深。《园冶》一书，并没有专列一章论水，但通篇到处可见作者的理水思想及技法。

其一，"卜筑贵从水面，立基先究源头，疏源之去由，察水之来历"。

这几句话，言简意赅，明确指出了水源是决定园林选址的首要因素。也就是说，任何园林建造，都应当高度重视水面及其水源的规划设计，首先把水的来龙去脉搞清楚。这是《园冶》一书的基本观点，也是园林选址与建造的普遍规律。园林选址，得水为上。"疏源之去由，察水之来历"，事关园林选址能否顺水得水，能否得到好水，能否常年永续，无疑是非常重要的。作者认为，只有这个问题解决了，才可以根据拟建园林的地形、地貌等实际情况，具体分析具体设计。比如，在山林地造园时，要"入奥疏源，就低凿水"，如此可以形成"门湾一带溪流"的景观，或"万壑流青"的效果。比如在村庄地修池凿渠时，则"凿水为濠，挑堤种柳"，也可"开池者三，曲折有情，疏源正可"。比如，在郊野地造园时，则"水浚通源，桥横跨水"，也可"开荒欲引长流，摘景全留杂树"。总而言之，规划设计应因水成景、因地制宜，尽量使水入园，让人造水景达到浑然天成的境界。

人类逐水而居，缘水而存，这种传统生活方式无论什么时候都不会过时。世代文人雅士亲水喜水、借水而赏的美好需求，肯定也会影响到整个社会。《园冶》一书提出上述思想观点，在一定程度上反映了人类普遍传统的生活方式和个性化的生活追求在园林设计中的融合。

既然水源格局这么重要，自不待言，那就必须在弄清楚水源类型的问题上多

---

[1] 计成：《园冶》，中华书局，2011 年 8 月。

下功夫。从全书来看,《园冶》所提及的水源是根据依照水流性质划分的,大致有三类:一是江、河、溪、涧等动态水源,二是积水洼地、池沼等静态水源,三是泉水。作者计成提及的多是可以直接引流的地表径流水,诸如"水浚通源""开荒欲引长流""凿水为濠,挑堤种柳""堂开淑气侵人,门引春流到泽"等。同时,他也提到需要深入挖掘而疏通的地表水,如"高方欲就亭台,低凹可开池沼"。据说计成所建造的第一个园林"五亩园"就运用了这一方法使小园"得江南之胜"。计成对泉水的运用也很重视,多次提到"碍木删桠,泉流石注,互相借资""俯流玩月,坐石品泉"等;以泉为源,设泉为景,也是计成园林规划设计的一项重要内容。

上述《园冶》中所说的"水浚通源""开荒欲引长流""门引春流到泽"等,都是在强调中国园林对于生态活水的利用,并由此而成功地营造和体现了古典园林的水生态文明及其不同样式。《园冶》对生态活水的利用和水生态文明景观样式的营造,采取的手法主要有水面的"隔、掩、映、破"等。

隔,隔开之意。《园冶》中说:"疏水若为无尽,断处通桥。"也就是说,水面若是有无尽之感,可在水断处架设桥梁,这样就能隔开境界。此外还有"斜飞堞雉,横跨长虹""架桥通隔水,别馆堪图""依水而上,构亭台错落池面,篆壑飞廊,想出意外""引蔓通津,缘飞梁而可度"等。

掩,遮掩之意。《园冶》中提到"掩"的方式方法有很多,譬如"水际安亭""临溪越地,虚阁堪支""杂树参天,楼阁碍云霞而出没;繁花覆地,亭台突池沼而参差""曲曲一湾柳月,濯魄清波"等。

映,倒影之意。《园冶》中的"虚阁荫桐,清池涵月""池塘倒影,拟入蛟宫""俯流玩月,坐石品泉"等,就是一幅幅景物在水中倒影显现的效果图。

破,改变原状之意。譬如池岸、水畔、水中宜有变化。《园冶》中有"在涧共修兰芷""插柳沿堤""白蘋红蓼,鸥盟同结矶边"等。

值得注意的是,在《园冶》中,作者主张造园遵循画意,虽说不是单指造水景如画,但也包括水画在内。譬如"桃李成蹊,楼台如画""顿开尘外想,拟入画中形"等。作者在《园冶》中多次提及荆关、林云、大痴等画家,况且自己"少以绘名""最喜关仝、荆浩笔意,每宗之",其所造寤园也被曹元甫赞称"以为荆关之绘也"。

造园遵循画意，为园林建造提供了重要启迪。山水画家往往将"心中之河山水"写于咫尺宣纸之上，出自山水之美而高于山水之美，是一门高超的艺术。园林家往往追求"多方胜景，咫尺山林"。既不是原生态的水自然，也不是完全的模仿型拟态自然，而是一种人化艺术的"水新自然"。在"水新自然"中，水的形态仿画中典型形象，山水空间布局仿画中高妙构图，给予人的是一种"似曾相识、不曾相识"的图景。

8.6.2 《长物志》理水思想与技法

《长物志》一书为明代博物学家文震亨（1585—1645）所著，该书共分室庐、花木、水石、禽鱼、书画、几榻、器具、衣饰、舟车、位置、蔬果、香茗等十二卷，涉及建筑、园林、艺术、历史以及动物、植物、矿物等许多方面。在《室庐卷》中，他认为："居山水间者为上，村居次之，郊区又次之。吾侪纵不能栖岩止谷，追绮园之踪，而混迹市廛，要须门庭雅洁，室庐清靓，亭台具旷士之怀，斋阁有幽人之致。又当种佳木怪箨，陈金石图书，令居之者忘老，寓之者忘归，游之者忘倦。"① 在《水石卷》中，他提出了"石令人古，水使人远，园林水石，最不可无，要须回环峭拔，安插得宜，一峰则太华千寻，一勺则江河万里"的设计理念，并对水池的布局、比例的大小、色彩的调和、动静的配合等进行了论述。

《水石卷》共分十八个小节，其中，"水"分为"广池""小池""瀑布""天泉""地泉"五节。每节用语都很精练，五节总共 607 字。所谓"广池"，意思就是"凿池自亩以及顷，愈广愈胜。最广者，中可置台榭之属，或长堤横隔，汀蒲、岸苇杂植其中，一望无际，乃称巨浸"。所谓"小池"，意思就是"阶前石畔凿一小池"，其"能掘地稍深，引泉脉者更佳"。所谓"瀑布"，就是指"山居引泉，从高而下"，最好"尽承檐溜，暗接藏石罅中，以斧劈石迭高，下凿小池承水，置石林立其下，雨中能令飞泉溃薄，潺湲有声……尤宜竹间松下，青葱掩映，更自可观"，或者"蓄水于山顶，客至去闸，水从空直注者"等。所谓"天泉"，是指储蓄的天然之水。其中，"秋水为上，梅水次之。秋水白而洌，梅水白而甘。春冬二水，春胜于冬。盖以和风甘雨，故夏月暴雨不宜，或因风雷蛟龙所致，最足伤人。

---

① 文震亨：《长物志》，中华书局，2012 年 8 月。

雪为五谷之精，取以煎茶，最为幽况，然新者有土气，稍陈乃佳。承水用布，于中庭受之，不可用檐溜"。所谓"地泉"，则是指地下泉水。其中乳泉漫流如惠山泉为最胜，次取清寒者。

《长物志》关于入园水源的分类及以水造景的方法，主要是着眼于北方造园的实践，这和立足于江南的造园实践的《园冶》有所不同。相比于《园冶》，《长物志》注重对园林的玩赏，《园冶》注重园林的技术性问题，二者各有侧重，相得益彰。尤其是文震亨在《水石卷》中提倡的"师法自然""随方制象，各得所适""虽由人作，宛如天开""一峰则太华千寻，一勺则江河万里"等造园思想，不仅是对《园冶》造园思想的补充发展，而且对现代园林规划设计也有一定的参考价值。

《园冶》《长物志》所说所涉的"水"，是经过人按照园林艺术要求加工改造的水，是更加贴近人的物质生活和精神生活的水，是人们融赏水文化心理于其中的水。在园林规划设计、构筑营建过程中，人与水的关系发生了深刻的变化，水的美学观念与审美理想得以"外化"而具体呈现，由此转变成了人的审美对象，然后又发生"内化"，反映在人的心里，成了人的心灵慰藉与生活乐趣。

8.7 地名文化之"水"

水在天地间，"列名通地纪，疏派合天津"，无时不有，无处不在，尽管它于空间并不那么均衡。中华民族面朝黄土背朝天，接触五湖四海，同水打交道，与地谋生存，既要对周围世界的水体水像"指名道姓"，又要给自己的居住地及地理环境取名标记。由此而产生的水文化同地名文化息息相通，交汇如织。一个地名作为特定空间的标记，常常蕴含丰富的水文化。往大处说，中国最早划分为"九州"，都是因水而生，缘水而存。上海、天津、河南、河北、湖南、湖北、江西、四川、黑龙江等省（直辖市）的名称，都直接地反映了地名与水体关系。往小处看，更是星罗棋布，不胜枚举。即使予以综合分类，也很难概括全面。就地名和水文化的关系，近年来已有许多学者开始关注。

地名文化，就其所蕴含的水文化核心元素——人水情缘、人水关系而言，主要有以下几种情况。

8.7.1　突出水体地位和其水与其地关系，以示当地人水关系的重要性

人类社会对水的依赖性，在早年时期，更为直接和明显。人类往往居住在河流的沿岸，聚落的名称多与水有关，可以说是自然而然的事情。一些城市的名称和河流的名称相对应，体现了 "水" 在人们的心目中和当地生活中的重要程度。具体有三个方面。

其一是直接以水体名称命名当地，譬如黑龙江省、青海省、浙江省，丽江市（云南省）、浏阳市（湖南省）、沅江市（湖南省）、泸溪县（湖南省）、乌鲁木齐市（新疆维吾尔自治区）、和田市（新疆维吾尔自治区）、牡丹江市（黑龙江省）、沂水县（山东省）、潢川县（河南省）、唐河县（河南省）、淅川县（河南省）、玉溪市（云南省）、沂源县（山东省）、资源县（广西壮族自治区）等。除了这些大的地名以水命名外，乡镇名及村庄名亦多有以水体名称命名者。

其二是以水体的方位命名地名，譬如河南、河北两省是以黄河为界而称之，湖南、湖北两省因位于洞庭湖南北而得之，淮阳、淮阴是以淮河为界而称之，济源、济南两市则因济水流向和方位而得之；譬如河南省的洛阳市因在洛河之北得名，山东省的海阳市因位于黄海之北得名，江苏省的江阴市因位于长江以南而称之。

其三是以水体的形象命名地名。如山西省文水县，盖因境内文峪河自管涔龙门而下，至于峪口，因水波多纹，故以文水名之；甘肃省的清水县，古称上邽，以 "清泉四注" 而得县名；陕西省的甘泉县，因城西南五千米处神林山麓有泉水而得名，素称 "美水之乡"。

8.7.2　突出人文愿景，赋予水体以良好愿望

其一，比较常见的是将水名配上吉祥语作为地名，以祈祷江河湖海能够安定无害。譬如，辽宁省在我国东北地区南部的辽河流域。秦代置辽东、辽西等郡，此后大都用 "辽" 字作为政区名。1928 年改名 "辽宁"，以寄托 "辽河永久安宁" 的人文愿景。江苏省的镇江市，其北部沿江岸一带地势低洼，在古代曾多患水灾，于是就在水名之前加一 "镇" 字，"镇江" 这一地名由此而蕴含着深厚的水文化意义。譬如，河北省徐水县南边有一条瀑河，经常因河水暴涨为患，对当地社会生产生活造成了很大的威胁，人们因此把 "瀑河" 改为 "徐水"，并以 "徐水" 作为

县名。赋予水体以良好愿望的地名还有很多,如山东省的济宁市,河南省的洛宁县、浙江省的宁波市、海宁市、宁海县,舟山市的定海区,宁波市的镇海区,天津市的静海区、宁河区,江苏省的淮安市、海安市、睢宁县,南京市的江宁区等。

其二,把水性与德性结合在一起作为地名。譬如,浙江省德清县,其名即因濒临余不溪,取政德清明如水之义。广东省的清远县,秦始皇三十三年(公元前214年)置洌江县,因北江流经,取江水清洌为名。汉元鼎六年(公元前111年)改名中宿县,因当时海潮溯北江达县内飞来峡,经一宿(昼夜)即退而取名。梁武帝元年(502年)改属清远郡,隋开皇十年(590年)以中宿及梁代新置的威正、廉平、恩洽、浮护等县合并置清远县。"清远"县名虽然仍袭洌江之义,但其政德清明、治域阔远的意义也不言自明。

8.7.3 突出防洪治水历史成就以示纪念

譬如,河南省的长垣市,西周时属卫国。春秋时期的匡人围孔,就发生在此地。在今县城东北五千米的陈墙村一带,当时有一道长墙,或曰"防垣",或曰"长垣",主要用于防水,或用于防兵。"长垣"县名即由此而来。清代以前陈墙村还称为墙里村,至今还有以墙命名的村庄。

譬如,西北地区开通了很多水渠用于灌溉农田,水渠流经的沿途一带的村落大多因渠得名,如安家渠、刘家渠、二道渠、东渠子等。湖南多山、多水,地形复杂,地名中多带有"冲""塘""岭""桥"一类名词。洞庭地区,人们围湖造田,在湖里筑堤,称堤为"垸",多以"垸"字附在地名后。

譬如,珠江三角洲从元代以来,为了解决人多地少的困难,就不断通过围垦来发展农业。这种历史壮举,反映在一系列的地名上,如顺德市的大沙围、新围,江门市的丰字围,东莞市的西围,中山市的稻香围。又如,番禺市位于珠江主要出海口,大半个县的面积是经历代围垦而成的,多数村名带有"围""沙""洲"等字样。

8.7.4 突出人类涉水渡水便利以水的交通功用命名地名

我国有不少带有"津""通""渡""口"等字的地名,如天津市,海南省的海口市,江苏省的南通市,山西省的河津市,重庆的江津区,河南省的孟津区、延津县、周口市，湖北省老河口市，吉林省的梅河口市等。万里黄河上至今还保存着大量的古渡口遗址，诸如临津渡、金城渡、横城渡、风陵渡、孙口渡、大禹渡、茅津渡等，都是延续使用了几千年的古渡口。有人统计，在宁夏境内黄河河段上就有 16 处古代渡口遗址，在青海境内则达到 30 多处。有人说，渡口是人们跨越大河的历史见证，大河造就了渡口，渡口带活了大河。关于这些古渡口的诗词歌赋，存量不小。唐代刘禹锡诗云："君看渡口淘沙处，渡却人间多少人。"唐代戴叔伦《送李大夫渡口阻风》诗曰："浪息定何时，龙门到恐迟。轻舟不敢渡，空立望旌旗。"明朝于谦曾诗赞黄河古渡："顺风吹浪片帆轻，顷刻奔驰十数程。它屋炊烟犹未熟，船头已见汴梁城。"清代郭奎光曾以"横绝浊流争蚁渡，平看晚照摇金波"描写黄河古渡的繁忙景象。总之，无论从渡口形成的"得名之由"，还是渡口发生的历史故事，渡口文化是地名文化、江河文化中有待挖掘的重要内容。

第 9 章 唐宋诗词"咏水喻义"（上）

在中国传统文化中，诗词歌赋不仅占有很大的比重，而且为人们喜闻乐见。其中以水为咏叹、抒发自己内心思想感情的名言警句数不胜数。水，始终是历代诗人创作、讴歌的主旋律之一。有人曾查阅了唐宋时期最负盛名的五位大诗人——李白、杜甫、白居易、苏轼、黄庭坚的诗集，对风、花、雪、月、水五字的使用频次做了统计，按出现次数由多到少的顺序排列，结果在五位大诗人总计 9600余首诗中，共出现"水"字 2520 个，"雪"字 1080 个。在李白的 1000 余首诗中，出现"水"字 476 个，平均每两首多诗就出现一个，不愧为古代诗人中最亲水爱水、在咏水写水的诗词里最具浪漫色彩的一位，如"抽刀断水水更流""桃花弄水色""泪如双泉水""直斩长鲸海水开""思君若汉水""秋波落泗水""君思颍水绿"等。最有名的当属《将进酒》中的"君不见，黄河之水天上来，奔流到海不复回"一句，诗人由黄河之水从天上奔腾而来，波涛翻滚直奔东海，从不掉头返回，联想到人的一生更是有来无回，内心深处生发出万千感慨与感伤，使人至今读来仍直击心灵。

正是应了孔子"仁者乐山，智者乐水"的千古名言，唐代宋时诗人文士对自然山水都非常喜爱。在喜爱山水、钟情于山水的唐代宋时诗人文士的心目中，水是一种具有"道性"或"天性"的审视观照的客体和对象，又是一种具有"灵性"或"德性"的朋友与伙伴。他们尊崇水、观赏水，是一种文化自觉，以为人与水广结善缘，可以塑造人格、改变人性、摆脱世俗、颐养身心、臻于自由、提升人生境界。他们对于水的感悟与体味，融汇了真善美的价值追求和心理因素。正如唐太宗李世民在《晋祠铭（并序）》中描绘的那样："飞泉涌砌，激石分湍，萦氛雾而终清，有英俊之贞操，任方圆以成像，体圣贤之屈伸。日注不穷，类芳猷之无绝；年倾不溢，同上德之诚盈。""泉涌湍萦，泻砌分庭，非挠可浊，非澄自清。地斜文直，涧曲流平，翻霞散锦，倒日澄明。冰开一镜，风激千声，既瞻清洁，载想忠贞。濯兹尘秽，莹此心灵。"①（《全唐文》第一部第十卷"太宗"）或许是在唐太宗的影响下，当时产生了"咏水喻义"的"大唐气象"，并一直传承至今。唐宋时期，诸如高适所表白"自言爱水石"②（《赠别王十七管记》），李颀所自称"我心爱流水"③（《无尽上人东林禅居》），白居易所自诩"天与爱水人，终焉落吾手"④（《泛春池》），徐凝所自谓"钱塘郭里看潮人，直至白头看不足"⑤（《观浙江涛》）。至于苏轼更是如此，"我性喜临水，得颍意甚奇"⑥（《泛颍》）。苏轼爱水到几乎将水作为生活乐趣的全部。仅从他的诗词里就可以略窥一斑！举凡其衣、食、住、行、喜、怒、哀、乐，无不与其临水赏水活动有关，无不与其咏水写水诗词结缘。从苏轼诗歌创作来看，水既是源泉，又是旋律，更是动力，如"江水在此吾不食""待约月明池上宿，夜深同看水中天"（《次韵王诲夜坐》），等等。

值得注意的是，正是基于对水的喜爱，水被诗人们赋予了太多太多的思想情感，由此而产生的"水喻义"和"水意象"多是真善美方面的。当然，"水意象"的范畴更广，不啻真善美，还有其他方面（包括假恶丑），林林总总，无奇不有。这里，仅从唐诗宋词中择其真善美方面"水喻义"和"水意象"之厚重者，其影响大者，略述于后。

9.1　终当挹上善，属意澹交人

就先拿唐代骆宾王《咏水》这首诗来说吧。诗曰：

列名通地纪，疏派合天津。

波随月色净，态逐桃花春。

照霞如隐石，映柳似沉鳞。

终当挹上善，属意澹交人。⑦

① 董诰等编《全唐文》，中华书局，1983 年 11 月。
② 孙钦善：《高适集校注》，上海古籍出版社，1984 年 2 月。
③ 王锡九：《李颀诗歌校注》（中国古典文学基本丛书），中华书局，2018 年 1 月。
④ 谢思炜：《白居易诗集校注》，中华书局，2006 年 7 月。
⑤ 《全唐诗》（徐凝目），中华书局，1985 年 1 月。
⑥ 《苏轼诗集》，中华书局，1982 年 1 月。
⑦ 骆祥发：《骆宾王诗评注》，北京出版社，1989 年 8 月。

　　整首诗的巧妙之处就在于尽管没有一个 "水" 字，却字字句句无一不是在写水，不仅写了水的地位，写了水的价值，写了水的形态，还写了水的意象、水的品格。水之经与纬，水之分与合，水之动与静，水之形与色，水之道与义，尽在其中，寓意深邃，绝妙天成。《咏水》所写的水，无疑是博大精深之水，是和谐永续之水，是君子人格之水。首联 "列名通地纪，疏派合天津"，开篇点题，境界宏阔，本意是指水是自然界中排名能够通达天纲地纪的物质，在宇宙间有着崇高的地位，大江大河，茫茫九派，最终汇聚成海天一色，不禁使我们联想到人类与水源远流长的因缘际会。颔联 "波随月色净，态逐桃花春"，颈联 "照霞如隐石，映柳似沉鳞"，从不同角度描述了水的动静之美，却又绝妙地蕴藉着人类对于自己生存发展的良好愿望，寄托着诗人对于人水和谐共生优美景象的无限憧憬，声情并茂地传达出了人水共荣共兴的一番情怀。尾联 "终当挹上善，属意澹交人" 乃全诗精髓所在，也是骆宾王借诗寓意、以文化水、以水化人的主旨所在。"挹上善" 就是要把水当作造福于民、润泽万物的 "上善之水"，就是希望人们敬水、爱水、学水，观察水的意向，感悟水的品格，品参水的智慧，内化水的德行，学习水的精神，拜水为师，与水为友，涵养柔软坚忍的心性，修炼谦卑圆融的美德，做到思想上明如水，善辨是非；心态上平如水，一心干事；工作上行如水，勇担重任；名利上淡如水，淡泊名利。总之，只有坚持不懈地 "挹上善"，才不负与水相处、以水为伴的妙境，才能提升自己的境界，陶冶自己的情操，开启自己的智慧之门，从而完善自己的人生。

　　值得一提的是，骆宾王咏水诗的这种写法，即从头到尾没有出现一个 "水" 字，而字字句句都在说水言水，对后世影响很大。明代有个佛家诗人释今无，写了两首 "咏水"，比起骆宾王来，真的是 "青出于蓝而胜于蓝"，在艺术上，既有传承，也有创新。其一曰："鸟击三千入太清，巢风驻月动尤明。能歌壮士悲燕史，易堕孤忠撼楚城。洗药故山空有梦，浮花洞口自无情。春深藻荇频频绿，拟棹轻舠自在行。"其二曰："捧出莲花绿玉香，微茫积气接天长。但逢七夕填灵鹊，每爱孤吟泛野航。浸润功分归汉渚，桔槔声歇息斜阳。月明仙掌融融湿，曾向方珠里面藏。"诗中没有提一个 "水" 字，却讲了 "水" 任凭几千里之大的鲲鹏在它的怀抱里拍打、游动、起飞，而后扶摇直上，翱翔寰宇；讲了 "水" 与风相依，是风的起飞点、栖息地；讲了 "水" 与月为友，月亮经常住在它的家里，带来光明；

讲了 "水" 见证 "风萧萧兮易水寒，壮士一去兮不复还" 的燕赵荆轲的故事；讲了 "水" 对楚国 "世人皆醉我独醒" 的屈原自溺身亡的悲痛与遗憾……

9.2 方流涵玉润，圆折动珠光

与骆宾王《咏水》诗同名，唐代诗人张文琮也写了一首《咏水》[①]：

标名资上善，流派表灵长。

地图罗四渎，天文载五潢。

方流涵玉润，圆折动珠光。

独有蒙园吏，栖偃玩濠梁。

这首诗与骆宾王《咏水》有异曲同工之妙。整首诗歌同样没有一个 "水" 字，却道尽了人与水的物质关系和精神关系，并由此勾画出了一幅水与人互动的文化世界视图。水在人的物质世界里显得那么博大深远，进入人的精神世界后又是那么丰富厚重。这里，水已经被人化了，它被人们视为有精神有灵性的主体，它如同美玉般、明珠般的珍宝，被奉为与最优秀的道德品格同质同向的榜样。这首诗与骆宾王《咏水》所不同的是，它更多地带有道家的色彩，最后一句 "独有蒙园吏，栖偃玩濠梁"，指的是庄子不追求功名利禄，只求精神自由的行为，表明做人理事，一要悟道，做到以水为法，利于万物而不争；二要修道，做到以水为鉴，随方就方，遇圆而圆，达观自在，自得其乐。

清代有一位诗人吴伟业[②]，曾自比 "观潮枚臾，论水庄生"。他的《观潮》[③]一词，写得豪迈阔远，声情并茂，意旨不浅。全词如下：

八月奔涛，千尺崔嵬，砉然欲惊。似灵妃顾笑，神鱼进舞；冯夷击鼓，白马来迎。伍相鸱夷，钱王羽箭，怒气强于十万兵。峥嵘甚，讶雪山中断，银汉西倾。

孤舟铁笛风清，待万里乘槎问客星。叹鲸鲵未翦，戈船满岸；蟾蜍正吐，歌管

---

① 《全唐诗》（张文琮目），中华书局，1985 年 1 月。

② 吴伟业（1609—1672），字骏公，号梅村，别署鹿樵生、灌隐主人、大云道人，世居江苏昆山，祖父始迁江苏太仓，汉族，崇祯进士。明末清初著名诗人，与钱谦益、龚鼎孳并称 "江左三大家"，又为娄东诗派开创者。长于七言歌行，初学 "长庆体"，后自成新吟，后人称之为 "梅村体"。

③ 弓保安：《清词三百首今译》，陕西人民出版社，1992 年。

倾城。狎浪儿童，横江士女，笑指渔翁一叶轻。谁知道，是观潮枚叟，论水庄生。

上阕主要是写景：八月的钱塘江浪涛奔腾，潮头千尺犹如高大的山峰，潮声激越，使人魄动心惊。浪涛中仿佛灵妃在看着我笑，神鱼一边飞舞，一边逐浪前行，那河伯冯夷擂响了大鼓，浪潮如素车白马前来相迎。伍员曾被装进鸱夷革囊浮在江上，钱王曾命人用羽箭射退潮头，那怨气，那怒气，强过十万兵。啊，多么高峻、雄伟的海潮啊，使人惊讶雪山在崩断，银河之水向西而倾！

下阕主要是抒情：我回到孤舟在清风前吹响铁笛，多么想乘坐木筏，浮游万里，当个天河问话的客星。唉，可叹凶猛的鲸鲵尚未剪除，那可怕的战船排满了江岸，但海上明月正吐着光辉，歌声音乐声充满了杭州城。只见那些弄潮的儿童，还有乘画舫观潮的男女游客，都笑着以手指我，说我是乘坐一叶扁舟的渔翁。他们有谁能知道？我其实是观潮的枚乘，也是论水的庄生。

词人先写了钱塘江大潮之水的壮观，接着写了自己在复杂环境中的达观与超脱。最后以观潮之枚乘和论水之庄子自喻，表露出钱塘之潮正如他本人胸中之潮，时而汹涌澎湃，时而舒缓徐迂，写出了作者理想与现实的矛盾和内心出世与入世的纠结。水的奔腾起伏与人的忧思痛苦，水的壮观与人的达观，相互交织在一起，给人雄浑苍凉、沉郁婉致之感，纵横捭阖、洒脱不羁之思。

9.3 对泉能自诫，如镜静相临

"对泉能自诫，如镜静相临"出自唐代崔颢《澄水如鉴》，全诗为：

圣贤将立喻，上善贮情深。
洁白依全德，澄清有片心。
浇浮知不挠，滥浊固难侵。
方寸悬高鉴，生涯讵陆沉。
对泉能自诫，如镜静相临。
廉慎传家政，流芳合古今。[①]

《说文》释："鉴，大盆也，一曰鉴诸，可以取明水于月。"《广雅》注："鉴

---

① 万竟君：《崔颢诗注》，上海古籍出版社，1982 年 10 月。

谓之镜。"以水为镜，以水为鉴，且明镜高悬，是中国传统文化的一个独特现象。《庄子·德充符》："仲尼曰：'人莫鉴于流水而鉴于止水。'"这首以"澄水如鉴"为命题的诗，是唐代崔颢所写，就是对水镜水鉴文化的诗化传承。

首句"圣贤将立喻，上善贮情深"，诗人用了"上善若水"的典故。老子在《道德经》中，以水喻道，以水立道，讲"水几于道"，"道"是至高无上的"善"，它作为最高境界的善行就像水的品性一样，泽被万物而不争名利，达到水的这种境界，就可以接近"道"了。唯有这具有上善之德的水，看似平常，其实德行深广，泽被万物。"洁白依全德，澄清有片心。"这里已经把水的自然形态拟人化了，在诗人眼里，水有德，品德纯净，洁白无瑕；水有心，内心澄澈清明，没有私欲歪念。"浇浮知不挠，滥浊固难侵"，浅薄轻浮的东西一般会浮在水面，最终会被水冲走；浊泥脏污会被水沉淀下去，最终会将它们淘汰掉。

前三句主要是写水，之后三句"方寸悬高鉴，生涯讵陆沉。对泉能自诫，如镜静相临。廉慎传家政，流芳合古今"主要是说人，是说人的内心要树立一面镜子，要学习效法水的德行；要对照水德水能，时时自我反省，正人正己，唯有如此，人生才不会消极沉沦；要像澄澈的静水一样沉下心来，去除私心杂念，明悟得失，警惕品德不修的情况出现；要发扬"上善若水"的精神，清廉谨慎地做事为人，将好的品质永远传承下去。

通观全诗，主题意旨层层递进，清晰明朗，就是要提醒和告诫自己和入仕之人，立身处世，能够"方寸悬高鉴"，坚持以清纯澄明之水为镜，以光洁如镜的水为鉴，经常照照镜子，正正衣冠，自觉自愿地强化自身的道德修养，像水那样，"洁白依全德，澄清有片心"，为人能保持洁身自好的作风，为官则具有清正廉洁的高尚情操；像水那样，"浇浮知不挠，滥浊固难侵"，诚心正意，排除一切外界的干扰，拒绝负面的诱惑，通过自省、自警、自诫，使清正、廉洁、慎独的官德与家风能够得到传承，万古流芳。

"对泉能自诫"，是有历史人文地理渊源的。据《搜神记》卷十三载："泰山之东，有澧泉，其形如井，本体是石也。欲取饮者，皆洗心志，跪而挹之，则泉出如飞，多少足用。若或污漫，则泉止焉。盖神明之尝志者也。"[1]泰山的东边有

---

[1] 马银琴：《搜神记》，中华书局，2015年7月。

澧泉，它的形状像口井，它的本体是石头。想要取这泉水饮用的人，都必须清洗思想，跪着去舀它，那么这泉水就会飞也似地喷出来，数量足够你用的了。如果心地肮脏，那么这泉水就不冒出来了。这大概是神灵用来试探人心的东西啊。

9.4 无论漱琼液，还得洗尘颜

李白的《望庐山瀑布水》有两首，其中一首我们大都比较熟悉，但小学课本改成了《望庐山瀑布》："日照香炉生紫烟，遥看瀑布挂前川。飞流直下三千尺，疑是银河落九天。"这首诗可能很多人能背诵，但另外一首诗就不一定了。"无论漱琼液，还得洗尘颜"，就出自这一首《望庐山瀑布水》里。全诗原文是：

> 西登香炉峰，南见瀑布水。
> 挂流三百丈，喷壑数十里。
> 欻如飞电来，隐若白虹起。
> 初惊河汉落，半洒云天里。
> 仰观势转雄，壮哉造化功。
> 海风吹不断，江月照还空。
> 空中乱潈射，左右洗青壁。
> 飞珠散轻霞，流沫沸穹石。
> 而我乐名山，对之心益闲。
> 无论漱琼液，还得洗尘颜。
> 且谐宿所好，永愿辞人间。

如是所闻，闻名于世的大诗人李白是从西面登上香炉峰的，他一上来，就被眼前的瀑布水的景象迷住了！用他自己的话说，向南望去，只见那瀑布从三百丈高的山崖上喷涌而下，沿着山谷奔流急行几十里。速度快得如风驰电掣，隐约之中宛如有白虹腾起，又像是从银河从天上落下，在半空中弥漫飘洒。往上看，更是让人感叹不已！瀑布的气势是那么雄奇，那么壮观，那么令人震撼，哪怕是再大的海风也吹不断，可奇怪的是江上月光却能直透其中。水流在空中无拘无束地任意飞溅，忽左忽右地冲刷着两侧青色的石壁。飞腾的水珠散发彩色霞光，急流激起的水沫在巨石上沸腾不已。这真是神灵造化之功啊！可是你知道吗，我本来就最爱游赏名山大川，面对此景不仅没有丝毫紧张之感，反而心胸更加宽广旷达。先不论此水像琼浆一样可供人间享用，我尤其看重的是，此水还有荡涤尘俗、纯洁人心的功能和作用。此时此景，我真的想约几位最要好的朋友，来这里一直住下来，不离不弃，生活一辈子。

李白所写庐山瀑布，其豪迈的诗情画意自不待言。在他看来，庐山瀑布，其自然之美与人文之美是交融贯通的，它的壮美阔大之美，能够给人以心胸开朗之感；它的清净纯洁之美，不仅是一种洁身自好，还在于它给予人以纯洁无私的滋养与惠泽，"无论漱琼液，还得洗尘颜"；它的自由自在之美，更能使人"对之心益闲"，摆脱那些世俗名利的束缚困扰，超然旷达的面对社会，笑看人生。

时至今日，我们也不难看到庐山瀑布，更能够欣赏到它的美，但愿我们也能听到大诗人李白发自内心的呼唤。

9.5　方圆不定性空求，东注沧溟早晚休

唐代江南诗人韩溉一生写了不少好诗，但流传下来的屈指可数。而在仅有的几首诗中，咏水的就占了两首。其一名《水》。诗曰：

方圆不定性空求，东注沧溟早晚休。

高截碧塘长耿耿，远飞青嶂更悠悠。

潇湘月浸千年色，梦泽烟含万古愁。

别有岭头呜咽处，为君分作断肠流。[①]

这首诗第一句就把水最大的特点给点出来了。水，天生地不拘于自身存在的样式，既没有求方，也没有逐圆，一切随缘而已。水利万物而不争，没有一丝一毫的私心杂念。人往高处走，水往低处流。水，甘愿居于低位，不分昼夜地向东流去，最终相会于大海之中。人们不知道水最初从哪里来，不知道水的历史到底有多么漫长，但能亲身感觉到人生有年、水命无限！这一点，已深深地蕴藏在诗人的心底。你看那由高山阻截形成的碧塘绿水，如同天池一般，水天一色，曙日耿耿，月夜苍苍；还有那从遥远的青山湍急奔出的溪涧，悠悠千年，从无休息。

①　《全唐诗》（韩溉目），中华书局，1985 年 1 月。

是啊，潇湘江水与明月相伴日久天长，月色水色相融又何止千年？是啊，云泽、梦泽的蒸烟与时俱生，似乎蕴含着远古以来人生苦短的忧思和愁绪！更令人伤感的是，在分水岭上，水声听起来呜呜咽咽，它们不愿分离，经此一别不知何时才能相见的悲情顿生，真的使人肝肠欲断。

不难看出，这首诗的意境与其他诗很不一样，水，有时给人带来的是激昂慷慨的豪情，如李白的"长风破浪会有时，直挂云帆济沧海"，如苏轼的"大江东去，浪淘尽，千古风流人物"，如唐伯虎的"浅浅水，长悠悠，来无尽，去无休。曲曲折折向东流，山山岭岭难阻留。问伊奔腾何时歇，不到大海不回头"等。但韩溉写出来的水，总是给人一种历史的沧桑感、渺茫感，水的景象深沉悠远与人生奈何的失意感交织在一起，使人回味无穷。

9.6 入河无昼夜，归海有谦柔

唐代李沛有一首《四水合流》，写得既立意深邃，又朴实无华。诗曰：
禹凿山川地，因通四水流。
萦回过凤阙，会合出皇州。
天影长波里，寒声古渡头。
入河无昼夜，归海有谦柔。
顺物宜投石，逢时可载舟。
美鱼犹未已，临水欲垂钩。[①]

李沛是唐宪宗李纯之孙，洋王李忻长子，太和八年（公元834年），封颍川郡王。他写的诗词留下来的仅有三首，却都是写水的。除了《四水合流》，一首《海水不扬波》："明朝崇大道，寰海免波扬。既合千年圣，能安百谷王。天心随泽广，水德共灵长。不挠鱼弥乐，无澜苇可航。化流沾率土，恩浸及殊方。岂只朝宗国，惟闻有越裳。"[①]另一首《人日雾过樊汉》："野水孤村合，荒林晓雾霏。断桥寻宿舸，前路听鸣鸡。江汉何时净，乾坤此日迷。白头飘短发，俯仰望朝曦。"[①]可见他对"水"的情有独钟！

① 《全唐诗》（李沛目），中华书局，1985年1月。

"四水合流",语出《尚书·禹贡》:"伊、洛、瀍、涧,既入于河。"这是大禹劈山导滞,超大规模治水的功劳。四水曲曲折折流经京城洛阳内外,最后一一汇注黄河。它们在奔向大河的途中不分昼夜,一无懈怠;融入大河是它们的初心,归向大海是它们的使命。它们从不显摆自己,只有忘我的谦柔才是它们的本性。也许是它们深知,唯有在这样的大集体里,自己才能发挥更大的作用,顺物、载舟都不在话下。

顺便提一下,与李沛《四水合流》意义有异曲同工之妙的诗文还有很多,对后代的影响不绝如缕。例如,明代文学家方孝孺^①的《勉学诗》八首之一,曰:

> 黄河西北来,云自昆仑丘。
> 经行非一山,回薄半九州。
> 上有不测源,下有无尽流。
> 万化同此机,不知几春秋。
> 分明天地心,不为浅狭谋。
> 痴人用小计,颠倒若无求。
> 安得申韩氏,化为古伊周。^②

本来这首诗立意是劝学的,只是拿黄河做比喻。可是诗无达诂,它的内涵远远超出了作者的初衷。因为诗中所言,原有"法天仪地""法水象水"之寓意:黄河是滔滔大河,来自巍巍昆仑大山,它一路走来,穿过无数高山峡谷,曲曲折折流经了半个中国;它之所以如此伟大壮阔,是因为它来自辽远而不可测的昆仑山,上有其取之不尽的源泉,同时它又吸纳汇集了不可胜数的分派和支流。它从古至今演化发展,不知经历了多少春夏秋冬,严寒酷暑;它之所以如此坚毅顽强,是因为它有着矢志不渝的远大目标和经天纬地的雄才大略,绝不会为了某些浅薄狭隘的一时之计而放弃自己的前进方向。黄河之所以奔流不息,是因为它能够遵上循下,随屈随伸,谦傲兼备,勇于在坚守中应变,在应变中向前,万变不离其宗。这就是黄河的"万化之机"!可是,现实中却有人眼界、心胸就像一些小沟小渠那样短浅狭窄,整天东西南北不分,是非曲直不辨,到头来什么事也做不成。照这

---

① 方孝孺,字希直,一字希古,人称"正学先生",宁海(今浙江宁海)人。明洪武时,任汉中府教授。明建文时,为侍讲学士。著有《逊志斋集》。

② 朱彝尊:《明诗综》(方孝孺目),中华书局,2007年3月。

样的话，怎么能够达到申不害、韩非那样的水平呢？又怎么能成为伊尹和周公那样匡时扶国之人呢？

这首诗重在赞颂黄河品质，意在弘扬黄河精神，它生动形象地告诫人们，一定要知道天地之大，黄河之大，靠的是什么；知道黄河追求的是什么，放弃的是什么；知道自己缺少的是什么。一个人只有牢固树立远大的理想，养成黄河一样的谦虚谨慎、脚踏实地、勇于进取、善于应变的精神品质，才会成为栋梁之材，才会立于不败之地。

9.7　好归江海里，长负济川舟

晚唐时期的高僧贯休①，也是一位著名的诗人、画家，他的诗《东西二林寺流水》具有深刻的意涵。原文曰：

> 水尔何如此，区区矻矻流？
>
> 墙墙边沥沥，砌砌下啾啾。
>
> 味不卑于乳，声常占得秋。
>
> 崩腾成大瀑，落托出深沟。
>
> 远历神仙窟，高淋竹树头。
>
> 数家春碓硙，几处浴猿猴。
>
> 共月穿峰罅，喧僧睡石楼
>
> 派通天宇阔，溜入楚江浮。
>
> 为润知何极，无边始自由。
>
> 好归江海里，长负济川舟。②

诗人满眼皆水，有雨水、有溪水、有河水、有泉水、有湖水、有海水，还有借用水力的水车之水、"春碓"之水，无论深水浅水，无论激流飞瀑，无论自流它用，无论喧哗沉静，都各有各的生息之道。但让诗人无比感慨的是水的流动性，

---

① 贯休（832—913），婺州兰溪（今属浙江）人。俗姓姜，字德隐。少向佛，师安和寺僧圆贞，赐号禅月大师。善画，师阎立本，又工草书，世称"姜体"。有《禅月集》三十卷，今本存诗二十五卷，见《全唐诗》十二卷。

② 释贯休：《禅月集》，商务印书馆，1937 年。

一开始就问"水尔何如此，区区砳砳流？"。此后的"墙墙边沥沥"是雨滴在下落，"砌砌下啾啾"是小溪在私语；"崩腾成大瀑，落托出深沟。远历神仙窟，高淋竹树头"，是洞泉在涌出，瀑布在飞舞；"数家春碓磑，几处浴猿猴。共月穿峰罅，喧僧睡石楼"，是在山间、山村流动的情形；"派通天宇阔，溜入楚江浮"，是在大地、平原流动的景象。那么，它、它们，如此"不以居高易其志，不以荣辱累其神"，不分日夜，不辞辛劳流淌不止，究竟是为了什么呢，最终要到哪里去呢？诗中回答曰："为润知何极，无边始自由。好归江海里，长负济川舟。"一为"润无极"，二为"始自由"，三为"归江海"，四为"长负济川舟"。"水尔如此"，可谓渡己不为己，渡舟不惜己。

水的流动性最直观形象地体现事物运作的单维性与连续性，因而在古今中外的诗词歌赋里，流水会被作者与时间、机缘、功业及人的生命不可复返性相关联，使人在怀古悼今、怀旧自伤的感叹中，涌现出对人生、爱情、事业、生命等价值追求不如意的无限惜憾和失落感。诸如，孔子叹"逝者如斯夫，不舍昼夜"，汉古诗问"百川东入海，何时复西归"，李白感黄河之水入海不回，苏轼曰"流水如今何在地"，赵孟頫言"万事悠悠，春风曾见昔人游？惟有石桥桥下水，依旧东流"，《三国演义》卷首词有"滚滚长江东逝水，浪花淘尽英雄"……这几乎成了不同时代不同遭际的诗人共同的咏叹调。

然而，贯休《东西二林寺流水》却一改常态，将流水运行的终极目标与人类的普遍价值视为一体，使水的劳苦、水的功能、水的价值意义焕然一新，将其提升到了新的高度。

第 10 章 唐宋诗词"咏水喻义"（下）

10.1 欲识静者心，心源只如此

唐代白居易写水咏水的诗为数不少，其中《玩止水》《题济水》更富于理趣。

10.1.1 《玩止水》

《玩止水》诗曰：

动者乐流水，静者乐止水。利物不如流，鉴形不如止。

凄清早霜降，淅沥微风起。中面红叶开，四隅绿萍委。

广狭八九丈，湾环有涯涘。浅深三四尺，洞彻无表里。

净分鹤翅足，澄见鱼掉尾。迎眸洗眼尘，隔胸荡心滓。

定将禅不别，明与诚相似。清能律贪夫，淡可交君子。

岂唯空狎玩，亦取相伦拟。欲识静者心，心源只如此。[①]

从全诗来看，这里的"玩"，是赏水、品水的意思。水，有动态与静态之分，有流水与止水之别。人们观水、赏水，有的喜欢流水，有的偏爱止水；同一个人，有时乐于观赏流动的水，有时乐于观赏静止的水。从利于万物生长的角度看，流水的作用更大；从鉴照人的面容形体来看，止水的功能更好。水，充盈天地之间，循环往复，以至无穷，运动是绝对的。但亦有相对静止之时，更有静止之千姿百态。在平静的水面上，一年四季呈现的景象都不一样。入冬后，寒霜早降，水会变得凄凉冷清，甚至成为薄冰；春天里，微风细雨，飘洒在湖面上，给人一种朦朦胧胧的感觉；夏天来了，水中的莲花红似火焰，在四周绿叶和浮萍的衬托下，显得格外美丽妖娆；秋天里，宽窄不一、深浅可测的湖湾显得更加清澈透明，连

---

① 孙明君：《白居易诗》，人民文学出版社，2005 年 5 月。

白鹤立水翘足的倒影、鱼儿在水中摇头摆尾的样子都能看得清清楚楚，甚至会使人的眼睛变得明亮起来，连胸襟的一些积郁也会荡然无存。

更难能可贵的是，水在静止时，其沉静平和，和佛家的禅定没什么区别；其透明坦荡，与儒家的诚心正意要求正好吻合；看到水的清洁，贪婪的人也会悔过；崇尚水的淡泊，有益于君子之交！由此可见，我们观水赏水，岂能只是随随便便玩一玩，说到底，是为了以水为比拟，修身养性，直达内心深处，坚守一颗淡泊宁静的初心。

10.1.2 《题济水》①

《题济水》诗曰：

盈科不数尺，岸柳难通舟。

胡为来自古，列渎宗诸侯。

兹水异乎众，顾我知所由。

至清远外浊，有本其何修。

朝宗未到海，千里不能休。

一道截中贯，肯随浊河流。

山川自改色，湛湛澄霜秋。

岂徒宅神物，亦足容鰕鳅。

我思古之人，洁志为身谋。

衣冠坐涂炭，恶恶心忧幽。

不但听渔父，扬波自贻羞。

自今称一字，高洁与谁求？

惟独是清济，万古同悠悠。②

---

① 济水，古水名，发源于今河南，流经山东入渤海。现在黄河下游的河道就是原来济水的河道。河南济源，山东济南、济宁、济阳，都因济水得名。《尔雅·释水》中记载："江、河、淮、济为四渎。四渎者，发源注海者也。"《史记·夏本纪》中记载大禹治水时治理了"九川"，济水即为其中之一。济水已经从今天的中国版图上消失了，但证明它曾经存在的文化依然鲜活。

② 河南焦作市地方史志办编《怀庆府志》（校注本），中州古籍出版社，2013 年 5 月。

在作者看来，济水 "异乎" 众水的地方，不在乎它的水深与浅和有没有通舟之利，它之所以自古以来能同黄河、长江、淮河并称 "四渎" 而列于众多河流之上，受到人的尊敬，是有它的道理的。为什么？就是因为济水的本源非常清澈而不像其他河流浑浊，更可贵的是它即使同浑浊的外水相遇（济水于今温县入黄河，又至荥阳溢出黄河，但穿越黄河后，河水仍然清澈），也不肯同流合 "浊"！就是因为济水不避千里之遥，顽强不息，一直流向大海！就是因为两岸山川的景色都发生了改变，济水却仍然那样清澈明净！就是因为济水还非常雍容大度，既能引来通灵兴渡的大蛟在此施展本领，又能容许鱼虾泥鳅在此游戏生息！想一想我们的古代先贤，之所以令人敬仰，不就是因为他们品德高洁，志向远大吗？不就是因为他们身陷泥沼、跌入炭火之中，也不愿随波逐流、同流合污吗？不就是因为他们对社会丑恶现象非常厌恶，对如何改变这种状况而心存烦忧吗？面对先贤，如今还有多少人能够自我称道呢？面对济水，扪心自问，难道这还不应该感到羞愧吗？！是啊，往者不可谏，来者犹可追，要做什么样的人，就看一看济水，想一想济水，最值得我们学习效法的恰恰就是永不磨灭的济水的精神力量啊！

最后，白居易用自问自答的口吻，歌颂了济水的清澈与高洁，"自今称一字，高洁与谁求？惟独是清济，万古同悠悠"，给人以诸多耐人寻味的感悟和思想警醒。唯有不忘初心，保持定力，"洁志为身谋"，才能经受一切人生考验和历史检验，才能浩气长存，万古同 "优"。

白居易还有一首写济水的诗《效陶潜体诗十六首》，其中的最末一首曰："济水澄而洁，河水浑而黄。交流列四渎，清浊不相伤。" 抒情言志，意涵接近《题济水》。

在唐宋时期，与白居易《题济水》意涵一脉相承的诗文还有不少，其中二则尤为可点可评。

一则是唐达奚珣的《有唐济渎之记》①。此文是唐玄宗的吏部侍郎达奚珣于天

---

① 《有唐济渎之记》碑，该碑位于全国重点文物保护单位济渎庙，由朝议郎行济源县尉郑琚立于唐天宝六年（747）冬月，圆首，高 165 厘米，宽 65 厘米，厚 18 厘米。碑阳为《有唐济渎之记》，共十五行，行三十字；碑阴为《宴济渎序》，共十六行，行三十二字。碑文由吏部侍郎达奚珣撰写、右监门卫兵曹参军薛希昌书丹，隶书体。

宝年间某年初春、盛夏两次游览济渎庙后分别撰写的两篇游记散文，一为《游济渎记》，一为《宴济渎序》，互为表里，互为补充，都是以游赏济水为题赞誉济水精神。如济水"据函夏之中，平地开源，分空正绿，表里皆净，似若非深，舟楫既加，乃知无底，冲和自抱"，独具"清淳之气"；如济水"不以险阻斩其势，不以清浊汩其流，终能独运长波，滔滔入海，沈潜刚克"；如济水"意者洞幽明，贯天壤，包荒万类，出入无间，形与化游，复归于道"；等等。这里，济水被赋予了谦谦、坚毅、明达、高尚的君子美德，成为人们学习效法的榜样。

一则是宋代诗人文彦博的《题济渎》："导流灵源祀典尊，湛然凝碧浸云根。远朝沧海殊无碍，横贯黄河自不浑。一派平流滋稼穑，四时精享荐蘋蘩。未尝轻作波涛险，惟有沾濡及物恩。"[①]诗中首联一个"灵"字饱含崇敬之情，一个"尊"字则突出了济渎庙特殊的地位，一个"浸"字写出深山云起之处的烟波浩渺。颈联"远朝沧海殊无碍，横贯黄河自不浑"，与白居易诗"朝宗未到海，千里不能休。一道截中贯，肯随浊河流"遥相呼应，既是题咏济渎，也是在抒写自身对朝廷的一片赤诚丹心。以下两联，诗人写到，济水浅可涉清可饮，惠泽稼穑，恩被养生，在它的怀抱周围，产生了众多名臣贤相、志士仁人，令人向往。整首诗歌颂了济渎的品格，它不仅具有远赴大海、无惧阻碍的百折不挠之精神，还有横贯黄河依旧清澈的扬清远浊之高洁品质，还有滋养稼穑、润泽千里的仁爱天下之博大情怀，还有不作险波、未尝泛滥的温文尔雅之柔性涵养。

东晋玄学家孙绰说："古人以水喻性，有旨哉斯谈！非以停之则清，混之则浊耶？情因所习而迁移，物触所遇而兴感。"[②]（《三月三日兰亭诗序》）历史上有诸多诗人以水清水浊同人的道德之高尚与低下来对应。岑参《太白胡僧歌》中的"心将流水同清净，身与浮云无是非"[③]，就是以流水的清净形容胡僧洁身自好、与世无争。杜甫《佳人》中的"在山泉水清，出山泉水浊"[④]，也是想说明"守贞清而改

---

① 1073 年冬，文彦博奉旨前往济渎庙求雪，作此诗。济渎，济水；济渎庙，为祭祀济渎神之所。沇，音 yǎn，济水的别称。蘋蘩，两种可食用的水草，古代常用于祭祀。此处泛指祭品。
② 叶盛：《水东日记》，魏中平校，中华书局，1980 年 10 月。
③ 廖立：《岑参诗笺注》，中华书局，2018 年 1 月。
④ 《杜甫诗集》，北京联合出版公司，2017 年 7 月。

节浊"的情形。储光羲《采菱曲》中的"浊水菱叶肥,清水菱叶鲜。义不游浊水,志士多苦言"①,也是用来比喻前者为获富贵不择手段,后者品行高洁不慕荣华。所谓"义不游浊水",意即不愿同流合污。白居易《丘中有一士二首》中的"不饮浊泉水,不息曲木阴。所逢苟非义,粪土千黄金",讲得更是直截了当、立场坚定。

10.2　问钱塘江上,谁似东坡老

这两句是宋代苏轼《八声甘州·寄参寥子②》所写的,全词如下:

有情风、万里卷潮来,无情送潮归。问钱塘江上,西兴浦口,几度斜晖。不用思量今古,俯仰昔人非。谁似东坡老,白首忘机。

记取西湖西畔,正春山好处,空翠烟霏。算诗人相得,如我与君稀。约他年、东还海道,愿谢公、雅志莫相违。西州路,不应回首,为我沾衣③。

宋代苏轼一生爱水、知水、写水、治水,与水结下不解之缘。元祐元年,苏轼在《仁宗皇帝御书颂》③一文中,明确提出"君子如水,因物赋形"。他在《苏氏易传》③中说道:"万物皆有常形,惟水不然,因物以为形而已。世以有常形者为信,而以无常形者为不信,然而方者可坼以为圆,曲者矫以为直,常形之不可恃以为信也如此。今夫水虽无常形,而因物以为形者,可以前定也。是故工取平焉,君子取法焉。惟无常形,是以遇物而无伤。惟莫之伤也,故行险而不失其信。由此观之,天下之信,未有若水者也。"还说道,水"所遇有难易,然而未尝不志于行者,是水之心也。物之窒我者有尽,而是心无己,则终必胜之。故水之所以至柔而能胜物者,维不以力争而以心通也。不以力争,故柔外;以心通,故刚中"。在他看来,水无常形,但有"品性",水的最独特品性即"心无己",它"因物以为形"。正是因为水无常形、没有自我,才能因物赋形,才能很好地适应一切形式与形势的转变,做到"柔外刚中""遇物而无伤""行险而不失其信",从而"以至

① 《储光羲诗集》,上海古籍出版社,1992 年。
② 参寥子,即僧人道潜,字参寥,浙江于潜人,精通佛典,工诗,苏轼与之交厚。元祐六年(1091 年)苏轼应召赴京后,寄赠他这首词。
③ 孔凡礼点校《苏轼文集》,中华书局,1986 年。

柔而能胜物",以"天下之信"而能取信于天下。苏轼认为,君子也应如此,秉承水的大"心"、大"信"、大"能",把"因物赋形""柔外刚中""行险而不失其信"作为立身处世的准则,在"无常形""不以力争而以心通"的过程中实现自己的价值,彰显自己的定力。

联系他的上述思想,来看他这首词,"以水喻义"的哲理诗趣就容易理解了。

这首诗,先写钱塘江之潮水景象,再写西湖之湖水景象,联想到人,将人与水融为一体。上阕写的是,水"因物赋形",钱塘江潮之水亦因风情而起伏。遇到有情风时就从万里之外卷潮扑来,没有遇到有情风时就退潮返回。君子之交,一切随缘。在钱塘江上或西兴渡口,有机会我俩共赏夕阳斜晖,没有机会也莫强求。一切在变,今古肯定不一样,常形无常,哪怕是一俯一仰的工夫,早已物是人非。但是唯有"无常形者"能够"因物赋形",我东坡就像"水心无己"一样,白首之年,摆脱了诸多官场中功名利禄的困扰。

下阕笔锋一转,写的是,你还记得西湖的美景吗,西岸边,春日里,那空明的翠微,如烟的云霏,显得非常恬淡、和谐,相处得宜。算起来诗人交往中,我与您这样的友情如西湖云水,确实稀微,弥足珍贵。不妨我们先来个约定,日后,也学习学习东晋宰相谢安自愿退隐的榜样,就像江河流向大海那样,向东引退、回归;朋友啊,我想我们彼此不会失信,与这一高雅志向相违背!"约他年、东还海道",是我"自首忘机"、志在归隐的"雅志";"愿谢公、雅志莫相违"是我们彼此约定,这是"所遇有难易,然而未尝不志于行者"的体现,是君子以"水之心"为法,自觉坚持"柔外刚中""行险而不失其信"立身处世准则的抉择,在我看来也并不为难,是件好事而不是坏事。因此,不应在西州路上回首痛哭,为了我而沾湿衣襟,洒落泪水。

"约他年、东还海道"以下五句,表现了苏轼归隐之志的坚定。词中抒写出世的高想,表现人生空漠之感,却以豪迈的气势出之,使人惟觉其气象峥嵘,而毫无颓唐、消极之感。其关键就在于词人具有"君子如水,因物赋形"的人格理想,由此体现出了水一样的灵魂,水一样的品性,人之心与水之心相通相融。无论是在钱塘江上,抑或于西湖西畔,人生在世,最重要的是"雅志莫相违"。

10.3　表里俱澄澈，肝胆皆冰雪

语出南宋文学家张孝祥的《念奴娇·过洞庭》[1]：

洞庭青草，近中秋，更无一点风色。玉界琼田三万顷，着我扁舟一叶。素月分辉，明河共影，表里俱澄澈。悠然心会，妙处难与君说。

应念岭表经年，孤光自照，肝胆皆冰雪。短发萧骚襟袖冷，稳泛沧溟空阔。尽把西江，细斟北斗，万象为宾客。扣舷独啸，不知今夕何夕。[2]

这是词人泛舟洞庭湖时即景抒怀之作。宋孝宗乾道二年（1166 年），张孝祥因受谗害而被免职。他从桂林北归，途经洞庭湖，即景生情，写下这首词。词人借洞庭 "素月分辉，明河共影，表里俱澄澈" 之景，抒发了自己高洁忠贞和豪迈气概，同时以 "孤光自照，肝胆皆冰雪" 之喻，隐隐透露出作者被贬谪的悲凉。

上阕的意思是说，洞庭湖与青草湖相连，浩瀚无垠，在这个中秋将至的时候，没有一丝风过的痕迹。是玉的世界，还是琼的原野？三万顷明镜般的湖水，载着我一叶细小的扁舟。皎洁的明月和灿烂的银河，在这浩瀚的玉镜中映出她们的芳姿，水面上下一片明亮澄澈。体会着万物的空明，却不知如何道出，与君分享。

下阕的意思是说，感怀这一轮孤光自照的明月啊，多少年徘徊于岭海之间，胸襟仍像冰雪一样透明。而此刻的我，正披着萧瑟幽冷的须发和衣袂，平静地泛舟在这广阔浩淼的苍溟之中。让我捧尽西江清澈的江水，细细地斟在北斗星做成的酒勺中，请天地万象统统来做我的宾客。我尽情地拍打着我的船舷，独自放声高歌啊，怎能记得此时是何年！

中国自古就有山水比德的传统，宋代诗人经常通过描写开阔澄净的水面、晴朗空明的月色，来映托本人的高洁人格、旷达胸襟和俊朗风神。张孝祥《念奴娇·过洞庭》，素月银河下的洞庭湖如万顷玉田一样温润清朗，光风霁月、光照肝胆、澄明清空的自然境界与淡泊宁静的人格境界交相辉映；一句 "表里俱澄澈"，一句 "肝

---

[1] 张孝祥（1132—1170），字安国，别号于湖居士，历阳乌江（今安徽省和县）人，生于明州鄞县（今浙江宁波）。南宋著名词人，书法家。出任过抚州、平江、静江、潭州等地的地方长官。乾道五年（1169 年），以显谟阁直学士致仕。著有《于湖居士文集》《于湖词》传世。《全宋词》辑录其 223 首词。

[2] 曹庭栋编《宋百家诗存》（四库文学总集选刊），上海古籍出版社，1993 年 11 月。

胆皆冰雪",道出了士大夫高洁傲岸、冰清玉洁的人格形象。尤其是作者说,他要用长江当酒浆,用北斗做酒勺,以天下万物为宾客,同饮共欢,更是表达了作者"达则兼济天下""穷且不坠青云之志"的君子理想!全词格调昂奋,生动地显示了诗人上善若水的格调与追求。

"洞庭春草"也好,"玉界琼田"也好,都是以湖水寓意润泽万物之"善"、彰显清澈透明之"美",衬托词人在"更无一点风色"里,轻驾一叶扁舟悠然畅游之惬意。"素月分辉,明河共影",是说皎洁的月亮把自己的光辉分给了湖水,而湖水则使皎洁的明月得到了生命的拓新,水里的银河与天上银河相互辉映,构成了天月与水月的生命共同体。"素月"和"明河"有着同辉的形象;"分辉""共影"则写出了秋水长天一色的和谐共生。"表里俱澄澈"和"肝胆皆冰雪"前呼后应,凸显了这首词的主旨寓意。先写秋月秋水之美,美在哪里,美在澄澈,美在月明,美在水清;美在湖水印月,上也澄澈,下也澄澈,里也澄澈,外也澄澈;这里,没有一丝一毫浑浊,没有一丝一毫污染,是一个清澈明亮,有如非人间的琉璃世界。接着写,在这样的一个世界里,三万顷湖上扁舟上的自己,也有如秋月,有如秋水,我就是一个光明磊落,坦坦荡荡,言行一致,表里如一的男子汉、大丈夫。所以,"表里俱澄澈"和"肝胆皆冰雪",既写景又写人,更是写人的品格之美。如果说,屈原《离骚》"纷吾既有此内美兮,又重之以修能;扈江离与辟芷兮,纫秋兰以为佩",写出了屈原自己内美与外美相统一的话,张孝祥则写出了此时、此景、此人和融相会,写出了自己外在世界与内心世界澄澈如一的相合共生。这一和谐共生是一种天人合一的和谐共生,恐怕也是人生弥足珍贵、最富有诗意的一种境界。只因为如此,才会"悠然心会,妙处难与君说"。

10.4 内以洗我心,外以刮我目

语出南宋文学批评家包恢①《观泉》:

泉动涌联珠,泉静湛片玉。

---

① 包恢(1182—1268),字宏父,一字道夫,号宏斋,宋建昌南城(今属江西)人。官至刑部尚书。以廉吏、政绩显著著称,同时他也是文学批评家。《观泉》引自包恢《敝帚稿略》(文渊阁四库全书本),台湾商务印书馆。

渊源出以时，动静清可掬。

凭栏冰雪寒，敛衽毛发肃。

内以洗我心，外以刮我目。

偶离京尘来，对此歌不足。

咏归五六人，犹疑自沂浴。

君不见，那泉水，在它涌动时，就像一串串明洁的珍珠；在它平静时，就像一片片纯洁的玉石。君不见，那泉眼，水不停地往外冒，流出的水又沉静下来，使来观赏的人们能够垂手可掬。君可知，我今天来到泉池边，凭栏观览，当泉水的凉气扑面而来，使人如处在冰清雪白的时节里，不由得心有所思，肃然起敬，想起前人的诗句，"敢不敛衽①，敬赞德美？" 是啊！我们欣赏泉水，赞美泉水，不是仅仅因为它 "泉动涌联珠，泉静湛片玉"，因为它 "渊源出以时，动静清可掬"，而是因为它能够洗涤我们内心世界的污垢，使人们的心灵更加纯洁无瑕，向美向善；因为它可以擦去我们观察世界的眼翳，使人们的眼界更加广阔明亮，不受外界的蒙蔽。啊，遗憾的是以前我来得太少了，对泉水的高尚品格，对它的美好价值缺少足够的认识和颂扬，看来以后要常来看看才是。此时此景，使我忽然想起孔老夫子当年 "咏归" 的雅事，《论语·先进》曰："莫春者，春服既成，冠者五六人，童子六七人，浴乎沂，风乎舞雩，咏而归。" 他们是那么的愉悦，那么的欢欣，难道孔老夫子看重的这次活动，是在沂水里洗浴一下身子那么平平常常的一件事吗？

"咏归五六人，犹疑自沂浴"，非常耐人寻味。以水比德，以德润身，是儒家的传统思想和核心命题，同时也是道家的一贯倡导。就儒家来说，在《大学》一书中，"德润身" 是一个画龙点睛的命题，同时也是一个贯穿全书的主题。从《大学》思想架构看，一般认为可以概括为 "三纲领、八条目"。最集中的表述是："大学之道，在明明德，在亲民，在止于至善。知止而后有定；定而后能静；静而后能安；安而后能虑；虑而后能得。物有本末，事有终始。知所先后，则近道矣。古之欲明明德于天下者，先治其国；欲治其国者，先齐其家；欲齐其家者，先修

---

① 敛衽，意为整理衣襟，表示恭敬。也指妇女行礼。《战国策·楚策一》："一国之众，见君莫不敛衽而拜，抚委而服。"《史记·留侯世家》："德义已行，陛下南乡称霸，楚必敛衽而朝。" 汉代桓宽《盐铁论·非鞅》："诸侯敛衽，西面而向风。" 晋时陶潜《劝农》诗："敢不敛衽，敬赞德美？"

其身；欲修其身者，先正其心；欲正其心者，先诚其意；欲诚其意者，先致其知；致知在格物。物格而后知至；知至而后意诚；意诚而后心正；心正而后身修；身修而后家齐；家齐而后国治；国治而后天下平。自天子以至于庶人，壹是皆以修身为本。其本乱而末治者否矣。其所厚者薄，而其所薄者厚，未之有也！"

"德润身"之"德"为"格物、致知、诚意、正心"这四条目之落脚点，修身这一条目亦即"德润身"，而齐家、治国、平天下这三个条目可以说就是德润家、国、天下。三纲领之"明明德"就在于保证德可润身，"亲民"实即德润民，而"止于至善"这一纲领则在于指出，"德润身"是可以分阶段有步骤完成的但又永无止境。在以德润身的过程中，格物致知是必经阶段，格物致知的途径很多，"乐水乐山"尤为重要。"咏归"即"乐水"，"咏水"（咏泉）即"乐水"，"乐水""咏水"（咏泉）的根本目的和重要作用，就是希冀以水比德，进而以德润身，臻于至善。

明代思想家湛若水有一首诗是阐扬"咏归"本意和"浴沂"理想情愫的。有一天晚上，他路宿在和州香泉书院，有感而发，写道："卓午辞和川，暨暮宿香泉。秉烛寻名胜，冒雨凌寒烟。烟霏鲁叟磬，雨湿梵堂禅。香泉问何如，温温如暮春。因动浴沂想，鲜见浴沂人。何以鲜其人，浴法人莫传。一浴净毛骨，再浴清心神。三浴日月光，天地与偕新。天地既已新，人世无妖氛。"[1]（《宿和州香泉书院题壁兼寄州守鲁君承恩》）另一首，更能表明他对"咏归"意涵的执着追求，曰："我所思兮在新泉，地发蟹眼长涓涓。诸贤云集观我生，积累可以成大川。……咏归一调久欲绝，诸贤翕与端溪传。予欲从之亮非远，自然堂外同此天。"[1]（《九思九歌》其七）这两首诗，或许说得有些直白，无疑是对包恢"咏归五六人，犹疑自沂浴"的一个思接千载的唱和。

包恢体现儒家以水比德进而以德润身思想，与"内以洗我心，外以刮我目"相呼应的，还有两首"咏水"（咏泉）诗。

其一，他在《饯山泉吴守》一诗中写道："好将世俗污，尽洗入清泚。溥博泽周流，功成大如此。却归山泉间，育德德孰拟。作圣以为期，善养功更伟。"原文是：

泉从九江来，发自庐山趾。

---

① 湛若水：《甘泉先生文集》，《四库存目丛书》集部，第 56-57 册，齐鲁书社，1997 年。

不啻如渭清，时出到旴水。

渊渊媚如珠，甘饮足千里。

何妨遇山下，一时险而止。

不碍以亨行，果行险自弭。

真利用御寇，上下顺而理。

方当执热中，以濯豁有喜。

且当正渴时，得饮快如洗。

旴人望膏润，恋恋正未已。

雇如岁大旱，用汝甘霖比。

不容么一方，宇内并倾企。

盈科放四海，有本如是耳。

安得长流旴，混混以终纪。

河南已治平，河内难留矣。

好将世俗污，尽洗入清沚。

溥博泽周流，功成大如此。

却归山泉间，育德德孰拟。

作圣以为期，善养功更伟。

发源于庐山脚下的泉水从九江那边流入旴水，不仅看起来比渭水还要清湛，而且甘甜如饴，惠及千里；一汪汪的泉水汩汩流动，泛起的水珠晶莹剔透，犹如媚人的珍珠；它一直在流动向前，任何艰难险阻都未能使它停下来，有时它从高山上飞越而下，看起来非常"冒险"，但它仍无大碍，一如既往地流淌着，以至盈科四海而生养万物，周流天地以惠泽万民。如此之水，对人的生活、生产有很多好处，人们可以利用它作壕沟来防御盗寇，可以顺流而下逆流而上运送货物，开辟交通，可以饮用，可以解渴，可以灌溉农田，可以抗旱，……更为可贵的，是水能洗涤污垢杂秽，具有至高至伟的"育德"功能。如果人们肯学习效法"水"的这一品行，以水德为自己的修养目标，一定会取得更良好的效果。

其二，《李养源自号蒙泉求诗于东包某作此以赠之》[①]。包恢由求诗者的名号

---

① 包恢：《敝帚稿略》（文渊阁四库全书本），台湾商务印书馆。

"养源""蒙泉"联想的"泉象""水象",借"泉象""水象"为喻,讲了"人之初性本善,性相近习相远"的道理,形象地说明了"濬发尔源,如发蒙然"的重要性,从娃娃抓起而终身修养的必要性。原文如下:

> 水象童蒙,以出伊始。
>
> 泉乃白水,出自艮止。
>
> 天一初生,纯一清明。
>
> 厥初始达,犹元而亨。
>
> 当其蒙稚,涓涓犹细。
>
> 及其渐进,混混未上。
>
> 如玉与珠,不曰白乎。
>
> 如冰与雪,湛不可污。
>
> 反求诸己,心正如是。
>
> 有生之初,纯白纯懿。
>
> 养之于蒙,作圣之功。
>
> 大人不失,与赤子同。
>
> 圣如夫子,皛彻表里。
>
> 溥博渊泉,浩浩渊渊。
>
> 皓如银河,月流星连。
>
> 仰观先圣,本同一性。
>
> 自始失养,遂终失正。
>
> 气或杂之,内欲蔽伊。
>
> 官或不思,外引远而。
>
> 蒙反成失,白反变黑。
>
> 黑水西流,清渭南隔。
>
> 君在家庭,羽若少成。
>
> 异彼污世,同流浊泾。
>
> 外引内欲,永绝勿赎。
>
> 蒙养宜深,洊羽宜熟。
>
> 濬发尔源,如发蒙然。

放乎四海，波涛际天。

学有源委，海可至矣。

所不然者，有如白水。

这里，包恢善于"借题发挥"。"有生之初，纯白纯懿"，就像"水象童蒙，以出伊始。泉乃白水，出自艮止。天一初生，纯一清明"。那么，人的素质如何，欲将何往，关键在于修养；人的素质修养，欲将何往，关键在于"蒙养"。正如他诗中所言，"养之于蒙，作圣之功。大人不失，与赤子同"。如若不然，"自始失养"将会"遂终失正"，导致"蒙反成失，白反变黑"的境地，就像"黑水西流，清渭南隔"一样。唯有坚信"蒙养宜深，洰羽宜熟"，方能"潜发尔源，如发蒙然。放乎四海，波涛际天。学有源委，海可至矣"。

综观包恢的"咏水"三首诗，可能你会发现，他总是先把水的形象、情态，从发源到归宿，从流动到静止，从微观到宏观，描述得淋漓尽致，呈现出诗情与哲思相融一体，水情与人感相呼相应的审美取向。这种独特的艺术手法，是与包恢的物我一体、我一切本于自然的世界观相一致的。包恢曾在《咏春堂记》中讲："春气自动，春声自鸣，乃春自咏耳，非有咏之者。大而雷风之千响万应，细而禽鸟之千咏万态，众而人声之千唱万和，皆咏春也，皆春自咏也。"如是，孔老夫子"咏归"，可谓"皆咏春也，皆春自咏也。"如是，包恢的"咏泉"等，亦可谓"皆泉自咏也"！因为春天有春天之"道"与"德"，泉水有泉水之"道"与"德"，各自的内涵会通过不同的方式，以相应的情态表现出来。人们言其道，咏其德，与其说是人"皆咏"，不如说其春在自我披露，其水在自我流露，"皆自咏"也。"皆自咏"内在地包含"人皆咏"，"人皆咏"乃是"皆自咏"的一种方式，"人皆咏"反映的无非是客观对象"自咏"的某种内涵与情态。

10.5　怀兹水一滴，想彼心千年

"怀兹水一滴，想彼心千年"出自宋元之际诗人蒲寿宬《书会溪郴阳瀑布图后三首》。蒲寿宬，字镜泉，号心泉，宋西域人，宋咸淳七年（1271）任广东梅州知州。无论从他的身世渊源，还是他的文化修养（"华化"，著名学者陈垣先生称

其 "足开有元一代西域人华化之先声") ①，都是很值得研究的。蒲寿宬祖籍是新疆和阗人，其祖先应为阿拉伯人，宋嘉定年间，因慕孔子之道，于是从西域移居中原。②蒲寿宬一生崇水爱水，以泉为师，以泉为友，连字号都叫"镜泉""心泉"，其住所门楣也挂上"心泉"匾额，其诗集也自题为《心泉学诗稿》。他不但常以泉言志，以泉明志，以泉喻义，而且以名责实，身体力行，为官清正廉洁。据记载，"蒲寿宬，咸淳七年知梅州，一毫无取于民，居处饮食俭约，见曾井遗泽在民，遣人还籍取家资建石亭其上，日汲井水二瓶置诸公堂，欲常目在之而踵其武也。州进士杨圭题其梁曰：'曾氏井泉千古冽，蒲侯心地一般清。'"③总之，"水"与"泉"在他心目中具有异乎寻常的意义。在他从政时期是如此，在他退隐后愈加如此。当时，他与文学家刘克庄多有交往，在结庐"心泉"归隐泉州法石山之后，曾多次请刘克庄为其居庐作文书匾。刘克庄情谊难却，遂撰《心泉》一文相赠，曰："初，君行山间，得泉一泓，爱之，有会于心，即其所结庵，扁曰心泉。曰：'渴饮泉，饥读书，终吾身于此矣'……余非君，安知君之心，然即泉名以求其义，盖有可得而言者。夫泉至清，挠之则浊；心至虚至明，泊之则昏。善疏泉者，必澄其源，否则末流之弊，河污济矣；善治心者，必端其本，否则毫厘之差，舜为跖矣。以此复君，可乎？君请其序，余曰：《蒙》之《象》曰'山中出泉'，《蒙》谓存养此心也。《孟子》曰'泉之始达'，谓充广此心也。《中庸》曰'溥博渊泉，而时出之'，存养充广者然也。此其序也。"紧接着又曰："君既厌铜臭而慕瓢饮，舍尘居而即岩栖，以心体泉，以泉洗心，于游息之间备仁智之事，虽圣贤复起，必不麾之门廧之外矣。因次其语为君勉。"④

"以心体泉，以泉洗心"，可谓是蒲寿宬所思所好的真实写照。"水"与"泉水"，在他的内心世界，不啻审美世界中独特的对象，更是自己灵魂的寄托和生命的组成部分。"水"与"泉水"，意味深长，神韵焕然，是那样的活泼，那样的洁净，那样的脱俗，那样地令人向往！诗人对"水"与"泉水"的钟情、依恋，在

① 陈垣：《元西域人华化考》，上海古籍出版社，2000 年。
② 明末曹学佺《大明舆地名胜志》："法石寺在晋江城东五里，宋初陈洪进建筑坛山上，以效嵩呼，又名万岁山。有乾德四年赐额敕文。宋末西域人蒲寿宬与弟寿庚以互市至。"
③ 《光绪嘉应州志》卷十九《宦绩》，《中国地方志集成·广东府县志辑》，上海书店，2013 年。
④ 刘克庄：《刘克庄集笺校》，中华书局，2011 年。

《心泉》《飞泉》《菊泉》《万壑清流》《投后村先生刘尚书》等二十多首诗中多有真切表露。

如五律《心泉》："来寻万古意，聊结此生缘。久视都无物，中间只见天。灵根何处觅，露液晓初鲜。"

如五古《心泉》："山泉不知源，流出石磊砢。坎止心维亨，蒙养行必果。久视空无尘，静趣自忘我。明月知此心，时印夜光颗。白发今如此，扪松忆少年。"

如五绝《心泉》："冷冷一涧泉，炯炯千树雪。岁寒铁石心，山中玩芳洁。"

如五绝《心泉二首》："涓涓万古意，湛湛一尘无。明月来窥镜，宵寒露滴珠。""骤来惊辟易，久视益虚无。咫尺星堪摘，波摇又走珠。"

又如《万壑清流》："清流出万壑，千载此两贤。谁倾六月雪，洗我一片天。妙趣不可极，如此山中泉。"

又如《上舶使监丞王会溪》句："怀兹泉石心，贲之林野质。百年岂不短，万羡从此毕。"

又如《投后村先生刘尚书》句："疏泉溉其本，镜心澄尔神。"

……

了解了蒲寿宬的生平事迹，理会了他的内心世界，对开头提到的"怀兹水一滴，想彼心千年"的诗意就心领神会了。蒲寿宬这首诗并不长，也不难懂。他吟道：

千山六月火，可使金石然。

怀兹水一滴，想彼心千年。

愿君倒天瓢，流泽无中边。

这首诗直译的话，意思是说，在烈日炎炎似火烧的夏天里，似乎连山上的石头都要着起来了。哪怕能得到一滴水，我也会感恩到永远。我希望"兹水"像瓢泼一样从天而降，惠泽普天下所有的黎民百姓。

在六月酷热无雨的时节，诗人有感而发，思索良久，他想到了水，期望久旱逢甘霖；想到了水的可贵，想到了没有水万物皆毁，人须臾不可离开水，水短缺会引发和造成一系列危及生命、生存的问题，而这绝不是一时一事的问题。也许诗人深深地想到了上下几千年，天下苍生黎民时常为缺水少雨所困，何时何人能解民之倒悬？唯一能寄予希望的是苍天怀怜，兹水上善，养万物，利万民，不分地域，不分远近，不分亲疏，不分贵贱，博施同济，以至永年。

由此来看，蒲寿宬"疏泉溉其本，镜心澄尔神"也好，"怀兹泉石心，贲之林野质"也好，"岁寒铁石心，山中玩芳洁"也好，就不是一种单纯的独善其身了，更非一种离群索居的孤芳自赏。穷则独善其身，达则兼济天下，不正是他所孜孜以求的人生境界吗？正如他在《菊泉》诗里告诉我们的那样："疏泉得古髓，种菊蒙秋潭。愿与村中人，一瓢共清甘。"无论是来自天上的及时雨，还是出于山间的甘泉水，如果能使天下人共享，那该是多么美好的事啊！蒲寿宬有这么多写水之诗且具有如此境界，究其原因，与他"华化"即深受儒学、道学熏陶有关，同时也与作者原本所受宗教文化的影响分不开。

蒲寿宬饱读经典，文化修养很高，他兼收并蓄，悟到了水的真谛，抱着穷则独善其身、达则兼济天下的理想，在诗集中反复咏叹以表明心迹，给后人留下了一笔宝贵的文化财富，这是应当给予充分肯定的。

10.6　灵襟永虚洁，内外非二体

此句引自南宋文学家、诗人张镃《看涧水自警》。这首诗一看就知道是张镃写给自己的励志诗。张镃（1153—1221），祖籍成纪（今甘肃天水），寓居临安（今浙江杭州），卜居南湖。张镃出身显赫，为宋南渡名将张俊曾孙、刘光世外孙，不过他本人倒并没有走上张氏家族是武功之路，而是成了文阶之仕，但仕途并不怎么顺达，曾官至司农寺丞。年轻时，他非常仰慕诗风纵横奔放、酷似李白的北宋诗人郭功甫①，就把自己原字"时可"改成字"功甫""功父"。《看涧水自警》②这首诗里就有"功父"自称。全文较长，可以分为三段。

第一段是写诗人往日去灵隐山看水的情景：

昔往灵隐山，寺前贪看水。

木阴鉴晖彩，泓渟绝尘滓。

---

① 郭祥正（1035—1113），北宋诗人。字功父，一作功甫，自号谢公山人、醉引居士、净空居士、漳南浪士等。当涂（今属安徽）人。皇祐五年进士，历官秘书阁校理、太子中舍、汀州通判、朝请大夫等，虽仕于朝，不营一金，所到之处，多有政声。一生写诗1400余首，著有《青山集》30卷。他的诗风纵横奔放，酷似李白。

② 张镃：《南湖集》，钦定四库全书本，上海古籍出版社，1987年。

游鯈惯饼饵，敲栏聚如蚁。

坐玩岂不佳，直须波浪起。

开闸放三板，惊雷奔壑底。

如油石上苔，老濑光弥弥。

衣裳任溅洒，轻飔飒盈耳。

归来尚入梦，睡觉思未已。

这一段主要是回忆。诗人当年曾去灵隐山，非常喜欢观看灵隐寺前边的泉水。树荫下一泓泉水如镜子一样呈现出白云、红岩、绿树交织的光影，泉潭一尘不染，平平静静。一群群小鱼在水里游来游去，似乎形成了习惯在等着游人撒下的饵饼。敲一敲挡水的格栅，你会发现小鱼们像蚂蚁群聚集在那里。人们坐下来美美地欣赏如果还不能心满意足，那么，请再看看它涌起波浪的情景吧！一旦打开闸门的三块挡板，泉水就如同惊雷一声响，飞流直下的深谷谷底。豁口上的青苔像涂上了一层油，滑溜溜的闪光发亮。我站在它的旁边，衣裳任它溅洒，耳朵里充满了如轻风吹过的飒飒声。等回到了家晚上做梦还未能忘怀，醒来后我想到了很多很多。

接着，第二段是写诗人平常在自己家园林闲居赏水的情形：

累年罕游山，深居远廛市。

林卉渐丛茂，穷幽并余美。

疏涧弥百寻，萦纡带萍芷。

因风作微澜，绿皱偏可喜。

有时日向晚，湾处闲徙倚。

簟纹鞸縠皱，风平一齐止。

瑠璃莹不动，最爱中间里。

拟将挂杖探，恐破难整理。

拟将瓦砾投，恐涴难揩洗。

夹岩桃树影，迎望青迤逦。

飞禽既归宿，独留老居士。

足痹未忍去，更欲置床几。

长绳系羲轮，不容落西氾。

如果说第一段是"忆往"，这一段主要是"视今"。意思是说，这么多年，既很少到山里游览，也远离城市的喧嚣。我深居简出，闲暇无事，常常在自家园林里看水思水。（家世显赫的张镃在位的时候，以南湖为中心构建自己的山水园林，历时十几年之久，所建各种亭台池阁八十余处，并在园林之中种植各种花卉，取名"桂隐"。）这里林木花卉逐渐生长得郁葱茂密，整个园子里显得深远幽静，美不胜收。与南湖贯通的小溪曲折迂回流动，长度恐怕已超过了百丈。浮萍和水草在水上漂着，像一条绿带在水里游动。轻风一吹，湖水微微泛起波澜，绿波荡漾，煞是好看。在太阳快要落山的时候，溪水在湾湾里悠闲自在，相推相依，不舍不离。水面上的波纹有时像细细密密的竹席纹理，有时像漂漂亮亮的绸缎织纹，在没有风来的时候，这么好看的波纹似乎都是一动不动的样子停在那里。有时水面清净透明的样子就像一块琉璃一样，尤其是在湖水的中心，更是晶莹可爱。我有时想用拐杖探一探水有多深，可又怕破坏了它的纹理而难以恢复；我有时想捡一块瓦片石子什么的向里头投掷一下，可又担心瓦石上的灰尘污染了它而不能擦洗干净。岩山周围种有桃树，迎面望去到处都是绿茵茵的。到了傍晚，飞鸟已经回巢，只有我一个人还流连忘返。虽然我的腿走得有点酸麻了，我还想把床和茶几搬过来继续观赏。假使我有一根长长的绳子捆住天上的太阳不让它落到西边去，那该多好啊。

这一段写的是诗人的喜水恋水情怀，由此转入第三段，最后则表明了人水情缘与志趣所在。原文是：

> 倏思家中景，非同借来比。
> 已拼闲到老，从老闲至死。
> 自此晴便看，其看岂涯涘。
> 冥然心有语，功父吾戒尔。
> 操行益孤高，谨终当似始。
> 灵襟永虚洁，内外非二体。
> 行住坐卧处，泥渠亦清泚。
> 免令东有言，人污贻我耻。

这时，诗人猛然间想起，我为什么说了这么多自家桂隐园的美景呢，我是要拿灵隐山的泉水同自家的湖水比哪个更好看吗，是想自我炫耀什么吗，非也，非也！我呢，闲人一个，以后可能就这样无所事事地凑合到老死了。从今往后放眼看去，人的一生也不过是如此无可奈何而已。但这并不意味着我会消沉颓废，我内心里好像在自言自语，说道"功父啊，我告诫你，今后你要注意，操行方面要追求卓越，越来越慎独，始终如一，永葆初心。胸襟应永远像山涧玉溪一样纯洁且有内涵，内外一致，表里如一。行住坐卧处，哪怕周围都是污泥浊水，自身也要保持清正廉洁，不要说主人我未曾有言在先，到那时人家说东道西，使我被人耻笑"。

这首自警诗，先写山涧，再言湖水，最后道出了心声。"冥然心有语，功父吾戒尔。操行益孤高，谨终当似始。灵襟永虚洁，内外非二体。行住坐卧处，泥渠亦清泚。免令东有言，人污贻我耻。"自己是自己的主人，又是自己的朋友，人生在世，有顺境也有逆境，当权也好失意也罢，有人管束和监督也好无人管束和监督也罢，起决定性作用的是自己的选择，自己何去何从，关键在于自己的修养和定力，发自内心的"自警"乃至自律。《看涧水自警》一诗，粗看平平常常，似乎并没有什么惊人之处，但细细品味，意义绝非一般。诗人将审美与哲思融为一体，由看到水形动焉之美、静焉之美，而想到水性实然之善、虚然之善，由看到水形之美、想到水性之善，再想到自己应当以水为鉴，以清为照，终生向水学习，自励、自警、自律，以免落下历史骂名，实现了真善美的结合、艺术性与思想性的统一，给我们留下的不仅是美的享受，更多的是向善的愿景。

张镃还有两首诗，也是写泉水的。一首是五律诗，曰："天一即生水，语性何洁清。未尝使人贪，酌之失廉称。夷齐素高蹈，想非常饮冰。仁鄙成自取，处默先内明。"诗里再次表明，为人处世，说到底，洁身自好尤为重要，内心清虚是主导。外因是变化的条件，内因是变化的根据，亘古如此。另一首题为《大涤洞留题》，全诗曰：

我生百无能，唯工说山水。洞宵天一柱，真仙昔居止。
苍崖入九锁，修涧清彻底。层林仰首看，冷雾随起步。
饶君俗到骨，至此换却髓。一亭巧当门，乃是压涧尾。
便教宝玉做，思之未为侈。道人喜客来，先引玩清泚。
源头放泉出，猛喷深壑里。顷刻百万丈，宁论尺与咫。
冰涛卷雷鼓，滂湃力未已。天然句满眼，润色谢东里。
拟议及思惟，望风当披靡。回观翠蛟语，舞字最不死。

两诗故自妙，似觉泉在凡。正须吾三人，作意共整理。

要令石点头，滔滔那解此。

诗中说"我生百无能，唯工说山水"，极言诗人对山泉之水的热爱与专注。到底为什么呢？诗中已经有了答案：你看那山泉之静，"苍崖入九锁，修涧清彻底。层林仰首看，冷雾随起步"，远离尘嚣，清净淡泊，令"层林仰首看"，引"冷雾随起步"，就连人一旦到了这里，也会肃然起敬，洗心革面，"饶君俗到骨，至此换却髓"！你看那山泉之动，"源头放泉出，猛喷深壑里。顷刻百万丈，宁论尺与咫。冰涛卷雷鼓，滂湃力未已"，视觉冲击力特强，一切来自天然，令人感到震撼，用任何文字、任何比喻、任何思维都无法形容，难以尽述！它一静一动，就像是两位浪漫的诗人在低吟高唱，又好似来到了我身边。这真是太好了，让我们三个人一起来把这山泉之歌唱响吧！这可不是旁边的石头们所能理解的啊。如是我闻，与其说山泉如诗仙下凡，不如说是诗人已物我难分，早与山泉融为一体了。

第 11 章　中华民族的"治水之道"（上）

　　中华水文化体系是在中华民族与水打交道的过程中逐步形成并不断发展起来的。水是生命之源、生产之要、生态之基，中华民族要生存发展既然离不开水自然，就必须深入地观察水、认识水，从实际需要考虑如何与水博弈，在最大限度上兴其利除其害，在最大可能上治理水、改造水、用好水，争取实现人与水的和谐共生。为此，中华民族治水理水的实践活动所涉及的江河湖海遍布东西南北，所面对的水情水象千变万化，所采取的方式方法也多种多样。于是乎，中华民族的治水理水文化，无论是物质形态（器物形态）还是精神形态，都显得特别丰富充实，特别显著发达。可以说，一部中华治水理水史就是一部中华水文化发展史的"主页"和"中心内容"。中华民族治水理水文化可以体系为称，内容固然很多，但其精髓是"治水之道"。中华民族的"治水之道"集中体现了中华文化"水"的高度与深度。况且，前事不忘，后事之师，回顾总结中华民族一代代光辉的治水之道，对于中华水文化内核的传承创新，无疑具有重要的现实意义和理论价值。

11.1　顺水导滞以治水

　　在洪水滔滔的远古时代，一个个治水英雄，走在了人类文明的前列。从文献记载来看，有如仲起、阳侯者，"仲起为海陆，阳侯为江海"[①]；有如共工父子者，"共工氏之霸九州也，其子曰后土，能平九州，故祀以为社"[②]；有如少皞二子修、熙者，"蔡墨曰：少皞氏有四叔，曰重、曰该、曰修、曰熙，实能金、木及水。使重为句芒，该为蓐收，修及熙为玄冥。世不失职，遂济穷桑"[③]；有如大禹父子者，

---

① 《论语摘辅象》，见汤一介总编纂《儒藏》（精华编 131 卷经部谶纬类（通纬逸书考），北京大学出版社，2013 年。
② 《礼记·祭法篇》。
③ 《左传·昭公昭公二十九年》。

更不待言。这些英勇的治水者与治水事迹,拉开了中华民族改造自然、利用自然的大幕,开启了中华文明的新纪元。千百年来,历朝历代继承先志,不断探索治河之道,提出了从共工的"壅防百川,堕高埋庳",鲧的"障洪水",到禹的"疏川导滞",到贾让的"治河三策"、冯逡的"分流"、关并的"开辟滞洪区",到潘季驯的"筑堤束水,以水攻沙""借水攻沙,以水治水"等治黄方略,再到李仪祉的"去河之患,在防洪,更须防沙",谋求黄河安澜。但由于科学技术和社会制度的限制,都没有从根本上改变黄河为害的历史。据统计,自周定王(公元前 602年)到 1938 年,黄河下游泛滥决口达 1500 次,其中重要的改道 26 次,即"三年两决中,百年一改道"。影响范围北抵天津,而达江淮,泛区包括冀、鲁、豫、苏、皖五省,面积达 25 万平方千米。

为了生活生产用水的方便,古代先民们一般濒水而居,但在洪水季节,也常受到洪水的侵害,为此治河防洪工程应运而生。最初的防洪工程是修筑一些简易的堤坝,把居住区和附近的耕地保护起来,用土抵挡洪水的漫延。传说中的共工氏率领他的部落"壅防百川,堕高埋庳"[①],将高出的土石搬运到离河一定距离的低处筑堤,以这些堤埂抵挡洪水。如果出现大洪水,则上山躲避。共工治水方略,史上褒贬共存,从褒义来讲者,"共工氏以水纪,故为水师而水名"[②]。以至于后世尊崇共工氏为治水的先驱。从贬义讲者,"昔共工弃此道也,虞于湛乐,淫失其身,欲壅防百川,堕高埋庳,以害天下。皇天弗福,庶民弗助,祸乱并兴,共工用灭"[①]。意思是说共工背离了"与水和谐共存"的治水之道,因错误的治水而导致自己的失败、灭亡。

依靠堤埂来保护大范围的农业区显然是困难的,洪水威胁因而再次成为社会发展的主要障碍。相传在尧、舜、禹的时代,发生了一场持续多年的特大洪水,"汤汤洪水方割,荡荡怀山襄陵,浩浩滔天,下民其咨"[③],治水成为当时社会的主要任务。据古史记载,在洪水威胁面前,部落首领曾举行部落联盟会议,决定由鲧主持治水。鲧是禹的父亲,在接受任务后,即率领民众努力工作。他所采用的治水方法仍然是共工"壅防百川,堕高埋庳"的传统。在先秦记载中,有"鲧

① 《国语·周语下》。
② 《左传·昭公十七年》。
③ 《尚书·尧典》。

障洪水"①"鲧做城"②，也就是筑城来阻挡洪水。但是，在农业发展的新形势下，再沿用"障洪水"的老办法已无济于事，治水以失败告终。鲧也因此被废黜。

鲧失败后，部落联盟会议又推举禹继续主持治水。传说中禹"为人敏给克勤；其德不违，其仁可亲，其言可信；声为律，身为度，称以出；亹亹穆穆，为纲为纪"③。近乎十全十美的禹，汲取前人失败的教训，探讨新的治水方法。他还找到伯益、后稷以及共工氏的后代四岳等部落首领做助手，自己也身执耒锸，以民为先。他率领民众，经过十多年的努力，终于制服了洪水。洪水退去后，人们从丘陵高地搬到肥沃的平原上居住和生产。

先秦文献记载，大禹治水采用主要方法是"决九川距四海，浚畎浍距川"④。"距"是到的意思，疏通主干河道，导引满溢出河床的洪水入海；疏浚支流小河，将地面渍涝迅速排入大河。可以想见，将洪水冲成的千沟万壑，顺应水流形式整理成排水河道系统，加速洪水和渍涝的排泄，必将减轻洪水的危害。由于采用了适合当时生产发展需要和生产力发展水平的正确方法，收到了"水由田中行，……，然后人得平土而居之"⑤的效果。对此，西汉初年陆贾在《新语·道基》一文中有深刻阐释。他说："后稷乃列封疆，画畔界，以分土地之所宜；辟土植谷，以用养民；种桑麻，致丝枲，以蔽形体。当斯之时，四渎未通，洪水为害，禹乃决江疏河，通之四渎，致之于海，大小相受，百川顺流，各归其所。然后人民得去高险，处平土"⑥。这段话说明了农业发展与大禹治水之间的因果关系，以及社会经济进步了，必然要求新的治水方法来给予更有效的保护，从而推动治水事业的进步。

禹采用以疏通为主的治河方法，比共工氏和鲧"障洪水"的办法前进了一步，从单纯的消极防御，进步为积极的治河。疏导的措施已经部分地改变了河流的自然状况。经过人工疏导的河流，防洪排涝能力增加了。大禹治水以后的黄河下游行经路线是"东至于砥柱（三门峡），又东至于孟津，东过洛汭，至于大伾，北过降水（后之漳水），至于大陆（在今河北隆尧、巨鹿、任县三县间的大湖，已淤平），

---

① 《国语·鲁语上》。
② 《吕氏春秋·郡守》。
③ 《史记·夏本纪》。
④ 《尚书·益稷》。
⑤ 《孟子·滕文公下》。
⑥ 《新语·道基》。

又北播为九河，同为逆河入于海"①。大陆泽以下黄河主流分作九股分别入渤海，而以上则疏导为一股，大约反映当年各地开发程度的不同。

疏导治水的原则是顺应河性，依据地形条件，采取一些小规模的工程措施（如疏浚、筑堤导流等），疏导河流，将洪水引至无人区，来保护区域安全。先秦时已经有人从河流整治的角度对大禹治水进行了总结，从中归纳出在大江大河下游多流入海形势下，以疏导为主的治水方略。《淮南子·原道训》云："禹之决渎也，因水以为师。"②即按照水流趋下的规律，采用疏浚河道，或分流或多流合并的方法，达到"合通四海"的目的。此后各朝各代不仅将禹治水视为疏导洪水方略的典型案例，也尊为中国古代"平治水土"的国土治理最高原则。

夏商时期允许黄河在今河北东部分播为九，是这一带开发程度不高的反映。但随着开发地域的不断扩展，势必与黄河下游分作九支缺乏控制的状况产生新的矛盾。于是公元前 7 世纪，位于黄河下游的齐国就开始将黄河九支并作一支。唐代学者孔颖达著《尚书正义》时引用春秋《纬宝乾图》说："移河为界在吕齐，填阏八流以自广。"③另一纬书《尚书中候》也说，"齐桓之霸，遏八流以自广"④。东汉的班固和北魏时的郦道元也有类似说法，都说齐桓公当时把河流下游九河填了八河，目的是开疆拓土。

战国至西汉黄河下游逐渐形成了系统堤防。到西汉末年，在华北平原频繁决口，黄河河道已经到了改道的前夜，疏导治水的方略被重新提出。成帝初，清河都尉冯逡说，清河郡（治今河北清河县东南）在以往数十年间河患不严重，是因为其间上游黄河主流曾分出一支屯氏河来，现在屯氏河淤塞了，主流泄洪能力不足，灾害因而加剧。于是他建议重开屯氏河，"屯氏河不流行七十余年，新绝未久，其处易浚。又其口所居高，于以分流杀水力，道里便宜，可复浚以助大河泄暴水，备非常"⑤。王莽时御史韩牧也有类似的主张，但均未付诸实行。

北宋治理黄河方略中，开分水河的治理措施再次提出。其中典型的事例是，

---

① 《尚书·禹贡》。

② 《淮南子·原道训》。

③ 孔安国：《尚书正义》，上海古籍出版社，2007 年 12 月。

④ 《读史方舆纪要》124 卷川渎一，载顾祖禹《读史方舆纪要》，上海书店出版社，1998 年 1 月。

⑤ 《汉书·沟洫志》。

庆历元年（1041 年）朝廷在治理横陇决口的方案上举棋不定，有的主张堵口故道，有的认为应该开分水河，恰巧"未兴工而河流自分。有司以闻，遣使特祠之"①。从朝廷的欣喜庆贺，反映出对分水治黄倚重的心情。分水治黄系统的理论阐述，则见于大中祥符五年（1012 年）李垂提出的导河形胜书。

金、元两代以北方为统治重心，治黄也以保北为重点。不仅治理上加强北岸的修防，而且往往因袭向南决口的形势，人为地向南开河分水。金大定八年（1168 年）黄河在河南滑县李固渡（在今滑县西南沙店集附近）向南决口，曹州（治今在菏泽）城被冲毁。当年曾派人查勘，认为洪水泛滥主要在曹州、单州（治今在单县）一带。这一地区农业不发达，居民多以水产为生。而"大河所以决溢者，以河道积淤，不能受水故也"②。如果堵复，难免再决，于是决定顺应二河分水的形势。这是当年舍南保北方针指导下的必然结果。

分流治黄在明代前期仍是主导的方针。典型的事例是徐有贞的分水演示。明正统十三年（1448 年）后，黄河连年泛滥并且冲断运河，漕运中断。在先后指派多人治理无效的情况下，于景泰四年（1453 年）任命徐有贞支持治理黄河和运河。但朝廷对徐有贞提出以分水为主的方案犹豫不决，派人前往质询，"使者至，徐出示二壶，一窍、五窍各一。注而泻之，则五窍者先涸。使归而议决"③。由此说明，开分水河对于提高泄洪能力的重要性。

除黄河之外，历史上海河治理也多以分疏为主。海河南系（今白洋淀，东淀至海河一线以南）受黄河影响，水系混乱，沼泽洼地遍布，众水汇流，最易致涝。北魏年间，海河南系大雨频仍，熙平二年（517 年）和正光二年（521 年），接连大水，致使长河激浪，洪波汩流，川陆连涛，原隰通望，弥漫不已，讯滥为灾④。其时左中郎将崔楷提出治理规划，其要旨曰：水灾的发生，"良由水大渠狭，更不开泄；众流壅塞曲直乘之所致也"，因此，他提出以疏导为主的治理对策，曰"量其迤逦，穿凿涓浍，分立堤堨，所在疏通，预决其路，令无停蹩；随其高下，必得地形；……，钩连相注，多置水口，从河入海，远迩迳通，泻其烧潟，泄此陂

---

① 《宋史·河渠志一·黄河上》。
② 《金史·河渠志》。
③ 李东阳：《宿州符离桥月河记》，载《明经世文编》卷 54，中华书局，1987 年。
④ 《魏书·灵征志》。

泽。"①其中"多置水口，从河入海"是力图改变众流汇聚的不利形势，而使之分道出海。崔楷还为计划的实行设计了相应的用工方案，以及排涝工程完成后因地制宜的种植方案，即"水种秔稻，陆艺桑麻"，但可惜工程尚未完成，崔楷奉调离任，计划中辍。元代定都北京以来，由于京城大兴土木，对太行山、燕山森林过度砍伐，水土流失严重，下游各河淤积显著增加，河道迁徙频繁，防洪任务逐代增加。据统计，海河流域水灾在唐宋平均30年一次，元明清三代增加至五年左右一次。北魏时期被称作清泉河的永定河，至辽、金称作桑干河或卢沟河，而到元代则被称作浑河或小黄河，并被特别注明"以流浊故也"②，恶化了海河水系的防洪形势。

明代海河五大支流除永定河和子牙河未系统筑堤，其余南北运河和大清河已稳定。此外，洼淀虽较宋代大为收缩，但仍较今时宽广。以东淀为例，其面积大约是20世纪中叶的一倍左右。明代海河防洪的工程措施仍以疏浚为主。代表性的规划意见出现在嘉靖年间。嘉靖十一年（1532年）海河大水，郎中徐元祉受命赈灾。他说："河本以泄洪，今反下壅；淀本以潴水，今反上溢，……，今惟疏浚可施，其策凡六。"③他的六条措施全部都围绕疏浚，并被批准实行。同时代的霸州道观察王凤灵的防洪规划较全面，所提出的方案共计三个要点：在洼淀周围筑堤，增大滞洪容积，"余观直沽之上有大淀、小淀，有三角淀，广延六七十里。深止四五尺，若因而增益之，有为之堤，淀蓄众水而委输于海，水固有所受也"④。此外，他也主张疏浚淤浅的河道和增开支河多途泄水，强调滞、泄、分三者兼顾，以洼淀滞蓄为主。在当时洼淀滞洪能力较大的背景下，这个规划是比较符合实际的。

清代，海河防洪方略的重点仍然是分流和疏导。雍正年间陈仪在《直隶河道事宜》一文中，详细分析了海河的形势。他认为，北运河、南运河、永定河、子牙河和大清河下游汇聚天津海河，争趋入海通道，尾闾又受海潮顶托，泄流不畅，因此"欲治直隶之水者，莫如扩达海之口；而欲扩达海之口者，莫如减

---

① 《魏书·崔楷传》。
② 《元史·河渠志一》。
③ 《明史·河渠志六》。
④ 顾炎武：《天下郡国利病书》卷4，上海科学技术出版社，2002年。

入口之水"[1]。乾隆四年(1739 年)直隶总督孙嘉淦又具体规划"别疏永定、子牙二河于西沽南北分流,不使入(东)淀。清浊攸分,永患永息"[2],即将永定河分流天津之北,子牙河于天津之南分头入海。20 世纪 60 年代根治海河实际上采用了相似的分流泄洪措施。此后大规模整治,无不辅以排水施工。

11.2 捍水防洪以治水

夏商时期允许黄河在今河北东部分播为九,是当时人口密度和经济发展水准下可能实施的工程措施。随着春秋以来黄河下游不断开发,人类活动区域不断扩展,华北平原经济区逐渐形成,对防洪的需求随之日渐迫切,以改变黄河下游多支泛流、洪水期毫无约束和控制的状况。黄河下游河道治理及堤防建设在春秋中期至战国时逐渐兴起,至汉代达到第一次高潮。元代定都北京,南粮北运,主要依靠南北向的京杭运河,确保长江以北运河的通畅成为治河的主要目标。这一时期,黄河、淮河中下游堤防建设再次得到国家高度重视,堤防技术、治水方略也在此时有了长足的发展。

11.2.1 堤防建设的产生

当人类临水而居的时候,就有了堤防。从文字记载中反映出,我国至少在西周时已普遍应用防洪。周灵王二十二年(公元前 550 年)在周王城(今洛阳)有大洪水发生。在王城北面的谷水和王城南面的洛水同时涨水,谷水南流,与洛河洪水相汇。王城西南坍塌,危及王宫。灵王计划修堤壅水防洪。太子晋为劝说灵王"不防川,不窦泽",提出禹圣作为榜样,劝阻筑堤,同时提出自己的五点治理原则:"象天",即顺应寒暑干湿的气候条件;"仪地",即针对不同的地形地貌;"和民",即采取仁爱百姓的政策措施;"顺时",即按照生物的生长繁殖规律;"供神",即沟通天神,乞求对不可预知变化的保护。按照这五条法则行事,必将受到上天的福佑,得到民众的拥护,子孙长寿厚福,百姓怀念不忘。太子晋从正反两

---

① 陈仪:《直隶河道事宜》,载《陈学士文集》,中华书局,1985 年。见《皇朝经世文编》(卷 107,工政十三直隶水利上·畿辅八府地图记),台湾国风出版社,1965 年 3 月。
② 吴邦庆:《畿辅河道水利丛书》,许道龄校,农业出版社,1963 年 12 月。

方面讲道:"王无亦鉴于黎、苗之王,下及夏、商之季,上不象天而下不仪地,中不和民而方不顺时,不共神祇而蔑弃五则。是以人夷其宗庙而火焚其彝器,子孙为隶,下夷于民,而亦未观夫前哲令德之则。则此五者而受天之丰福,殄民之勋力,子孙丰厚,令闻不忘,是皆天子之所知也。"但当时灵王并没有接受太子晋的劝诫,而采取筑堤的治理措施[1]。《国语·周语上》有"防民之口,甚于防川。川壅而溃,伤人必多"的警语[2],在这里,堤防被作为比喻的事例提出来,可见当时已经是司空见惯、尽人皆知的防洪工程设施了。

战国齐桓公时,两国交战时有筑堤或坝以水攻敌的事件。楚国侵犯宋国和郑国,在河堤上筑堤,使河改道,"要宋田,加塞两川,使水不得东流。东山之西水深灭塪,四百里后可田也"[3]。大约是在睢水上拦河筑坝,使上游成灾。可见睢水两岸当时已有堤防,能向上游淹地数百里,大约是回水和堤防溃决的结果。当时齐桓公是春秋霸主,曾出兵要挟,迫使楚国拆去拦河坝。这一时期,把堤防作为战争手段的情况,在诸侯国之间的盟约中也有相应的条款相互制约。其中最著名的是公元前 651 年在葵丘之会上订立的盟约,其中有"无曲防"一条,意思是不许修建有利自己而损害邻国的堤防。在各诸侯国取得政权,铁工具广泛使用,黄河下游地区经济迅速增长,人口繁衍,城市兴建,再也不能让洪水像以往一样四处漫流,与水争地势不可免。对黄河的治理因而提出进一步的要求。

黄河下游的堤防工程是战国时期逐步形成的。战国初年(约公元前 5 世纪上半叶),位于黄河下游的齐、赵、魏三国是当时经济实力最强和人口最多的诸侯国。齐国在今山东和河北的东南部,地势最低,首先在离黄河主流 12.5 千米的南岸筑堤。齐国有了堤防的保护,洪水转而威胁西北面的赵国,于是赵国也在离河 12.5 千米的北岸筑堤。位于上游的魏国效法齐国和赵国的做法,也跟着修筑了沿岸大堤。各国堤防相邻的部分,由于有着共同的利害,堤防逐渐相互连接。黄河主流由此被约束在两个大堤之间,形成了保护下游地区的连贯堤防,实现了黄河防洪划时代的进步。当时黄河堤防左右岸堤距约 25 千米,黄河宽阔的河床可以容纳汛期的大洪水。

---

① 《国语·周语·太子晋谏灵王壅谷水》。
② 《国语·周语·召公谏厉王弭谤》。
③ 《管子·霸形》。

虽然连贯堤防建成，由于诸侯国之间的敌视和战争，堤防仍难免经常被用来作为"壅防百川，各以自利"的工具。黄河干流上最早的一次以水代兵的战例发生在魏惠王十二年（公元前 359 年），当时楚国曾决开黄河南岸大堤，"楚师出河水，以水长垣之外"①，就是掘开位于今天河南滑县东面的白马口险工，攻淹敌军。可见，黄河大堤业已连贯并具有高大的规模。这种以堤防作为战争手段的做法，直到秦王朝统一中国，"决通川防，夷去险阻"方才告一段落②。

11.2.2 堤防的普遍实施

堤防之制以治河最称完备。战国时期黄河下游已有连贯的堤防。至西汉末年，下游堤防建设已有相当宏伟的形制，史称"大堤"或"金堤"。这些堤防建设在防止洪水决溢的前提下，尽量向黄河主槽靠拢。

由于黄河洪水变化大，两岸堤距的选择大多凭借经验。为了防御大洪水漫溢，出现了距离河道主槽较远的遥堤。遥堤最早见于记载是在同光三年（925 年），当年后唐庄宗指示"平卢节度使符习治酸枣遥堤，以御决河"，胡三省注文说："遥堤者，远于平地为之，以捍水。"③所谓遥堤是相对于一般临河大堤而言的，距离多远为遥，史无明文。当时是在河决频繁的酸枣县（今河南延津西南）有遥堤。宋代黄河上屡有遥堤兴作。与遥堤相对应，距离主槽较近的大堤统称为缕堤。遥堤和缕堤是黄河上的骨干堤防。辅助堤防中，还有称作月堤（或越堤）的，是圈帮于遥堤或缕堤单薄地段的堤防，最早建于北宋天禧四年（1020 年），当年在著名险工段天台口堤段"傍筑月堤"④。但直到明代隆庆年间以前，遥、缕、月等堤防尚未形成统一的防洪体系。

宋代及其以后的数百年，治黄以分流为主导方针。尤其是元代维护北方统治重心的安定和明代为确保京杭大运河畅通，都以向南分流为主要治黄手段。黄河下游主流在颍水和泗水之间往返，大幅度摆动，分流治黄实际是以牺牲南岸大片地区为代价。但分流治黄并非不用堤防，唯所筑堤防主要用以约拦泛溢的洪水不

---

① 《水经·河水注》卷 5。
② 《史记·秦始皇本纪》。
③ 司马光：《资治通鉴》，中华书局，2012 年 1 月。
④ 《宋史·河渠志一》。

致大范围漫流，所以直至嘉靖十三年（1534 年）刘天和主持河务时，"历观宋元迄今堤防，形址断续，横斜曲直殊可骇笑"①。虽经他大力整理，北岸堤防只分布于河南至江苏沛县一带，南岸堤防只修到开封以东不远的兰阳（今兰考）赵皮寨。至明代嘉靖末年，黄河在山东鱼台至江苏徐州一带竟分作十三股散漫横流，河势敝坏已极。事实上，黄河修防已进入无可奈何的困境，治黄措施不得不谋求根本的改变。嘉靖四十五年（1566 年）至隆庆六年（1572 年）陆续修筑黄河两岸大堤数百里，黄河下游主流遂并作一支，从而开始了以堤防为主要手段、以束水攻沙为主导方针的黄河防洪阶段。

长江大堤最早出现于荆江。长江荆江段的堤防最早兴建于东晋永和年间（345—356 年），桓温命陈遵主持修建。《水经·江水注》记载："江陵城地东南倾，故缘以金堤。"②后经唐和五代的续建，至北宋中期荆江北岸系统堤防已经形成，成为保卫江汉平原的防洪屏障。到了明代前期，湖北和安徽的长江两岸堤防也已形成规模。唐代以来堤防建设向其他流域继续普及和改进。即使西域蒲昌海（今罗布泊）、塔里木河一带，唐时也有较大规模的堤防建设，一次动员筑堤人夫达 600 人。

海河水系五大支流中，大清河和南北运河较为稳定。大清河有西淀（白洋淀）和东淀调蓄，南北运河下游汇往海河，但各自都有分洪减河，防洪矛盾不甚突出。子牙河由于含沙量较大，下游河道时常迁徙，但自明代已建有西岸大堤，下游入文安洼和东淀，再由海河入海，对海河防洪全局也无大害。只有永定河，由于含沙量大，迁徙无定，所经又是政治中心区，因此成为防洪的重点。

元代永定河自石景山出山后，东南至武清，再入三角淀。明代河道西移，至清初河道主要流经固安、霸州一线以西。沿途州县各自建有保护地方的防洪堤，迄未系统筑堤。水大时漫溢出槽，泥沙沉积于农田，清水逐渐汇集入淀。在此期间，永定河防洪问题主要表现在自身，对整个海河水系的影响较小。

康熙三十七年（1698 年）为了稳定永定河，从卢沟桥以下至永清之朱家庄全长 100 多千米的河道两岸筑堤，自柳岔口注入东淀。这一措施对于控导永定河洪水自是有利，然而，所挟带的大量泥沙亦因此长驱直入，导致"淤高桥淀，而信安、堂二铺遂成平陆；淤胜芳淀，而辛张、策城尽变桑田。向之渺然巨浸者皆安

---

① 刘天和：《问水集》，南京大学出版社，2016 年 3 月。
② 郦道元：《水经注》，叶扬译，中华书局，2020 年 11 月。

归乎？"①于是阻塞了自白洋淀东下的大清河流路。东淀水位抬高，南运河堤也岌岌可危。不仅如此，就永定河本身而言，筑堤后河身不断淤高，至乾隆二年（1737年）河床已高出平地八九尺至一丈。

后人评价永定河筑堤为失策，虽然由此取得了永定河 30 年的安澜,但由于"不为全河计，而只为一河计,……,于是淀病而全局皆病，即永定一河亦自不胜其病"。①至雍正三年（1725 年）遂决定"引浑河别由一道入海，勿使入淀"②。但永定河向东别辟入海路径，必与北运河交叉，当年未能解决这一横穿运河的技术难题，只好将其下口向东摆动，最终以东淀西北之三角淀取代东淀作为永定河的淤沙库，此举并未能根本解决问题，矛盾愈演愈烈。嘉庆六年（1801 年），东淀水位过高，竟从独流镇至天津杨柳青一带穿过南运河向东入海，漕运因而受阻。甚至作为全流域主要入海尾闾的海河，淤积也明显增加，以往南洼之水可以由海河南岸七闸通过海河宣泄，嘉庆初年由于海河河床淤高，即使在小水时期，南洼积水也不能进入海河。当时人反而谋求由七闸宣泄海河涨水。可见主要由于永定河和子牙河筑堤淤淀，使海河防洪全局更加被动。

11.3 用水之势以治水

《管子·乘马》记载，选择国都的地势条件是"凡立国都，非于大山之下，必于广川之上。高毋近旱而水足也，下毋近水而沟防省"③。前者是便利交通的需要，后者是基于城市供水及防洪排涝的考虑。齐国的临淄城（在今淄博市东北）的城址选择正与上述要求相吻合。临淄城位于淄水冲积扇前沿，东依淄水，西靠系水，南枕牛山与稷山，北临广阔平原。城内地面高程一般在 40.00～50.00 米之间，既有利于城市污水排放，也不致受洪水侵袭。在缺少优良地形条件的情况下，则要采取相应的预防措施。例如，濒临汉水的安康市，位于河谷之中，地形促狭，只得依汉水建城。河谷中的汉水在汛期暴涨陡落，城市为尽可能便利取水和航运，位置又不能过高。为了适应洪水特点，滨江的房屋一般做成木桩撑立的高脚屋，

---

① （清）陈仪：《治河蠡测》，载《陈学士文集》，中华书局，1985 年。
② （清）陈仪：《直隶河道事宜》，载《陈学士文集》，中华书局，1985 年。
③ 《管子·乘马》。

在汛期甚至允许洪水进入底楼,成为独特的适应洪水的建筑形式。为了防备特大洪水,康熙二十八年(1689 年)还在旧城南门外修万柳堤,作为特大洪水灌城时百姓逃生的通道。

有些城市选址虽交通便利,但由于地势较低,频遭洪涝侵袭,最后不得不全城动迁,以求安定和发展。例如,北宋的郓州城(今山东东平)附近有赤水、泗水、和济水,交通虽便利,但也"常苦水患",北宋咸平三年(1000 年),霖雨经月,积涝溢甚,"乃遣工部郎中陈若拙经度徙城。若拙请徙于东南十五里阳乡之高原,诏可"①。又如馆陶县由于黄河北徙,城址处于新河槽和南面的黄河大堤之间,也不得不在北宋熙宁六年(1073 年)"迁于高囷村以避水"②。正应了"如能顺水所向,迁徙城邑以避之,复有何患"③的认识。看似消极避让,实则是顺应地势和水势规律,与自然求得和谐。

"束水攻沙"的治水方略源于对河流泥沙运动的认识。西汉末年,大司马史张戎最早提出河流泥沙运动的理论认识,他认为:"水性就下,行疾,则自刮除,成空而稍深。河水重浊,号为一石水而六斗泥。今西方诸郡以至京师东行,民皆引河、渭、山川水溉田,春夏干燥少水时也。故使河流迟,贮淤而稍浅。雨多,水暴至则溢决,而国家数堤塞之,稍益高于平地,犹筑垣而居水也。可各顺其性,毋复灌溉,则百川流行,水道自利,无溢决之害矣。"④张戎在此阐明了黄河多沙的特点,提出了多沙河流的水流与河床之间的冲淤关系,即"行疾,则自刮除,成空而稍深""河流迟,贮淤而稍浅"。因此,如果禁止中下游地区引河水灌溉,集中水量下洪,河道将逐渐刷深,从而消除洪水决溢的危险。

到了明代后期,鉴于分流至黄论的失败,人们进一步探讨治黄的新途径。隆庆六年(1572 年)至万历二年(1574 年)总理河道的万恭总结了当时人的新认识,提出:"以人治河,不若以河治河也""夫水专则急,分则缓;河急则通,缓则淤。……,今治河者第幸其合,势急如奔马,吾从而顺其势,堤防之,约束之,范我驰驱,以入于海,淤安可得停?淤不得停则河深,河深则永不溢,亦不舍其

---

① 《宋史·河渠志一》。

② 《宋会要辑稿·方域五之一二》。

③ 《宋史·河渠志二》。

④ 《汉书·沟洫志》。

下而趋其高，河乃不决。"①万恭不仅进一步发展了张戎的见解，而且赋予堤防以新的作用，即除了防止洪水泛滥之外，还具有整治河道的积极意义。

明代，"束水攻沙"论得到潘季驯的系统总结，并在其先后历时 20 多年的四次总理黄河、淮河和运河的实践中发扬光大。"束水攻沙"最初只是依靠修建于黄河主槽两边的缕堤，但缕堤中的河床断面往往不足以宣泄洪水，在汛期难免被冲毁。为了适应防洪的需要，潘季驯提出并实行了双重堤防，即在束水攻沙的缕堤之外，在距离缕堤二三里外的地方，再筑一道遥堤，如此，"遥堤约拦水势，取其易守也"，而"缕堤拘束河流，取其冲刷也"②，既可防水，又可冲沙。

但缕堤在洪水期间难免冲决，于是如何实现束水攻沙成了这一理论能否成立的关键，潘季驯在其第四次总理河道之初就针对这一问题提出了新的认识，他说："治河之法别无奇谋秘计，全在束水归槽。……束水之法，别无奇谋秘计，惟在坚筑堤防。……故堤固则水不泛滥，而自然归槽；归槽则水不上溢，而自然下刷。沙之所以涤，渠之所以深，河之所以导而入海，皆相因而至矣。"③潘季驯这里所说的"束水归槽"的堤防，不是缕堤，而是遥堤，只不过遥堤的作用不是"束水攻沙"，而是"束"水归槽后水流对河床的冲刷，从而进一步发展了束水攻沙的理论。

随着自己治河实践的不断丰富，潘季驯对于实现"束水攻沙"的工程技术措施也在不断完善。从最初的修筑缕堤，到遥堤双堤制，进而认为缕堤难守，而"弃缕守遥"④；最终演变为以护滩工事巩固滩地，与遥堤"束水归槽"相协同的防洪新体制，更加实用而易行。此后 400 年的黄河下游防洪方针，一直继承着潘季驯创立的这一治河理论。

应当指出，虽然潘氏总结的修防措施，经过 400 年的实践，直到今天也终未阻止河床的抬升。然而，并不能因此得出"束水攻沙"失败的结论。因为，客观上存在着许多影响潘氏方针生效的因素，如修守不力，堤防溃决，导致主槽淤积

---

① 万恭：《治水筌蹄》，水利电力出版社，1985 年。
② 潘季驯：《恭报三省直堤防告成疏》，载《河防一览》卷 12，中国水利水电出版社，2018 年 4 月。
③ 潘季驯：《申明修守事宜疏》，载《河防一览》卷 12，中国水利水电出版社，2018 年 4 月。
④ 潘季驯：《河防险要》，载《河防一览》卷 3，中国水利水电出版社，2018 年 4 月。

加重。又如河道人为设障,也必将加速河槽淤积。不过,最终一举根本解决黄河防洪问题的期望确是未能达到。然而退一步看,贯彻了潘氏重修守的方针,部分达到了"束水攻沙",减缓了河床淤积速度,减少了黄河决口灾害,恐怕也是肯定无疑的。包世臣曾高度评价潘季驯的治河贡献:"是故,神禹以后善河事者,未有能及潘氏者也。"[1]

11.4 谐水之性以治水

以堤防为主的工程治水方略是我国数千年防洪的主流,但是,在自然力量面前,人类的能力十分有限,任何防洪工程措施和非工程措施注定要受到自然环境的制约。

我国数千年的历史中,在堤防为主的工程治水方略主流之外,还并存着基于与自然和谐的自然观,适应洪水规律的治水方略。这一方略的提出始于汉代,世代相承,尽管理论阐述多于实践,但是影响依然很大,被历代尊为治水经典。

适应洪水规律的治水方略是基于古代人们对灾害成因认识的基础上提出的。如明代治河名臣刘天和指出:"禹之治河,自大伾(应为大陆泽)而下播为九河,是弃数百里地为受灾之区……非若今之民滨水而居,室庐、耕稼其上,一有沉溺,即称大害……古今相去不亦大相远邪?"[2]认为人口繁衍,地域开发,助长了灾害发生,治河防洪和社会经济发展紧密相关。同时,工程防洪总有一定的限度,"天有不测风云",希望在任何水文条件下河流都不决口,显然是难以做到的,也是不经济的。在古代,人们已经认识到,为了达到有效减灾的目的,除了改造自然以造就人类生存的适宜环境之外,在许多方面,人们不得不调整社会和经济的发展以适应自然规律,达到减轻灾害损失的目的。

西汉年间,自汉武帝时期开始,黄河频繁决溢,成为朝野关心的国家大事。之后,陆续提出过多种工程治黄方案。大约在公元前6年,贾让提出治河三策,这是流传下来的最早的治理黄河的规划方案,并以其适应洪水规律以减轻水灾损

---

[1] 包世臣:《中衢一勺·郭君传》卷 2,李星点校,《包世臣全集(中衢一勺 艺舟双楫)》,黄山书社,1993 年。
[2] 刘天和:《问水集》,南京大学出版社,2016 年 3 月。

失的主张独树一帜，对后世有重要影响。

贾让在其治河对策中首先分析了黄河演变的历史。他指出，古代的时候，河有河的流道，人有人的住处，各不相干。河流两岸并不筑堤，只是在居民区附近修些矮小的堤埝防护一下。这样，夏秋季节的洪水可以四处游荡而不受约束，本无所谓水灾。但是到了战国时期，各国为了各自的利益，开始在两岸筑堤防洪，虽然这不是好的办法，但当时黄河两岸堤距达 25 千米，洪水尚不至于被束缚得过分严重。然而此后情况进一步恶化，老百姓贪图黄河肥美的滩地，逐渐在堤内加筑民埝，圈堤围垦。围垦一再深入河滩，以至大堤之内又有好几道民堤，民堤离河床远的不过数里，近的只有一里多。河道宽窄不一，河线再三弯曲，严重阻碍行洪，可见，由此造成洪水泛滥，房屋田产被淹没，那完全是人们自己造成的。在历史分析的基础上，贾让提出了治河上、中、下三策[1]。

上策的想法是，摆脱目前黄河河道高耸狭窄的困难局面，另外开辟一处宽广的场所容纳黄河洪水。具体方案是将黄河改道西行，在当时的黄河和西面的太行山麓之间的宽敞地带北流入海。这一地区是冀州的辖区，为此，要把冀州的百姓迁移出来。搬迁费只相当于几年的黄河岁修经费，不难解决。他认为这是从根本上消除黄河水患的办法。贾让的中策是在上策基础上的改进，也就是说，如果顾虑上策所放弃的土地过多，那么可以在黄河以西、太行山麓以东的适当地点向北新修一道大堤，让黄河在新堤与西山麓之间北流。此外，还可以在新堤之上修建若干水闸，水闸可供东部地区引水灌溉，同时对航运也有好处。他认为，中策虽然谈不上是圣人的做法，但也是"富国安民，兴利除害，支数百岁"的治河良策。此外，他认为坚守目前狭小和混乱的黄河堤防，每年为治河花费大量经费还难免决溢的做法是下策。

对于贾让治河三策，后代有不同评价，明清间争论尤多。邱濬认为"古今言治河者，皆莫出贾让三策"[2]，而嘉靖年间刘天和则认为贾让上策和中策都不可行，并认为邱濬本人缺乏治水经验，评价意见不足为据[3]。清代夏骃称赞贾让治河有术，

---

① 《汉书·沟洫志》。
② 邱濬：《大学衍义补》，江苏大学出版社，2018 年 9 月。
③ 刘天和：《问水集》，南京大学出版社，2016 年 3 月。

"虽使大禹复出于此时，亦未能不徙民而放河北流者，安得不以上策哉!"[①]。而河道总督靳辅则讥讽贾让说："有言之甚可听而行之必不能者，贾让之论治河是也。"[②]或予以肯定，或予以否定。

而在批评贾让具体治黄措施之后，靳辅同时强调，贾让"所云疆理土田，必遗川泽之分，使秋水多得有所休息，左右游波，宽缓而不迫数语，则善矣"[②]。

靳辅这里所引用的是贾让《治河三策》中开篇的第一句话："古者立国居民，疆理土地，必遗川泽之分，度水势所不及，……，使秋水多，得有所休息，左右游波，宽缓而不迫。"[③]意思是治河必须顺应河流和洪水的客观规律，留足泄洪断面。人们的生产和生活应主动避让洪水，在满足泄洪以外的地方（"度水势所不及"）去进行，而不能过分侵占河滩，压迫洪水。也就是说，人们的防洪努力，一方面要为改善生存条件，和不利的自然环境作斗争；另一方面，也要遵循自然规律，主动限制国土开发利用的强度以适应自然。贾让"必遗川泽之分，度水势所不及"，是他从黄河治理的历史演变中得出的结论。他提出的社会发展要有一定的限度，应主动与河流洪水的规律相适应的自然观，是客观的、积极的。

后代也有治河主张，例如，元丰四年（1081年）宋神宗认为："河之为患久矣。后世以事治水，故常有碍。夫水之趋下乃其性也，以道治水，则无违其性也。如能顺水所向，迁徙城邑以避之，复有何患？虽神禹复生，不过如此。"[④]

所谓以事治水，就是在充分满足社会发展的前提下治水，让治水服从土地开发利用。所谓以道治水，则要求社会发展适应洪水的客观规律，如果土地开发、城镇建设违背了这一自然规律，则应"迁徙城邑以避之"，以"无违其性"。

同时代的大文学家苏轼在一篇《禹之所以通水之法》的文章中提出："治河之要宜推其理而酌之以人情。河水湍悍，虽亦其性，然非堤防激而作之，其势不至如此。古者河之侧无居民，弃其地以为水委。今也堤之而庐民其上。所谓爱尺寸而忘千里也。故曰堤防省而水患衰，其理然也。"[⑤]虽然废弃堤防而任水所向的办

---

① 夏骃：《贾让治河论二》，载贺长龄、魏源等编《清经世文编》卷96，中华书局，1992年。
② 靳辅：《论贾让治河奏三》，载故宫博物院编《木龙书、治河方略、北河续纪、河防论四种》，海南出版社，2000年10月。
③ 《汉书·沟洫志》。
④ 《宋史·河渠志二》。
⑤ 苏轼：《苏东坡全集》（下册），中国书店，1986年6月。

法不可取，但治河之要宜推其理而酌之以人情的话，却道出了洪水灾害的发生并不单纯和洪水发生的 "理" 有关，而且必须注意到社会发展这个 "人情" 对河流和洪水的影响，这是极有见地的。

元延祐元年（1314 年），"黄河涸露旧水泊地，多为势家所据。忽遇泛滥，水无所归，遂致为害。由此观之，非河犯人，人自犯之。"[①]本来是黄河涨溢的容水之地，权势之家却要在小水时土地涸露的年头据为己有开发耕作，如此，在洪水到来时必然受灾。"由此观之，非河犯人，人自犯之"，也就是说，不是洪水危害居民，而是居民住到容蓄洪水的地方去自找灾祸，说得更为直截了当。

这些认识和贾让如出一辙，都是在单纯运用工程防洪措施几乎走投无路的情况下提出的。看似消极，实际上包含着人类发展要主动积极地适应洪水客观规律的合理内核，也就是说，要想有效地减轻灾害损失，还必须控制由于社会盲目发展引发的致灾因子，调整国土开发利用方式以适应洪水。当然，随着人们调蓄洪水的工程能力的不断提高，减灾社会化的规模和形式也有所不同。

在人类的社会发展进程中，人与洪水关系始终存在着妥协与抗争，通过工程和非工程措施对环境以改造或适应。一方面采取工程措施防止洪水出槽；另一方面主动或被动地回避洪水，给洪水留下必要的滞蓄场所，使洪水不出槽，或在洪水出槽时不致对人口、财产集中的地方造成重大灾害。明清时期，长江中游担负滞蓄洪任务的洞庭湖，在自然淤积和人为垦殖的双重压力下调洪能力逐步萎缩。荆江防洪压力显著增大。在荆江防洪治理规划中，明确提出在加强工程防洪能力的同时，必须合理规范社会经济发展以适应洪水的观点。

清代后期，长江中游湖北安徽段频繁决溢。道光十五年（1835 年）赵仁基指出，长江水灾的根源是河道淤积抬升和滥肆围垦通江湖泊。他的治理方案包括工程防洪和社会减灾两部分，工程措施包括兴建保持水土的陂塘堰坝，使江水变清，减少淤积，遏止洪水泛滥。他还认为，兴建防洪工程并非唯一的办法，采取规范社会发展的适当途径，也可以有效地达到减灾的目的。这就是他所说的治灾之计，即迁移易灾地区人民避开洪水，同时豁免原定的田粮赋税。简而言之，防洪的目的既包括和洪水作斗争，又要在必要的情况下避让洪水，即治江（和洪水斗争）

① 宋濂：《元史》，中华书局，2016 年 3 月。

与治灾（调整开发区域以适应洪水）二者相辅相成。赵仁基的治江方略升华了汉贾让三策的治水自然观，体现出古人防洪减灾思想的精髓。

近年来，学术界由此引申出自然灾害既有自然属性又有社会属性的双重属性理论认识，并指出减灾的有效途径也有两方面：针对其自然属性，采取工程措施加以防范；针对其社会属性，调整国土开发和加强管理以适应自然规律。防洪减灾战略转变的提出，是历史经验的继承与发展。

第 12 章　中华民族的"治水之道"（下）

中国古代在长期的治水活动中形成了许多颇具特色的治水理念与朴素的辩证思想，以其精练的语言和强大的说服力，给后世留下了宝贵的思想文化遗产，值得今人学习和思考。

12.1　"天人合一"思想观念

"天人合一"思想又称"天地人"三才系统观念，或天地人宇宙系统论。"天地人"是中国古代对宇宙系统的基本概括。老子在《道德经》中写道："人法地，地法天，天法道，道法自然。"老子指出，"天人合一"思想既包含不同层次的自然规律，又强调发挥人的主观能动性。"天人合一"思想也是中国古代唯物主义与唯心主义斗争的焦点。早期的唯心主义者认为，治水需信天命、靠神佑，而唯物主义者则相信"天道"，即自然规律是可以被人类认识的，而且人类还可以改造自然。如春秋时期孔子重人事，满怀"刚健有为"的思想，"知其不可为而为之"，孟子提出"天时不如地利，地利不如人和"的思想，孙子提出"知彼知己，胜乃不殆；知天知地，胜乃可全"。战国末期，荀子在总结前人治水经验时，更是提出了"人定胜天"的思想，即人类可以征服自然，把人的主观能动性发挥到极致。

"天地人"三才系统观念的形成与长期的治水活动密不可分，也是人类最早形成的和谐思想。首先，古代治水要考虑"天"的因素，因为中国大江大河一般为雨洪河流，恶劣的气候与暴雨往往导致洪灾的发生，要治水首先得掌握水情，而要掌握水情，就需要了解气候和气象变化，才能做到顺势而为。其次，要考虑"地"的因素，因为水是顺着地势往低处流，要治水就必须充分利用地理、地势、地貌、地形等有利条件，才能做到因地制宜。再次，要考虑"人"的因素，一是治水领袖的才能非常重要，二是古代治水需要大量的人力物力。

总之，治水需要深厚的天文、地理知识及充足的人力，只有做到"天人合一"，才能实现"人定胜天"。

12.2 "顺之水性"的思想观念

世间万事万物的存在，无不遵循一定的自然规律，只有认识和掌握自然规律，才能因势利导，达到事半功倍的效果。大禹治水开创了中国的古代文明，正如孟子评价的那样，大禹懂得"水之就下"的自然规律，并"顺之水性"地进行引导，达到"无为而治"的效果，所以其思想传承数千年，被历代明君采纳，不仅用于治水，同样用于治国。从当前长江黄金水道建设来看，上游水库修建后，长江中下游"清水"下泄，需要利用"水之为性，专则急；河之为性，急则通"的特点，控制好两岸边界与河势，让"清水"冲刷河床，来不断提高航道水深，利用自然之力，达到"下流之积沙自去，海不浚而辟，河不挑而深"的效果，既满足人类的需求，又不伤害自然。

治水首先得认识水的自然规律，老子说："江海所以能为百谷王者，以其善下之。""上善若水，水利万物而不争。"孔子说："其流卑下，句倨皆循其理。"孟子说："水之就下，人性之善。""有本之水，盈科后进。"老子、孔子和孟子的论述如出一辙，指出水的习性是"就下"，特征是"能容""不争"。此外，水的"生命"在于流动，如"流水不腐，户枢不蠹""问渠那得清如许，为有源头活水来"等。

掌握了水的自然规律后，就应当顺应自然规律来治水。老子在《道德经》中提出了"无为而治"的思想，不是指不作为，而是指不要乱作为，要顺其自然地进行治理。明代水利专家潘季驯在临离任时，总结一生治河的理论和经验，在《条陈熟识河情疏》中说："水有性，拂之不可；河有防，驰之不可；地有定形，强之不可；治有正理，凿之不可。"①这句话辩证地说明了水流和堤防的关系，即水流有它的习性，堤防不要轻易改变它的流向，河流有堤防的保护，水流也不要任意去驰骋。清代治水专家陈潢说："千古知治水道者莫孟子若也。孟子曰禹之治水之

---

① 潘季驯：《条陈熟识河情疏》，载《潘季驯集》，浙江古籍出版社，2019 年 3 月。

道也，传曰顺水之性也。""今昔治河之理虽同，而弥患之策亦不有同。""河之形有古今之异，河之性无古今之殊。水无殊性，故治河无殊理。"[1]意思是，尽管现在的河流形态与古代有所差异，但河流演变的自然规律没有改变，所以治河应没有特殊的道理。我们要学习古人的治水理念和思想精髓，并与西方现代文明有机结合起来，指导当代的治水实践。

人的智慧在于能发挥主观能动性，河也有 "智慧"，我们善待它时，它能 "载舟"；否则，它能 "覆舟"；给它以空间，它能自我调节与自我修复，服务于人类；若将它逼到墙角，它也会 "以其人之道，还治其人之身"。

历史上的堵疏之争，不仅是治水方法的不同，更是违背自然与顺应自然之争。都江堰的治水秘诀是 "深淘滩，低作堰"，其蕴含的哲理便是 "因势利导，顺其自然"。

总结大禹治水思想，正如孟子所说 "禹之行水也，行其所无事也"。清代治河名臣陈潢对此解释为 "所谓行者，疏浚排决是也；所谓无事者，顺之水性，而不参之以人意焉"[1]。陈潢的治水思想是对大禹治水思想的传承，所倡导的治水理念是顺其自然、因势利导、以疏为主。

12.3 系统治理的思想观念

系统治理思想主要体现在阴阳五行学说中。阴阳五行学说是中国古代创造的朴素的唯物主义哲学思想。在《周易》思想体系中，阴阳是最为重要的概念。对于阴阳的解释中，主导性的观点是把阴阳理解为阴气与阳气，还有解释为物质运动的两种力、明暗、隐显等。阴阳五行学说认为，自然界任何事物或现象都包含着既相互对立又互相联系的阴阳两个方面，阴阳是对相关事物或现象相对属性或同一事物内部对立双方属性的概括，阴阳之间的对立制约、互根互用，并不是处于静止和不变的状态，而是始终处于不断的运动变化之中。"五行"即金木水火土，它们彼此之间相生相克，无不体现阴阳的关系。五行学说最早在道家学说中出现，

---

[1] 陈潢：《河防述言》，载任继愈主编《中国科学技术典籍通汇·技术卷4》，河南教育出版社，1994 年。

它强调整体概念，描绘了事物的结构关系和运动形式，是一种原始的普通系统论。阴阳五行学说深刻而明确地揭示了矛盾双方及其相互关系，是世界上最早的辩证法思想。

古代许多关于水的描述充满着辩证法的思想，老子说："天下莫柔弱于水，而攻坚强者莫之能胜，其无以易之。"可见水虽柔弱，但柔能克刚。实际上，水有固、液、气三态，水遇强则更强、遇弱可更弱。《后汉书·皇甫规传》注引《孔子家语》："孔子曰：'夫君者舟也，人者水也。水可载舟，亦可覆舟。君以此思危，则可知也。'"[1]后来唐太宗李世民引用 "水可载舟，亦可覆舟"的话，流传甚广。

明代水利专家潘季驯在实践中综合运用了多种手段，且根据相互之间的矛盾关系，有机地组合起来，形成一个全面的治河方略。而如今，我们在治理中过于偏重人的需求，以"堵"的方法占主导，过多或简单采用筑坝技术，治理方法过于单一，在取得巨大效益的同时，也留下了一些缺陷和遗憾。

中国古代的阴阳五行学说包含着辩证法思想。治水还应该在"顺之水性"的基础上，抓住矛盾的两个不同方面，辩证施治；同时，在治理的过程中要把握好"度"。从辩证法的角度看，"无为而治"的核心思想是通过调节矛盾双方的对比关系来达到"不治而治"的效果，而不是轻率地消灭矛盾中的某一方。河流中的水和沙是一对矛盾，为了防洪和治沙的需要，我们修建水库来蓄水拦沙，就会引起水库的淤积和上游洪水位的抬高，三门峡水库便是一个深刻的教训。因此，无论是治水还是治沙，重点是协调水沙之间的比例关系。具体应用到水库调度，应当抓住"蓄清排浑"的指导思想，力求协调水沙比例，促进河流演变的相对平衡和河势的动态稳定。

12.4 "尊古不卑今""竞今不疏古"的思想观念

"尊古卑今"出自《庄子》。《庄子·外物》云："夫尊古而卑今，学者之流也。"庄子认为，尊崇古代而鄙视当今是儒家等学派的学者之流的短见。依庄子之见，

---

① 范晔：《后汉书》，中华书局，2007 年 8 月。

得道的人是能随世而行不固执的人。"竞古疏今"出自南朝刘勰的《文心雕龙》。《文心雕龙·通变》云："推而论之，则黄、唐淳而质，虞夏质而辨，商周丽而雅，楚汉侈而艳，魏晋浅而绮，宋初讹而新。从质及讹，弥近弥澹，何则？竞今疏古，风味气衰也。"①当时文坛上存在着"俪采百字之偶，争价一句之奇"的风气，刘勰批评了这种文风，强调了文学演变的继承关系。刘勰反对"竞今疏古"的文风，虽有补偏救弊的用意，但不是要复古，而是主张探知本源，做到"通则不乏""变则可久"。庄子和刘勰批评的"尊古卑今"和"竞今疏古"，是在古今关系问题上两种极端的倾向，前者只要继承不要创新，而后者一味追新，忽略了继承。这两种倾向都是与科学精神格格不入的，真正的科学精神应是继承与创新的统一，尊古不卑今，竞今不疏古。

坚持继承与创新的辩证统一，是推动水治理、水科学理论与实践发展的内在要求。继承是创新的基础和前提，创新是在继承基础上的发展、突破和跨越，二者是相辅相成、辩证统一的关系。离开了继承，创新就成了无根之木，无源之水；相反，如果只有继承没有创新，水治理、水科学理论与实践就会停滞不前，失去发展的动力。在中国古代水治理、水科学发展史上，坚持继承与创新的统一在很大程度上表现为处理好古今的关系。这里的"古"指的是前人的治水理论、实践经验、历史文献等。"今"指的是注重实践，正视当下的事实与旧有理论的矛盾，敢于突破旧有理论的框架，将科学推向前进。清代陈文述在其《治水一篇夜坐澹园池上作》一诗中反映了他的治水策略，云："治水如治病，症必探其源。治水如治兵，局必筹其全。虑患在事后，决策在事前。扶危与定倾，但令平不偏。今之治水者，所见殊不然。不与地理准，不与天时权。但恃势与位，未许他人贤。虚怀与和衷，二者无一焉……岂无孙吴略，畴能倚任专。"②他认为治水当重预防，有的放矢，须宏观统筹，依据天时、地利灵活治理，而非照搬古方抑或凭恃权位独断专行。这首诗实际上提出了一个治水的大思路，在今天看来也是很有见地的。

---

① 刘勰：《文心雕龙》，王志彬译，中华书局，2012 年 6 月。
② 陈文述：《颐道堂诗选》，清嘉庆二十二年（1817 年）刻本。参见李晨：《毁誉之间：论陈文述的清诗史定位》，浙江师范大学学报（社会科学版），2021 年第 1 期。

在中国古代科技史上，墨子第一次从科技的角度探讨了古今关系。孔子说："述而不作，信而如古。"墨子不同意这一观点，他运用逻辑推理对这个观点进行了有力的批判，他说："儒者曰：'君子必服古言，然后仁。'应之曰：所谓古之言服者，皆尝新矣，而古人言之服之，则非君子也？然则必服非君子之服，言非君子之言，而后仁乎？又曰：'君子循而不作。'应之曰：古者羿作弓，伃作甲，奚仲作车，巧垂作舟；然则今之鲍、函、车、匠，皆君子也，而羿、伃、奚仲、巧垂，皆小人邪？且其所循，人必或作之；然则其所循，皆小人道也。"①这就是说，按照"述而不作，信而好古"的原则，君子只遵循前人的做法而不创新，那么后羿、季伃、奚仲、巧垂这些弓、甲、车、舟等技术的原创者都成了小人，黄蜡革工、甲工、车工、木工这些按照既定样式制作的工匠反倒了成了君子，这显然是与春秋战国时期人们所崇尚的技术理想人格的标准不符合的，再进一步推下去，如果技术原创者都是小人，那么后人按照他们技术发明进形成的技术原理和规则来制作器物，不就是遵循小人之道吗？墨子运用反证的方法批驳对方的观点，通过阐述对方的论点会导致荒谬的结论，证明对方的观点是无法成立的，墨子的分析揭示了述与作、古与今的北关系，也体现出了一个古代科学家注重逻辑思维的气质。

北宋文坛上著名的"三苏"之一苏辙对于多沙河流淤积、决口和河道迁徙规律有更明确的表述。元祐六年（1091 年）在反驳将黄河从北流改回东流故道的主张时，他说："臣闻大河行流，自来东西移徙皆有常理。盖河水重浊，所至辄淤，淤填既高，必就下而决。以往事验之，皆东行至太山之麓，则决而西，西行至西山之麓，则决而东。向者天禧之中，河至太山，决而西行，于今仅八十年矣。自是以来，避高就下，至今屡决：始决天台（天禧三年，1019 年），次决龙门，次决王楚（天圣六年，1028 年），次决横陇（景祐五年，1038 年），次决商胡（庆历八年，1048 年），及元丰之中，决于大吴（元丰三年，1080 年）。每其始决，朝廷多议闭塞，令复行故道。故道既高，复行不久，辄又冲决。要之水性润下，导之下流，河乃得安。是以大吴之决，虽先帝天锡智勇，喜立事

---

① 《墨子·非儒（下）》。

功，而导之使行，不敢复塞，兹实至当之举也……谨按自来河决，必先因下流于高，上流不快，然后乃决。然则大吴之决，已缘故道于高，今乃欲回河使行于此，理必不可。"[①]

　　苏辙举出宋代决口地点变化的事实，进一步阐述了河道淤积先下游，后上游，再下游的循环规律。同时他还指出，由于决口后泛区淤积，地形渐高，导致再决口时下游河道和泛区位置的迁移，这种迁移在大范围上还具有往返摆动的规律。这些科学的认识，为近代泥沙研究所证实。

[①] 苏辙：《论黄河东流札子》，载《苏辙集》，中华书局，1990 年 8 月。

第 13 章　中华水文化之光：大禹精神

对于自然，人类最初总是充满恐惧与无边的想象。东西方民族都有与洪水相关的神话与传说。在那个遥远的时代，洪水成为毁灭世界的力量。人类对于水的恐惧从此永不消失，与洪水搏斗的历史几乎成为人类的生存史。人类与洪水斗争，似乎成为人类生存和发展的必要条件，没有洪水就没有治水，没有治水，人类文明史可能就得重新书写。大禹治水，也是人类社会系统"治"态的开始。可以说，史前先民们为了生存，以"杀"获取食物，以"杀"获取生存的权利，史前"文明"处处充满了愚昧与野蛮，充满了"杀"的血腥，这种血腥时代的休止符，被手持耒耜、脚踩洪水的大禹定格在亘古长空中，预示着"治态"的来临，预示着"中华文明史"的曙光掠过中华大地。

13.1　大禹治水的史话

大禹治水在《尚书》《山海经》《论语》《淮南子》《墨子》和《史记》等古代典籍中都有描述，有神话故事也有民间传说。

神话故事的大禹治水，大致内容如下：远古的时候，中华大地发生了大洪水。滔滔洪水吞噬了农田、庄家，淹没了人们生存的家园，甚至夺去了成千上万人的生命。部落首领尧召集群臣商议对策，大家推荐鲧担任治水工作。鲧用修坝堵截方法治水，但是没有什么实质性的效果。后来，鲧听说天上有一种息壤，只要一点儿，就可以长成堤坝。于是，鲧在乌龟的帮助下飞到天上盗回息壤。他扔一点儿息壤到洪水中马上就长成堤坝。正当洪水即将治理成功时，天帝发现鲧偷盗了息壤，盛怒之下派火神祝融夺回息壤，并杀死了鲧。鲧被杀后，因为他的治水愿望没有实现，精魂不散，尸体三年不腐，上帝知道鲧的尸体三年不烂，十分惊骇，于是又派了一位天神，并带了一把宝刀"吴刀"，吴刀砍下去，鲧的尸体被剖开了，从鲧的肚子里突然飞出一条虬龙，这就是大禹。大禹子承父业，广泛选拔人才，进行实地考察，确定采用疏导的方式治理水患，即导小水于川、导大水于海，最终成功治理了洪水。

民间传说的大禹治水，基本内容为：传说尧在位期间洪水肆虐，在洪水威胁面前，当时部落首领召开了一次议事会议，最初决定由鲧负责治水。鲧接受任务之后，率领群众努力工作。他治水仍然沿用以往修筑堤埝的传统方法。因而虽经九年的努力，但是洪水还是没有被制服，鲧也因治水失败而被放逐而死。后来，部族联合体议事会又推举鲧的儿子禹来主持治水工作。据说禹勤劳勇敢、聪明智慧，他吸取父亲治水失败的教训，虚心向有经验的人请教，努力探索新的治水方法。终于找到了一个变通的办法，以疏通河道为主，把河水顺着西高东低的地形导流到东面的大海里去。治水期间，禹曾"三过家门而不入"。经过十三年的努力，洪水终于被大禹制服，天下开始变得安定下来。

新近发现的约铸造于 2900 年前的青铜器"燹公盨"，上面铸有铭文 98 字，是目前所知中国最早的关于大禹及德治的文献记录，专家认为这证实了大禹及夏朝的确存在。铭文曰："天命禹敷土，掘山浚川。乃奉方执征，降民监德；乃自作配飨，民成父母。生我王，作臣久，贶唯德，民好明德。寡在天下，用久俏好，益养懿德，康亡不懋。老友盟，明经齐，好祀舞昵；心好德声，遒亦唯协。天妥用老，神复用承禄，永御于宁。燹公曰：民唯克用兹德，亡诲。""燹公盨"的铭文与尚书的有关记载相印证。"禹别九州，随山浚川，任土作贡。禹敷土，随山刊木，奠高山大川。"① "禹曰：'洪水滔天，浩浩怀山襄陵，下民昏垫。予乘四载，随山刊木，暨益奏庶鲜食。予决九川，距四海，浚畎浍距川；暨稷播，奏庶艰食鲜食。懋迁有无，化居。烝民乃粒，万邦作乂。'" ② "燹公盨"的铭文提供了大禹治水传说在文物中的最早例证。

无论是神话故事和民间传说，还是"燹公盨"的铭文，其核心内容和主题大致相同，大禹作为英雄人物，成为古代先民们最敬仰的人。

① 《尚书·禹贡》。
② 《尚书·益稷》。

13.2　大禹治水的人文精神

大禹治水的传说建立在历史现实的基础之上，而大禹治水神话则以虚构性为主要特点。传说真实地记录和反映了民众的历史感情，神话经过历史的演变而成为民间传说，负载着人们的历史情感。在《山海经》《淮南子》等古籍文献中有很多关于大禹治水的神话记载，鲧、禹是以神的身份出现的，而在《孟子》《吕氏春秋》《汉书》《吴越春秋》等文献中，大禹治水的内容更多具有了民间的生活气息，鲧与禹由神变成了超人的半神英雄或者氏族英雄。当然，我们在此并非要刻意区分大禹治水究竟是神话还是传说，而是要解读其作为一种民间文化所蕴含的文化内涵。

大禹治水神话传说之所以能够流传经世长久不衰，与其自身所蕴含的深厚文化内涵是密不可分的，同时也与其能够表达民间社会老百姓的情感诉求有着重要的关系。学术研究的重要任务之一就是要透过文化表象来找出其所包含的实质性内容。正像格尔茨所讲的那样："我以为所谓文化就是这样一些由人自己编织的意义之网，对文化的分析不是一种寻求规律的实验科学，而是一种探求意义的解释科学。"具体到大禹治水神话传说而言，就是要借鉴相关学术理论，洞察该神话传说所包含的文化意义与符号内涵，找出其深厚的文化价值。

13.2.1　以济天下为己任的精神

"天下"，是中国特有的一个词汇，它比"国家""民族"等词汇有更为丰富、广大的内涵。"物格而后知至，知至而后意诚，意诚而后心正，心正而后身修，身修而后家齐，家齐而后国治，国治而后天下平。"[①] "天下兴亡，匹夫有责。""先天下之忧而忧，后天下之乐而乐。"中国历代的志士仁人，无不以济天下为己任。而大禹堪称为第一人。

我国古代典籍对此有很多记载，如"当尧之时，天下犹未平，洪水横流，泛滥于天下。草木畅茂，禽兽繁殖，五谷不登，禽兽逼人。兽蹄鸟迹之道，交于中

---

① 邓启铜、诸华：《大学》，北京师范大学出版社，2019 年 3 月。

国。尧独忧之，举舜而敷治焉。舜使益掌火，益烈山泽而焚之，禽兽逃匿。禹疏九河，瀹济漯，而注诸海；决汝汉，排淮泗，而注之江，然后中国可得而食也。当是时也，禹八年于外，三过其门而不入，虽欲耕，得乎？"①如"当尧之时，水逆行泛滥于中国，蛇龙居之，民无所定，下者为巢，上者为营窟。书曰：'洚水警余。'洚水者，洪水也。使禹治之。禹掘地而注之海，驱蛇龙而放之菹，水由地中行，江、淮、河、汉是也。险阻既远，鸟兽之害人者消，然后人得平土而居之。"②如"昔上古龙门未开，吕梁未发，河出孟门，大溢逆流，无有丘陵沃衍、平原高阜，尽皆灭之，名曰'鸿水'。"③"汤汤洪水方割，荡荡怀山襄陵，浩浩滔天，下民其咨。"④可见，当时的洪水灾害非常严重。大禹是在父亲治水九年无成被流放而死后接受治水重任的。任务艰巨是明摆着的，否则，鲧也不至于治了九年而以失败告终。面对这种局面，倘使没有一种大无畏的以济天下为己任的精神，是不可能有勇气承担这个重任的，禹却承担了这个重任。

大禹肩负了时代和历史的责任，以保护华夏民族和非华夏民族的生命、财产、耕地和山林安全，免于被洪水冲走的危机感和责任感，正如《墨子·兼爱》记载："古者禹治天下，西为西河渔窦，以泄渠、孙、皇之水。北为防、原、派、注后之邸，嘑池之窦洒为底柱，凿为龙门，以利燕代胡貉与西河之民。东为漏大陆，防孟诸之泽，洒为九浍，以楗东土之水，以利冀州之民。南为江、汉、淮、汝，东流之注五湖之处，以利荆楚、干、越与南夷之民。"⑤又如《吕氏春秋·爱类》的评说："禹于是疏河决江，为彭蠡之障，干东土，所活者千八百国。此禹之功也。勤劳为民，无苦乎禹者矣。"⑥以安天下、利天下为己任，"禹思天下有溺者，由己溺之也"⑦。由此可见，大禹的以济天下为己任的精神，其核心或思想基础是"爱民"，是"民本"。以天下苍生为念，以为全人类谋幸福为人生奋斗目标，这是大禹和历史上其他一切伟大人物的基本生长点。

---

① 《孟子·滕文公章句上》。
② 《孟子·滕文公章句下》。
③ 《吕氏春秋·论·开春论》。
④ 《尚书·尧典》。
⑤ 杨伯峻：《孟子译注》，中华书局，1960 年。
⑥ 张双棣、张万彬、殷国光、陈涛：《吕氏春秋》，中华书局，2007 年。
⑦ 《孟子·离娄下》。

大禹以济天下为己任,并不是为了拥权上位。在上古尧舜禹时代,公众领袖由各氏族部落民主推举,年老力衰就退位让贤,并不视天下为己有。尧舜禹三代相禅让的故事就是证明。大禹也继承了古代民主传统,他本来推举皋陶而准备授之以政,可惜皋陶先死了。到他巡狩会稽临终之时,他并没有传位给儿子,而是"以天下授益"。中国的家天下非从大禹始,而是从夏启开始。大禹仍然保持了古代的民主礼让传统,在用人行政中体现了选贤举能的原则。

13.2.2　大公无私,公而忘私的精神

"公"和"私"二者在道德领域内,处在相互对立的状态。"公心"与"私心"的力量此消彼长,决定着人们的道德面貌和精神情操。"天下为公"历来是中华民族道德建设的最高目标。

"当帝尧之时,鸿水滔天,浩浩怀山襄陵,下民其忧。"①洪水泛滥,民不聊生。大禹受命于危难之中,担负起了治水安民的重任,在治水过程中,为了治理水患,大禹无暇顾及成家,以至"三十未娶,行到涂山,恐时之暮,失其度制……因娶涂山";至于结婚,"禹娶涂山氏女,不以私害公,自辛至甲四日,复往治水"②,婚后四天,便告别新婚娇妻,回到治水前线;"禹伤先人父鲧功之不成受诛,乃劳身焦思,居外十三年,过家门不敢入。"③上述情形,表现出禹"舍小家顾大家""三过家门而不入"的崇高品质,体现了大禹公而忘私的奉献精神。难能可贵的是,在治水过程中,大禹生子启,也没有时间去看望,禹说:"予创若时,娶于涂山,辛壬癸甲。启呱呱而泣,予弗子,惟荒度土功。"④他劳而忘身,率先垂范,始终奋战在治水的第一线。《庄子·天下》记载墨家学派对其弟子的要求。"墨子称道曰:'昔禹之湮洪水,决江河而通四夷九州也。名山三百,支川三千,小者无数。禹亲自操橐耜而九杂天下之川。腓无胈,胫无毛,沐甚雨,栉疾风,置万国。禹大圣也,而形劳天下也如此。'使后世之墨者,多以裘褐为衣,以屐跻

①　《史记·夏本纪》。
②　《水经注·淮水注》。
③　《史记·夏本纪》。
④　《尚书·益稷》。

为服，日夜不休，以自苦为极，曰：'不能如此，非禹之道也，不足谓墨'。"①禹足迹遍布全国。"禹凿龙门，通大夏，疏九河，曲九防，决淳水致之海，而股无胈，胫无毛，手足胼胝，面目黧黑，遂以死于外，葬于会稽，臣虏之劳不烈于此矣。"②"禹伤父功不成，循江，溯河，尽济，甄淮，乃劳身焦思以行，七年，闻乐不听，过门不入，冠挂不顾，履遗不蹑。功未及成，愁然沉思。"③大禹历经千辛万苦，终使"九州攸同，四隩既宅，九山刊旅，九川涤源，九泽既陂，四海会同。六府孔修，庶土交正，厎慎财赋，咸则三壤成赋。中邦锡土、姓，祗台德先，不距朕行"④。大禹为解除百姓的痛苦，忘我忘家、率先垂范、献身治水的精神，成为历代的学习榜样。

据文献记载，禹之父鲧采用"堙""障"之法治理洪水，"九载绩用弗成"⑤。禹不因父被殛而记恨推辞，以大局为重，以治水和人民大众利益为己任，接受虞舜所嘱托的历史重任，以皓首穷经不坠青云之志治理水灾，同样体现了禹公而忘私的精神。

13.2.3 艰苦奋斗，严于律己的精神

史载大禹治水时，"劳身焦思""薄衣食""卑宫室""陆行乘车，水行乘舟，泥行乘橇，山行乘撵"，艰难困苦自不必说。但是，大禹为了社稷民众的利益而以身作则，艰苦创业，其精神可谓惊天地而泣鬼神。

大禹在个人生活上淡泊廉洁，严于律己。这固然是受当时社会生产力发展水平的制约，但同时更多的是大禹本人的自觉行为。对这一点，《墨子》中有较充分的阐述："故《夏书》曰'禹七年水'，《殷书》曰'汤五年旱'。此其离凶饿甚矣。然而民不冻饿者，何也？其生财密，其用之节也。"⑥另外，大禹的节俭自律也表现在他的薄葬举动上。"禹东教乎九夷，道死，葬会稽之山，衣衾三领，桐棺三寸，葛以缄之，绞之不合，通之不坎，土地之深，下毋及泉，上毋通臭。既葬，收馀

---

① 杨柳桥：《庄子译注》，上海古籍出版社，2006 年 11 月。
② 《史记·李斯列传》。
③ 《吴越春秋·越王无余传》。
④ 《尚书·禹贡》。
⑤ 《尚书·尧典》。
⑥ 《墨子·七患》。

壤其上，垄若参耕之亩，则止矣。若以此若三圣王者观之，则厚葬久丧，果非圣王之道。故三王者，皆贵为天子，富有天下，岂忧财用之不足哉！以为如此葬埋之法。"①墨子认为，大禹"贵为天子，富有天下"，其节葬并非"忧财用之不足"，而是为了贯彻其节俭自律的生活原则。大禹原有饮酒的嗜好，"昔者，帝女令仪狄作酒而美，进之禹，禹饮而甘之，遂疏仪狄，绝旨酒，曰：'后世必有以酒亡其国者'"②，从此毅然把酒戒去。这个传说生动地反映出大禹严于律己的精神。大禹是一个领袖人物。领袖人物号令天下，历来有两样东西可以凭借，一是手中掌握的权力、权势、权术；二是个人自身的道德品格。大禹所凭借的当然是后者。这种借以感召大众、凝聚人心的道德品格，归结到一点，就是"严于律己，以身作则"这八个字。一切要求别人做的，都从自己开始。据《史记·夏本纪》记载，"禹为人敏给克勤；其德不违，其仁可亲，其言可信；声为律，身为度，称以出；亹亹穆穆，为纲为纪"③，从而使他的形象具有领袖和榜样的双重影响力。当时的皋陶就下过一道特别的命令，要人民都以禹为榜样，以禹的言行作为自己言行的准则。

13.2.4　实事求是，因势利导的精神

大禹治水成功的重要支点是实事求是、因势利导。他不高高在上，而是深入实际；不搞形式主义，而是注重实效；不因循守旧，而是富有开创精神。主要用疏导的办法，顺应水性，因势利导，系统总结了共工治水和鲧治水失败的经验，创造性地提出了"疏川导滞"的疏浚、排洪、治水的总体策略，采用一套符合实际的疏导之法，引洪水入大海，最终获得成功。《孟子》中多处记载并赞扬了这种疏导方法，如："禹疏九河，瀹济漯，而注诸海；决汝汉，排淮泗，而注之江，然后中国可得而食也。"④"禹掘地而注之海，驱蛇龙而放之菹，水由地中行，江、淮、河、汉是也。险阻既远，鸟兽之害人者消，然后人得平土而居之。"⑤"如智

---

① 《墨子·节用》。
② 《战国策·鲁共公择言》。
③ 司马迁：《史记》，中华书局，2011 年。
④ 《孟子·滕文公上》。
⑤ 《孟子·滕文公下》。

者若禹之行水也，则无恶于智矣。禹之行水也，行其所无事也。如智者亦行其所无事，则智亦大矣。"① "禹之治水，水之道也。"②也就是说，按照水势就下的规律加以疏通，使之注入江海。这种疏导方法，不仅利于治水，而且对于治国治民也是具有借鉴作用的。

13.2.5　知人善任，尚贤使能的精神

禹认为，治国之道重在知人安民。他曾说："知人则哲，能官人；安民则惠，黎民怀之。"③ "禹举益于阴方之中，授之政，九州成。"④就是他知人善任的一大佳例。据文献记载，大禹在禅让问题上也与尧、舜一样，坚持尚贤使能的原则。《史记·夏本纪》云："帝禹立而举皋陶荐之，且援政焉，而皋陶卒。……而后举益，任之政。"⑤不仅如此，大禹还礼待"有道之士"。如《吕氏春秋·谨听》："昔者禹一沐而三捉发，一食而三起，以礼有道之士，道乎己之不足也。"⑥

13.2.6　以为民先，仁德爱民的精神

大禹之所以能在洪水滔天、民不聊生之时挑起治水安民的重任，首先是因为他有一颗仁爱之心、爱民之心。正如史书所记载的："禹为人敏给克勤；其德不违，其仁可亲，其言可信；声为律，身为度，称以出；亹亹穆穆，为纲为纪。"⑦

大禹认为人民群众为国家的根基，根固则国宁。他说："民可近不可下，民惟邦本，本固邦宁。予视天下愚夫愚妇一能胜予。……予临犯民，懔乎若朽索之驭六马，为人上者，奈何不敬。"⑧刘向在《说苑·君道》引："河间献王曰：'禹称：民无食，则我不能使也，功成不利于人，则我不能劝也。'……民亦劳矣，然而不怨苦者，利归于民也。"⑨《淮南子·修务》载："（禹）夙兴夜寐，以致聪明，轻

---

① 《孟子·离娄下》。
② 《孟子·告子下》。
③ 《尚书·皋陶谟》。
④ 《墨子·尚贤》。
⑤ 司马迁：《史记》，中华书局，2011 年。
⑥ 张双棣、张万彬、殷国光、陈涛：《吕氏春秋》，中华书局，2007 年。
⑦ 《史记·夏本纪》。
⑧ 《尚书·五子之歌》。
⑨ 《说苑·君道》。

赋薄敛，以宽民力；布德施惠，以振穷困；吊死问疾，以养孤箱。百姓亲附，政令通行。"①由此可知，大禹治水的目的是解除洪水对民众的危害，从而固本强基，实现国富民强。

在治水过程中，大禹始终以人民利益为出发点，从而得到人民的爱戴和拥护。墨子说："为天下厚禹，为禹也。为天下厚爱禹，乃为禹之人爱也。"②如有些部落食物缺乏，禹便"命益予众庶稻，可种卑湿，命后稷予众庶难得之食。食少，调有余相给，以均诸侯"③。就是说，大禹与益、稷一起，施与饥民粮食与肉类，如果一个地区食物缺乏，就从食物多的地区调入，于是，"众民乃定，万国为治"③。在治水成功以后，大禹"身执耒锸，以为民先"④，兴建水利灌溉工程，开垦土地，植谷种粮，栽桑养蚕，发展农业生产。这就是大禹治水精神的最高境界，成为后世治国思想的核心。

13.2.7 民族至上，团结奋进的精神

大禹是古代羌族的首领，在带领羌族人民治理洪患的艰苦历程中，推动各民族间的交流，使之相互影响、渗透、交融，形成优势互补，促进了华夏民族的融合、成长、壮大，使夏文化成为中华民族文化的源头。同时，大禹既根据不同民族的特点，采取相应的政策，尊重各民族的生活方式、风俗习惯；又通过传授先进的生产技术、传播优秀的文化艺术等方式，增进了民族团结，促进了生产力的发展。

治水目标也凸显了大禹治水的民族利益高于一切的思想。关于大禹治水的目的，《墨子·兼爱》明确指出，禹治水土"（西）以利燕代胡貉与西河之民""（东）以利冀州之民""（南）以利荆楚、干、越与南夷之民"⑤。也就是说，其治水的终极目标是所有民族都免受旱涝灾害的威胁。《吕氏春秋·爱类》曰："疏河决江。""所活者千八百国，此禹之功也。"⑥这就意味着，大禹治水成功后使更多的部落

---

① 《淮南子·修务》。
② 《墨子·大取》。
③ 《史记·夏本纪》。
④ 《韩非子·五蠹》
⑤ 方勇：《墨子》，中华书局，2015 年 3 月。
⑥ 张双棣、张万彬、殷国光、陈涛：《吕氏春秋》，中华书局，2007 年。

或部族的生命、财产和耕地、山林免于被洪水卷走。大禹治水，对于形成一个统一的九州起到了重要作用，因而大禹是中华民族从局部发展到全面发展以至多民族大融合的推动者和领导者，完成了一次伟大的历史跃进。所以说，在治水过程中，大禹以民族根本利益为重，促进华夏各民族之间的融合，奠定了中华文明持续发展的基础。

13.3　大禹治水的科学精神

在禹之前，鲧治水九年，却以失败告终。鲧因此被流放而亡。

前事不忘，后事之师。大禹认真研究水的运动规律和治水的方法，分析父亲鲧及其他治水官"雍防百川，堕高堙卑"的失败教训："伯禹念前之非度，厘改制量，象物天地，比类百则，仪之于民而度之于群生。共之从孙四岳佐之，高高下下，疏川导滞，钟水丰物，封崇九山，决汨九川，陂鄣九泽，丰殖九薮，汨越九原，宅居九隩，合通四海。"①

大禹从而开启了科学治水的第一步：制作水路交通与测量工具，对洪水区进行实地勘察，对洪水淹没区进行调查研究，弄清高山大河的地势和走向，从整体上制定了治水方案和具体措施。"禹别九州，随山浚川，任土作贡。禹敷土，随山刊木，奠高山大川。"②"禹敷土，随山刊木。"③"行山表木，定高山大川……陆行乘车，水行乘船，泥行乘橇，山行乘檋。左准绳，右规矩，载四时，以开九州，通九道，陂九泽，度九山。"④

随着踏验和测量工作的结束，禹对四夷、九州的水情有了深入的理解，摒弃"堕高堙卑"的治水方法，提出了"疏川导滞，钟水丰物"的疏浚、排洪、治水的总体思路，凿掘疏通河道，开导川流的阻滞，并利用泽、薮、洼地来蓄积洪水，既可防洪，又可在干旱季节提供水源，以供农耕和饮用。由于当时的科技发展，生产力水平不高，大禹采取的不是"征服自然""人定胜天"的办法，而是"顺其

---

① 《国语·周语·太子晋谏灵王壅谷水》。
② 《尚书·皋陶谟》。
③ 《尚书·禹贡》。
④ 《史记·夏本纪》。

自然"给水出路的办法。采用疏凿的手段,展开了以地球为背景的波澜壮阔的治水画面。

"舜之时,龙门未开,吕梁未发,江淮通流,四海溟涬,民皆上丘陵,赴树木。舜乃使禹疏三江五湖,辟伊阙,导廛涧,平通沟陆,流注东海。鸿水漏,九州干,万民皆宁其性。"① "当尧之时,天下犹未平,洪水横流,泛滥于天下。草木畅茂,禽兽繁殖,五谷不登,禽兽逼人。兽蹄鸟迹之道,交于中国。尧独忧之,举舜而敷治焉。舜使益掌火,益烈山泽而焚之,禽兽逃匿。禹疏九河,瀹济漯,而注诸海;决汝汉,排淮泗,而注之江,然后中国可得而食也。当是时也,禹八年于外,三过其门而不入,虽欲耕,得乎?"② "禹沐浴霪雨,栉扶风,决江疏河,凿龙门,辟伊阙,修彭蠡之防,乘四载,随山刊木,平治水土,定千八百国。"③ "河菑衍溢,害中国也尤甚。唯是为务,故道河自积石,历龙门,南到华阴,东下砥柱,及孟津、雒汭,至于大邳。于是禹以为河所从来者高,水湍悍,难以行平地,数为败,乃厮二渠,以引其河,北载之高地,过降水,至于大陆,播为九河,同为逆河,入于渤海。九川既疏,九泽既洒,诸夏义安,功施于三代。"④

自龙门,至今天的河间、天津等地,其长总共约两千里,皆禹时以人力开凿而成。开创中国人造河流的先例,这是中国"师水之道以治水、承水之志以治水、用水之势以治水、谐水之性以治水"的成功案例,这个案例治的水是从西向东的人造河,至于隋炀帝开凿的自南向北的大运河,当居其二。现代南水北调工程实居其三。

13.4 大禹精神的传承弘扬

《尚书》的"虞书大禹谟"篇记载了禹对治水的总结:"德惟善政,政在养民。水、火、金、木、土、谷,惟修;正德、利用、厚生、惟和。九功惟叙,九叙惟

---

① 《淮南子·本经训》。
② 《孟子·滕文公上》。
③ 《淮南子·修务训》。
④ 《史记·河渠书》。

歌。戒之用休，董之用威，劝之以九歌俾勿坏。"①五行观跃然纸上，五行的生克制化，确确实实既是大禹的世界观又是大禹的方法论。宋代学人陆游在《禹庙赋》中对大禹治水的方法论作过精彩的评点："世以己治水，而禹以水治水也。以己治水者，己与水交战，决东而西溢，堤南而北圮。治于此而彼败，纷万绪之俱起。则沟浍可以杀人，涛澜作于平地。此鲧所以殛死也。以水治水者，内不见己，外不见水，惟理之视。"②"以水治水"是循水之理，"以己治水"是逆水之理。

在中华文明发展史上，大禹的业绩与精神不仅为有远见卓识的思想家所推崇，而且为勤政爱民的政治家所效法。特别是儒家经典中，大禹被塑为有大仁大智大勇的圣王，成为儒家所讴歌、所提倡的道德典范。《论语》《孟子》《荀子》《左传》和《礼记》等经传有许多记载大禹事迹、概括大禹精神的文字。如《论语·泰伯》记，孔子曰："禹，吾无间然矣。菲饮食，而致孝乎鬼神；恶衣服，而致美乎黻冕；卑宫室，而尽力乎沟洫。禹，吾无间然矣！"③这是对大禹精神的精辟概括和真诚讴歌。孟子、荀子等大儒也一再称颂了大禹仁德爱民、选贤举能、躬亲劳苦、鄙薄奢侈、好善言、能纳谏等优良品德。事实上，经过中华五千年文明的陶冶，大禹的可歌可泣精神已经融化到中华民族的文化生命之中，成为中华民族优秀文化传统中不可或缺的重要内容。今天，我们纪念大禹，正是要重新发掘我们民族文化传统中的优秀内容，加以发扬光大，使大禹精神所代表的中华人文精神转化为建设国家、造福人民的巨大动力。

中国数千年的伦理型文化范式，决定了中华民族精神丰富的文明的聚合。正如黑格尔所说，中华民族的文化整体上是建立在一种"道德的结合上"的。而大禹治水，是华夏部族习俗道德活动的反映，它在中华民族精神上的聚合和奴隶制国家雏形的孕育过程中，竖起了一块坚实的界碑。

大禹，是人不是神，也不是纯粹传统中的人，而是中国上古时期杰出的氏族部落首领。大禹治水，为后世留下了千古佳话。大禹精神是大禹及古代人民在与自然界长期斗争过程中的道德沉淀，是中华水文化的本体元素和核心精神。

这里特别值得提出的是在大禹形象的复原和再现过程中，先秦时期的典籍记

---

① 顾迁：《尚书》，中华书局，2016 年 1 月。
② 陆游：《禹庙赋》，载《陆游集》，中华书局，1977 年。
③ 程树德：《论语集释》，中华书局，2013 年。

载，起到了决定性的作用。其中，《尚书》《诗经》《左传》和《国语》等主要追述了大禹的生平事迹以及历史贡献，而儒、墨、道、法等的诸子著作则在编制大禹历史面貌的同时，更按自己学说的基本立场和观点对大禹形象的事功进行价值层面的判断和评估。在他们所复现的大禹形象中，历史和现实是相通的，本相与理想化人格是重合的，即在反映大禹本来面貌的同时，注重在大禹的身上投入时代的影子，寄托自己的理想，使大禹的文化精神超越时间的界限，在新的历史背景下获得再生和升华。大禹作为古代君主理想人格的塑造，是通过先秦诸子的具体诠释而基本确立的。大禹精神不仅由大禹本人的辉煌业绩所产生，还包括了后人在漫长岁月实践中的不断发展和提炼，表现了中国人民对于优秀民族精神孜孜不倦的追求。

启之所以能够在为中国历史上第一个君主，这显然是同大禹治水的功绩及其与之相关的重大历史事件直接联系在一起的。大禹治水的成功，标志着当时人们战胜自然灾害的能力和科技已达到了一个新的水平，生产力与社会经济有了新的发展，同时也为社会制度从根本上发生大变化准备了一系列条件。

人类社会历史，曾经历了蒙昧、野蛮与文明的不同发展阶段，如果说夏启建国是中华文明的开端，犹如海平面上升起的一轮红日。那么，大禹治水及其所引起的一系列重大历史事件，可视为中华文明史的曙光，昭示着富强、民主、文明、和谐、美丽的社会主义现代化强国的来临。

参考文献

[1]   班固. 汉书[M]. 北京：中华书局，2012.
[2]   司马迁. 史记[M]. 陈曦，王珏，王晓东，等译. 北京：中华书局，2019.
[3]   顾炎武. 天下郡国利病书[M]. 上海：上海科学技术出版社，2002.
[4]   潘季驯. 潘季驯集[M]. 杭州：浙江古籍出版社，2019.
[5]   宋濂. 元史[M]. 北京：中华书局，1976.
[6]   万恭. 治水筌蹄[M]. 北京：水利电力出版社，1985.
[7]   袁宏道. 精镌古今丽赋[M]. 西安：三秦出版社，2015.
[8]   顾祖禹. 读史方舆纪要[M]. 上海：上海书店出版社，1998.
[9]   吴邦庆. 畿辅河道水利丛书[M]. 北京：农业出版社，1963.
[10]   徐松. 宋会要辑稿[M]. 北京：中华书局，2014.
[11]   张廷玉. 明史[M]. 北京：中华书局，2015.
[12]   脱脱等. 宋史[M]. 北京：中华书局，1983.
[13]   陈超. 中原农业水文化研究[M]. 北京：中国水利水电出版社，2017.
[14]   陈桥驿，王东. 水经注[M]. 北京：中华书局，2016.
[15]   崔冶. 吴越春秋全注全译[M]. 北京：中华书局，2019.
[16]   冯天瑜. 中国文化生成史（上、下册）[M]. 武汉：武汉大学出版社，2013.
[17]   弓保安. 清词三百首今译[M]. 西安：陕西人民出版社，1992.
[18]   郭丹，程小青，李彬源. 左传全注全译[M]. 北京：中华书局，2016.
[19]   黄河水利史述要编写组. 黄河水利史述要[M]. 郑州：黄河水利出版社，2003.
[20]   黄寿祺，张善文. 周易译注[M]. 北京：中华书局，2018.
[21]   冀志强. 观：先秦话语及其诗性建构[M]. 北京：北京大学出版社，2021.
[22]   靳怀堾. 图说诸子论水[M]. 北京：中国水利水电出版社，2015.
[23]   靳怀堾. 中华文化与水[M]. 武汉：长江出版社，2005.
[24]   亢羽. 中国建筑之魂：易学堪舆与建筑[M]. 北京：中国书店，1999.
[25]   李伯淳. 中华文化与 21 世纪[M]. 北京：中国言实出版社，2003
[26]   李山，轩新丽. 管子[M]. 北京：中华书局，2019.
[27]   中国水利文学艺术协会. 中华水文化概论[M]. 郑州：黄河水利出版社，2008.
[28]   廖立注. 岑参诗笺注[M]. 北京：中华书局，2018.
[29]   刘琳，刁忠民，舒大刚，等. 宋会要辑稿[M]. 上海：上海古籍出版社，2014.
[30]   骆祥发. 骆宾王诗评注[M]. 北京：北京出版社，1989.
[31]   马洁，李培蓓. "观"之观[M]. 武汉：武汉大学出版社，2022.
[32]   潘杰. 中国水文化学[M]. 武汉：长江出版社，2008.
[33]   彭富春. 论中国的智慧[M]. 北京：人民出版社，2010.
[34]   钱仲联，傅璇琮，王运熙. 中国文学大辞典[M]. 上海：上海辞书出版社，1997.
[35]   任继愈. 中国科学技术典籍通彙[M]. 郑州：河南教育出版社，1994.
[36]   施炎平. 五缘文化与中华精神[M]. 上海：同济大学出版社，2013.
[37]   史月梅. 宋代山水诗与人水情缘研究[M]. 北京：中国水利水电出版社，2017.
[38]   王殿卿，赵淑文，王亦兵. 中华字谭[M]. 北京：中国作家出版社，2021.

[39] 王宏宇. 文化哲学：实践哲学的当代形态[M]. 哈尔滨：黑龙江大学出版社，2013.

[40] 王天海，杨秀岚. 说苑全注全译[M]. 北京：中华书局，2019.

[41] 颜元亮. 中国历代以水代兵及其水利工程[M]. 北京：中国水利水电出版社，2022.

[42] 杨家海. 象：中国文化基元[M]. 武汉：武汉大学出版社，2018.

[43] 姚汉源. 中国水利发展史[M]. 上海：上海人民出版社，2005.

[44] 郑肇经. 中国水利史[M]. 北京：商务印书馆，1937.

[45] 中国水利史典编委会. 中国水利史典[M]. 北京：中国水利水电出版社，2015.

[46] 周魁一. 二十五史河渠志注释[M]. 北京：中国书店，1990

[47] 朱海风，史鸿文，等. 中原水文化资源开发利用与数据库建设研究[M]. 北京：中国社会科学出版社，2017.

[48] 朱海风，靳怀堾，饶明奇. 中国水文化发展前沿问题研究[M]. 北京：人民出版社，2020.

[49] 朱海风，史月梅，张艳斌. 水与文学艺术[M]. 北京：中国水利水电出版社，2015.

[50] 朱海风，张艳斌，史月梅. 图说水与文学艺术[M]. 北京：中国水利水电出版社，2015.

[51] 朱学西. 中国古代著名水利工程[M]. 北京：商务印书馆，1997.

[52] 方健. 中国茶书全集校证[M]. 郑州：中州古籍出版社，2015.

[53] 蒋孔阳. 中国古代美学艺术论文集[M]. 上海：上海古籍出版社，1981.

[54] 雷学淇. 竹书纪年义证[M]. 台北：台湾艺文印书馆，1977.

[55] 罗希吾戈，普学旺. 彝族创世史：阿赫希尼摩[M]. 昆明：云南民族出版社，1990.

[56] 吕大吉，何耀华. 中国各民族原始宗教资料集成[M]. 北京：中国社会科学出版社，1996.

[57] 俞剑华. 中国画论类编[M]. 北京：人民美术出版社，1986.

[58] 张福. 彝族古代文化史[M]. 昆明：云南教育出版社，1999.

[59] 张延风. 中国艺术的文化阐释[M]. 北京：人民美术出版社，2003.

[60] 中国民间文学集成全国编辑委员会. 中国民间故事集成[M]. 北京：中国 ISBN 中心，2001.

[61] R. 霍尔，玛丽·乔·尼兹. 文化：社会学的视角[M]. 北京：商务印书馆，2002.

[62] 布鲁斯·马兹利什. 文明及其内涵[M]. 北京：商务印书馆，2017.

[63] 艾兰著. 水之道与德之端[M]. 张海晏，译. 上海：上海人民出版社，2002.

[64] 菲利普·鲍尔. 水：中国文化的地理密码[M]. 张慧哲，译. 重庆：重庆出版社，2021 年.

[65] 陈雷. 弘扬和发展先进水文化　促进传统水利向现代水利转变[J]. 中国水利，2009（22）：17-22.

[66] 刘彦青. 华夏民族水之审美简析[J]. 运城学院学报，2013，31（4）：87-90.

[67] 潘杰. 中国水文化学的哲学思考[J]. 江苏水利，2006（12）：41-45.

[68] 史鸿文. 论中华水文化精髓的生成逻辑及其发展[J]. 中州学刊，2017（5）：80-84.

[69] 肖冬华. 以水比德:中国古代核心价值观探究[J]. 南昌工程学院学报，2020，39（2）：28-32.

[70] 朱海风. 应重视中国治水历史深层次经验教训研究[J]. 华北水利水电大学学报（社会科学版），2015，31（1）：1-6.

[71] 朱海风. 试论大禹精神及红旗渠精神脉络与中原治水文化内涵发展[J]. 河南水利与南水北调，2014（5）：21-23.

[72] 朱海风. 水文化与水科学融通共振是当代中国治水兴水的重要路径[J]. 中州学刊，2017（8）：89-92.

[73] 左其亭. 人水关系学的学科体系及发展布局[J]. 水资源与水工程学报，2021，32（3）：1-5.

[74] 戴琏璋. 大禹精神与中华文化传统[J]. 浙江学刊，1995（4）：5.

[75] 徐少锦. 大禹的治水道德及其重要影响[J]. 道德与文明，2008（5）：70-73.

后记

本书的写作，是想与读者分享一下作者多年来沉浸中华水文化领域的所得所思。

中华水文化是一簇源远流长的文化形态。上下五千年，水文化历史文献资料浩如烟海，历史遗存遍布神州，其积淀尤为厚重，其光辉特别灿烂。走进中华水文化天地，您会感受到那种"东风夜放花千树，更吹落，星如雨"的多姿多彩的景象，也会产生那种"众里寻他千百度，蓦然回首，那人却在灯火阑珊处"的似真似幻的感受。

中华水文化是中华传统文化"水"的结果与结晶。以中华文化"化"水，是中华水文化产生、形成、发展和繁荣的根源和动力。二者既在本质上有内在联系，又在过程与结果中有所区别。

中华水文化既是官方文化又是民间文化，既是精英文化又是大众文化，既是生命文化又是生产文化，既是生活文化又是生态文化，既是物质文化又是精神文化，既是经济文化又是政治文化……如此这般自立于中华文化之林。

与其他类型的文化相比，水文化既属于子系文化又属于母系文化，在整个中华文化体系中有着十分重要的地位与作用。

我们深知，系统研究阐发中华水文化，意义重大，难度也很大。我们也深感，这绝不是一本小书或者一部著作所能完成的。我们所能做的，就是积极参与并尽己所能而已。力所不逮，挂一漏万，在所难免。

好在有很多专家学者早在我们之前，已经在此方面发功用力，为系统研究阐发中华水文化引领了条条通往"罗马"的大路。我们这本小书，倘若能给"研究阐发中华水文化"这项具有重要意义的工作添一砖、加一瓦的话，也算心想事成了。

　　本书写作分工为：导言以及第2、3、4、8、9、10章由朱海风撰写，第1、5、7、11、12、13章由张多新撰写，第6章为朱海风、张多新合写，全书由朱海风统稿。

　　非常感谢华北水利水电大学、中国水利水电出版社的大力支持，感谢一直以来关心和帮助作者完成写作的同仁、朋友和家人。

作者
2022年1月于华北水利水电大学